EL DESEMPEÑO DEL SISTEMA JUDICIAL VENEZOLANO EN EL MARCO HISTÓRICO DE 1810 A 2010

Cuadernos publicados

1. *Reflexiones sobre la organización territorial del Estado en Venezuela y en la América Colonial*. Allan R. Brewer-Carías, Caracas 1997, 311 pp.
2. *Reflexiones sobre el constitucionalismo en América*. Allan R. Brewer-Carías, Caracas 2001, 436 pp.
3. *Libertades y emancipación en las cortes de Cádiz de 1812*. Aguiar Asdrúbal, Caraca, 2012, 211 pp.
4. *El Olvido de los Próceres*. Giovanni Meza Dorta, Caracas 2012, 127 pp.
5. *El desempeño del sistema judicial venezolano en el marco histórico de 1810 a 2010*, Carlos J. Sarmiento Sosa, Caracas, 2015, 310 páginas.

© Carlos J. Sarmiento Sosa
 e-mail: sarmiento.reteiuris@gmail.com
 ISBN 978-980-365-286-9
 Depósito Legal lf5402015340303

Impresión por Lightning Source, a INGRAM Content company
para su distribución por: Editorial Jurídica Venezolana International Inc.
Panamá, República de Panamá
ejvinternational@gmail.com

Editorial Jurídica Venezolana
Sabana Grande, Av. Francisco Solano, Edif. Torre Oasis, Local 4, P.B.
Apartado Postal 17.598, Caracas 1015-A, Venezuela
Teléfonos: 762.2553/762.3842 - Fax: 763.5239
E-mail fejv@cantv.net
http://www.editorialjuridicavenezolana.com.ve

Diagramación, composición y montaje
por: Mirna Pinto de Naranjo, en letra Book Antigua 12,
Interlineado 13
Mancha 18 x 11.5, libro: 22.9 x 15.2
Primera edición 2015

Carlos J. Sarmiento Sosa

EL DESEMPEÑO DEL SISTEMA JUDICIAL VENEZOLANO EN EL MARCO HISTÓRICO DE 1810 A 2010

CUADERNOS DE LA CÁTEDRA FUNDACIONAL
DR. CHARLES BREWER MAUCO SOBRE
"HISTORIA DEL DERECHO EN VENEZUELA"
UCAB

N° 5

Editorial Jurídica Venezolana
Caracas, 2015

In memoriam:
Al Doctor Alirio Abreu Burelli, amigo y maestro.
Juez y magistrado

PRÓLOGO

Asdrúbal Aguiar
*Profesor Titular (Catedrático)
de la Facultad de Derecho de la
Universidad Católica Andrés Bello y Profesor Titular Extraordinario
de la Universidad del Salvador (Buenos Aires) Miembro de la Real
Academia Hispanoamericana de Ciencias, Artes y Letras*

El muy estimado amigo y colega Carlos J. Sarmiento Sosa, cultor como quien esto escribe de la ciencia del Derecho, y él, en lo particular, de amplia y reconocida actividad como litigante del foro venezolano, es el continuador de una saga de ilustres abogados vinculados a la vida judicial venezolana. Su padre, el destacado y fallecido magistrado José Gabriel Sarmiento Núñez, es antiguo presidente del extinto Consejo Judicial al iniciarse nuestra experiencia democrática en 1959, que finaliza, trágicamente, con la inconstitucional destitución colectiva de jueces en 1999.

Me ha pedido y he aceptado como un honroso encargo escribir unas palabras liminares y como pórtico para su más reciente libro sobre la historia de la administración de Justicia en nuestro país, que cuenta con la autoridad de sus antecedentes. Bajo el título El desempeño del sistema judicial venezolano en el marco histórico de 1810 a 2010, Sarmiento Sosa hace una revisión crítica y a profundidad, con narrativa limpia, de nuestro devenir político e institucional, desde el momento auroral hasta el presente, poniendo de relieve la función crucial que en nuestros avances y retrocesos como nación hecha república han tenido los administradores de justicia.

Abogado y doctor en Derecho por la Universidad Central de Venezuela, nuestra histórica y Pontificia Universidad de Santa Rosa de Lima y Santo Tomás de Aquino, el autor, además, acopia experticia como árbitro y profesor de arbitraje comercial, y es miembro de los Institutos Iberoamericano y Panamericano de Derecho Procesal tanto como fue Presidente de la Interamerican Bar Association.

Hace andadura concreta, lo que consta en las siguientes páginas, desde el instante de la conquista y colonización española hasta fijar un primer alto en la hora de la emancipación cuando funciona la Real Audiencia de Caracas; en un esfuerzo de descripción y análisis encomiables, que vierte Sarmiento Sosa en las trece partes de su texto, que cubre el siglo XIX, destacando el momento en que tiene lugar el efectivo nacimiento de nuestra república democrática conservadora hasta el agotamiento del liberalismo amarillo en 1899. Revisa luego con cuidado el siglo XX, siempre desde la óptica de quien escarba y trae a flote la cotidianidad de los juzgadores durante la república militar centralizada y sucesivamente en el marco de la república civil de partidos hasta su culminación en 1998, cuando hace aguas, desde antes y una vez como se politiza, la Administración de Justicia.

Ella, en mala hora, toma partido o usufructúa las resultas que en el ánimo de la opinión pública deja el golpe de Estado del 4 de febrero de 1992, recibiendo a cambio de su comportamiento abúlico el manotazo que más tarde le propina el principal conductor de la felonía, el Teniente Coronel Hugo Chávez Frías; al igual que ocurre con los jueces de la década primera de ese siglo XX, quienes validan mediante con un auto de detención el derrocamiento del general Cipriano Castro y la entronización de la larga dictadura de su compadre, el general Juan Vicente Gómez, sirviendo de sepultureros de la libertad.

No escapa al escalpelo de Sarmiento Sosa el siglo XXI, a pesar de que todavía no arranca y se anuncia tardío –como tarde nos llega el siglo XIX en 1830 y el siglo XX en 1935- después de haber transitado casi tres lustros; pero es el tiempo cuando la Justicia, de modo ominoso e inédito, muda en instrumento de persecución ciudadana y hace mutar a la misma

Constitución por vía de su interpretación aviesa las veces que sea necesario, para legitimar la también inédita tragedia constitucional que se nos instala en Venezuela, paradójicamente, mediante el voto popular.

Para ello, según lo ya dicho, removidos sin fórmula de juicio todos los jueces, en sus distintos niveles e instancias, fragua una Justicia provisoria, arrodillada y sin acotamiento, que marcan, sin exagerarlo, la muerte moral de la república imaginada y dibujada por nuestros Padres Fundadores, en 1811.

La introducción que de su libro hace el autor es bastante y suficiente, útil como guía para su estudio reposado e incluso para su consulta, a fin de que la memoria no se nos aleje y le tuerza el brazo a nuestra cultura nacional de presente.

He de destacar, sí, que la obra de Sarmiento Sosa, escrita con seriedad y no huérfana del espíritu apasionado de quien redescubre y recrea los trazos de nuestra vida institucional en la medida igual en que deja constancia escrita y para la posteridad la del Poder Judicial, representa un aporte sólido y bienvenido a nuestra magra bibliografía doméstica sobre historia del Derecho. Es un dato curioso, en efecto, el vacío de textos que se acusa al respecto, siendo que nuestro país, si bien inaugura su gesta y la realiza entre largas dictaduras o dicta-blandas que aceptan breves intersticios de libertad hasta 1958, no obstante lo hace, paradójicamente, bajo el cuidado de muy prestigiosos juristas y catedráticos, aun cuando no pocos de ellos sean los escribanos del déspota de turno para justificarlo históricamente en sus despropósitos.

De allí que aprecie de pertinente y como un oportuno homenaje personal al autor, referirme con aproximaciones gruesas a una cuestión colindante con el tema de la Justicia y de los jueces que le ocupa, a saber, la de la falta de encarnación en el venezolano de una conciencia jurídica cabal, incluso en la actualidad; para lo cual tomo en préstamo algunas ideas que he desarrollado a profundidad en el 2000, a propósito de un ensayo que escribo para la Fundación Polar. ¡Y es que el propio Sarmiento Sosa da pie para ello al intentar "conseguir las respuestas, o al menos intentar conseguirlas, a las razones por las cuales las instituciones, como el Poder Judicial, o sistema judicial, no han conseguido en Venezuela el rango, el respeto y la consideración que deben tener en una sociedad occidental democrática y libre, lo que hace dudar del futuro patrio, a menos que, decididamente, asumamos el reto de hacer que la institucionalidad se sobreponga sobre el atraso y la barbarie".

La cuestión así planteada es crucial y conviene que el lector la tenga presente al desgranar las páginas que siguen y para mejor entender y a cabalidad el sentido final de la narrativa de Sarmiento Sosa. Se trata de un fenómeno, el de la manipulación del Estado de Derecho hasta vaciarlo de contenido y mostrarlo como expresión nominal o meramente sacramental tras las que se ocultan vivencias que lo contradicen abiertamente; lo que se hace evidente incluso desde el momento en que es adoptada nuestra primera declaración de derechos por el Congreso General de Venezuela y luego sancionado nuestro primer texto constitucional, una vez como los vitupera Simón Bolívar, El Libertador, en su Manifiesto de Cartagena de 1812.

Sobre esa base intelectual, que le causa un daño muy profundo al Ser nacional, sucesivamente se niega la emancipación social y política a los venezolanos, quienes apenas disfrutan de breves intersticios libertarios en medio de la constante renovación entre nosotros del despotismo escolástico medieval: "Nuestros conciudadanos no se hallan en aptitud de ejercer por sí mismos y ampliamente sus derechos; porque carecen de las virtudes políticas que caracterizan al verdadero republicano".

No por azar, la vigente Constitución, la de 1999, se inaugura apenas entra el siglo XXI encomendándole al Estado, en su artículo 3, el desarrollo de la personalidad de los venezolanos; pues por lo visto la libertad para definir un proyecto de vida personal no es cosa propia del cada individuo, eventualmente necesitado del auxilio subsidiario de los Poderes Públicos.

Dichas virtudes no alcanzan forjarse, cabe señalarlo, por la misma razón que arguye el Libertador en su manido documento, que escribe montado sobre su traición a Francisco de Miranda, enemigo jurado del jacobinismo y el despotismo: Tales virtudes "no se adquieren en los gobiernos absolutos, en donde se desconocen los derechos y los deberes del ciudadano", afirma Bolívar, casi como anticipo de sus enseñanzas constitucionales posteriores, de 1819 y 1826, que predican desde Angostura y Chuquisaca, sucesivamente, la conveniencia de tal absolutismo con su senado militar vitalicio y hereditario, o con el presidente vitalicio y su potestad para entronizar a su sucesor en la persona del vicepresidente que elija. La historia reciente, al respecto, es aleccionadora.

Nuestra conciencia colectiva sobre el carácter civilizador de la libertad y "personalizador" del Derecho, por consiguiente, parece encontrarse nutrida de la misma verdad o, incluso, de la misma mentira que fue y ha sido el Estado venezolano nacido luego de nuestra separación de la Madre Patria; en especial del que nos viene desde su consolidación en pleno siglo XX y se hace de la fuente nutricia del petróleo para erigirse como expresión autónoma y suficiente, extraña y no requerida de la sociedad ni de ciudadanos que le aporten o den alma y su sustento. El Estado, en otras latitudes, es la decantación de la misma sociedad y producto de su cultura.

"La independencia hispanoamericana, como la historia entera de nuestros pueblos -lo afirma con dramático verbo Octavio Paz- es un hecho ambiguo y de difícil interpretación; porque, una vez más, las ideas enmascaran a la realidad en lugar de desnudarla o expresarla". Para Paz la clase que hace la independencia, la oligarquía criolla, no tenía interés en un cambio de orden. Rompen con la metrópoli para salvar sus privilegios y ejercer, con mayor plenitud, un menguado poder que apenas se les delegaba. Tanto es así que, sólo para movilizar al pueblo y apenas para eso, para ganar su confianza, apelan al discurso liberal y democrático tomándolo de las consignas de la revolución francesa y la americana, que beben en las fuentes de la democracia griega y romana. Sobre sus bases nos dan, antes de frustrarlas, las primeras constituciones. Pero ello no es óbice, sin embargo, para que se frustren con la activa participación del mismo pueblo los ensayos de la Primera y de la Segunda República, en 1812 y 1814 respectivamente.

Incluso así, no obstante cabe matizar dicha fatalidad, al también señalar que con terquedad, la vuelta del hombre venezolano hacia el redescubrimiento de su esencia germinal y connatural de hombre perfectible, de tanto en tanto se hace contumaz y da lugar a los intersticios libertarios que he mencionado; incluso y sobre todo en su actual hora agonal, en pleno siglo XXI, como repitiendo o recreando la dialéctica que describe como inevitable Frederick Nietzsche, en El origen de la tragedia en el espíritu de la música. Intentando perfilar su sistema filosófico, éste alcanza describir lo que es esencia de la misma cultura griega que luego trasvasa hacia el Occidente por mediación de los romanos y cuyos vientos nos alcanzan a través de la cultura ibérica, vale decir, la pugna entre el espíritu apolíneo, el del orden racional y conveniente, y el espíritu dionisíaco, como poderosa fuerza vital, irreductible a todo esquema, como bien lo explica Salvador Giner en su conocida Historia del pensamiento social.

Es reveladora, en tal orden, la fe desbordante y entusiasta con la que el eximio novelista y luego primer presidente de Venezuela, electo mediante el voto universal, directo y secreto de sus conciudadanos, Rómulo Gallegos, describe el ambiente nacional a la caída de Cipriano Castro, en 1908, antes de frustrarse como siempre. Alaba "aquel milagro político desde largo tiempo esperado, como única solución eficaz del complejo problema de nuestra nacionalidad republicana", para ajustar que "bajo la égida de las garantías constitucionales –así reza su texto en la revista La Alborada– comienzan a orientarse hacia ideales que parecían olvidados las aspiraciones populares". El caso es que durante las administraciones de Castro y de Gómez, el pueblo conoce el oprobio hasta el paroxismo, a pesar de que la res-publicae fue dotada durante dicho período de diez textos constitucionales, si contamos el Estatuto Provisorio de 1914.

Dichas constituciones, sin ambages, proclaman los derechos humanos a la vida, a la propiedad, a la inviolabilidad de las comunicaciones y del hogar; a las libertades personal, de pensamiento y expresión, de tránsito, de trabajo e industrias, de reunión, de petición; el derecho de sufragio; las libertades de enseñanza y de religión; la seguridad individual y la igualdad. Las de Gómez incorporan, aún más, el derecho ciudadano de acusar al funcionario que infrinja sus deberes. Todas declaran al gobierno como electivo, federal, representativo, alternativo y responsable. La de Castro también lo llama popular. Las de Gómez, por su parte, no lo califican de popular sino de republicano y democrático. Todas a uno, por lo demás, entre 1909 hasta 1931 prescriben que "la enumeración de derechos no debe entenderse como una negación de cualesquiera otros que puedan corresponder a los ciudadanos y no estén contemplados" en aquellas. Razón tiene, entonces, el general José Tadeo Monagas, citado por Caldera en su libro Los causahabientes, al expresar, como se le atribuye, que en Venezuela "las constituciones sirven para todo".

Así las cosas, al ver y revisar el significado y la orientación que ha tenido para la Venezuela de nuestro tiempo la noción de lo jurídico -no nos referimos, por cierto, a una conciencia mayoritaria del venezolano sobre sí o sobre su ser nacional- lo importante es reconocer, como ya lo hemos dicho, que su verdadero hilo conductor mal se puede descubrir con las abstracciones o a través de los códigos, que no lo desnudan en su falta de emancipación. La Justicia es una cosa constitucionalmente y otra muy distinta, no pocas veces, la experiencia con los jueces, como lo muestra el libro de Sarmiento Sosa.

No es suficiente la revisión cronológica y literal de las normas que, en profusión, han integrado e integran nuestro Derecho público y nuestro Derecho privado. Una interpretación de tal ordenamiento fuera de su contexto, no sólo histórico sino social e ideológico, podría sugerir la imagen de un país que no es y que nunca ha sido tal y como le ha descrito su legislación.

En medio de tal dilema, de la urgencia y la necesidad por el común de sortear los vericuetos de la arbitrariedad y el despotismo instalados como enfermedad que se hace crónica; ocultos tras el espíritu liberal de nuestras leyes como engaños, justamente se explica la gravitación que dentro de nuestra realidad aún tiene la creencia popular, de raíz colonial, a cuyo tenor la ley se reconoce pero no se cumple. "Los abogados venezolanos -lo dice Delfín A. Aguilera en su libro Venezuela 1900-, reflejo de la conciencia nacional, han sentado como principio invariable, alma de nuestra existencia social, que más vale un palmo de juez que cien varas de justicia".

Así las cosas, quizás por haber enraizado o por haber fraguado en el estado de ánimo de nuestra gente esta filosofía de la propia existencia, de neta estirpe bolivariana, de nuevo y en la búsqueda reciente –me refiero a los inicios del siglo corriente- de distintos paradigmas institucionales y jurídicos para el país, nos topamos de frente y otra vez con el drama de nuestros desencuentros con el valor y el significado de la autoridad moderadora de la ley. Tanto que hoy puede observarse cómo el nominalismo libertario y progresista en el que se soporta la teórica asociación de voluntades entre los venezolanos -modelo de anomia- no hace relación alguna con la perspectiva totalizante y militarista que del nuevo Estado y su concentración de poderes ahora tiene lugar.

Según el tenor de la citada Constitución de 1999, fuente normativa de la vigente República Bolivariana de Venezuela, la sociedad y sus integrantes quedan -como en el pasado mediato- a la zaga de la iniciativa pública; queda rota y por consiguiente la idea de subsidiariedad que, partiendo del hombre y fundada en la idea pro homine, caracteriza a la libertad en democracia y su ejercicio. Sin embargo, aun en presencia de este incongruente cuanto absurdo dualismo: libertad personal y tutela estatal envolvente, donde se impone el principio de la primacía del Estado y sus gobernantes, el grueso de la población y no pocos de sus dirigentes, sin mediar racionalidad apolínea alguna y tal vez por arrojo temerario -que no tanto por instinto– admiten hoy, como en otras épocas signadas ya por la anarquía, ya por el autoritarismo, que los paradigmas del régimen constitucional formal en curso representan el símbolo regenerador de la juridicidad patria, a despecho de las violaciones que ocurren a manos de sus propios autores.

Cabe registrar, en línea con la cuestión, lo que uno de los más conspicuos magistrados de nuestro Tribunal Supremo,

Fernando Vegas Torrealba, cuya sólida formación jurídica está fuera de duda, piensa al respecto, abonando en favor de la tradición constitucional bolivariana: "Así como en el pasado, bajo el imperio de las constituciones liberales que rigieron el llamado estado de derecho, la Corte de Casación, la Corte Federal y de Casación o la Corte Suprema de Justicia y demás tribunales, se consagraban a la defensa de las estructuras liberal-democráticas y combatían con sus sentencias a quienes pretendían subvertir ese orden en cualquiera de las competencias ya fuese penal, laboral o civil, de la misma manera este Tribunal Supremo de Justicia y el resto de los tribunales de la República, deben aplicar severamente las leyes para sancionar conductas o reconducir causas que vayan en desmedro de la construcción del Socialismo Bolivariano y Democrático". A lo que agrega, adhiriendo a la primigenia visión despótica medieval constante en el Manifiesto de Cartagena mencionado antes: "Entendemos que éste es el meollo de la revolución bolivariana; que, con el concurso de todos, debe promover los cambios sociales requeridos, bajo el liderazgo de nuestro comandante presidente y una vanguardia cada vez más esclarecida, para proporcionar al pueblo venezolano la mayor suma de felicidad posible".

"Puestas así las cosas, el gran problema de la conciencia jurídica venezolana es, una vez asentada la perfección del Derecho, una vez corrido el riesgo de su ineficacia, lo que podríamos llamar la encarnación del derecho", afirma con lucidez Domingo Casanovas, durante una charla sobre "La filosofía del Derecho en Venezuela", dictada en la Facultad de Humanidades y Educación de la UCV, en 1955. ¡Y es que, a la luz de la experiencia, el Estado propone y decide por la gente y basta que el Derecho –obra del propio Estado– encarne en él como curador y responsable del bien común!

Una última consideración cabe, como apostilla de este proemio.

El estudio de la historia del Derecho nacional no se encuentra contemplado de una manera regular y como disciplina con perfil propio en nuestras Facultades de Derecho. A lo sumo, cuando de historia jurídica local se habla en determinadas y muy aisladas cátedras universitarias, el estudio de la materia se circunscribe de ordinario al período anterior e inmediatamente posterior al nacimiento de la República; quizá para recordar que no venimos de la nada, que en algún momento fuimos parte y somos consecuencia primaria del magisterio jurídico ibérico, y que de él nos deslastramos en un momento dado.

Tomás Enrique Carrillo Batalla, al presentar su amplia obra sobre Historia de la legislación venezolana admite que la misma vino a llenar el vacío que provocó la reforma de los estudios "de la década del treinta a la del cuarenta" de este siglo. Todavía más, hurgando en los antecedentes y en el hilo conductor de nuestra evolución legislativa, afinca su estudio en el Derecho español y en el Derecho indiano. Posteriormente se pasea por una cronología sectorial que amarra fechas, destaca el nacimiento de la codificación nacional, y refiere los cambios operados con ésta en las instituciones del Derecho civil, mercantil, penal y procesal, entre otras. Pero su obra y su método, si importante y necesaria pues vino a llenar el señalado vacío, no permite establecer eso que en buena hora y con criterio le preocupa a Sarmiento Sosa, a saber, ¿porqué los venezolanos, según y conforme, nos alejamos o apenas nos aproximamos a la encarnación que del Derecho patrio reclama como indispensable y por precaria el citado Casanovas. En otras palabras, el Derecho se ha quedado tras las paredes del Capitolio Federal, sin disposición para recorrer -a través de la pedagogía universitaria y popular- las calles de Venezuela.

Tulio Chiossone, quien a pesar del significado estimable que le otorga a la ley y su desarrollo doctrinal y jurisprudencial como elementos de cohesión del espíritu nacional -por sobre todo dado el carácter híbrido que identifica al conglomerado social venezolano- reconoce "que cuando se redactan leyes fundamentales, éstas deben tener por base la idiosincrasia del grupo para el cual se legisla".

El profesor Daniel Guerra Iñiguez, quien ha trabajado con mayor acuciosidad nuestra historia universitaria, en particular la relativa al estudio del Derecho y su historia, cuyos escritos son útiles para ir deshilvanando la madeja de la encarnación del Derecho venezolano, afinca su análisis a partir de las influencias que por acción u omisión han podido ejercer sobre tal conciencia la formación o la deformación de nuestros propios jurisconsultos.

Así, luego de explicar con lujo de detalles la evolución que arranca en 1715, cuando en el Seminario Santa Rosa de Lima se fundan una cátedra dedicada al estudio de Instituta o leyes y otra de Sagrados Cánones, nos sorprende con su juicio crítico sobre la metodología de la enseñanza y del aprendizaje durante el período colonial y el republicano en sus inicios, pues coincide mutatis mutandi con el mismo que tiene de los estudios jurídicos en nuestra contemporaneidad.

Refiriéndose al siglo XIX, a manera de ejemplo, cita la primacía del método nemotécnico de formación en la ciencia del Derecho, caracterizado éste por "memorista, la adopción de un idioma oficial extraño, el latín, y el castigo corporal como medio necesario de la disciplina y la docencia". Este modelo, de suyo era coherente con la enseñanza "academicista, religiosa, dogmática, autoritaria, oficialista, teórica, ayuna de investigación y práctica respectivas" predominante para la época.

Refiere Guerra Íñiguez, además, que cuando en 1858 hacen crisis los estudios universitarios, considerando el Gobierno de Monagas que la prioridad nacional estaba en fortalecer la educación primaria y media y que el número de abogados y de médicos ya superaba las necesidades del país, arguyó, para enfrentar a la Universidad, el carácter teórico de sus preceptivas. La labor de los catedráticos se limitaba, ciertamente, a la lectura de un número clausus de materias fijadas de antemano por el Estado en sus famosas Leyes de Instrucción Pública. El conocimiento debía ajustarse a libros preestablecidos y por lo general de origen francés o de lengua francesa. De allí la necesidad de las lecturas por el profesor y el dictado de apuntes.

En razón de esto, al despuntar el siglo corriente y en vísperas de ser clausurada la Universidad durante casi una década, que concluye el 4 de julio de 1922, el rector Felipe

Guevara Rojas hubo de censurar severamente el método dogmático, teórico y memorista de los estudios superiores en Venezuela. Acotó, además, la urgente necesidad de "inculcarles a los estudiantes el respeto y el amor a las ciencias y en iniciarlos en las funciones de la investigación y del trabajo científico originales".

De modo que, revisados los párrafos anteriores escritos por Guerra Iñiguez, quien alcanza a cubrir con su actividad docente buena parte del período realmente productivo de la enseñanza jurídica durante el siglo XX venezolano, salta a la vista su referida opinión sobre los treinta años que concluyen con la intervención de la UCV, en 1970:

> "La enseñanza del derecho se ha venido realizando en estos últimos tiempos bajo los moldes tradicionales, con muy raras y valiosas excepciones. Se ha considerado a las asignaturas como teóricas, las prácticas que se han introducido para suplir la labor *in situ* se han transformado en meras repeticiones de lo que ya ha sido señalado en la cátedra, la investigación ha sido reducida a seminarios, pero la verdad es que éstos, en la mayoría de los casos, se repiten monótonamente todos los años sin que haya verdadero espíritu de investigación en ellos. El método seguido por los Profesores es el de las conferencias o lecciones teóricas, en las cuales el Profesor realiza un verdadero monólogo".

La consecuencia de lo anterior no podría ser otra que la afirmación en los letrados venezolanos de un culto a eso que, audazmente, hemos calificado de cesarismo legislativo. Es decir, la dependencia mecánica de nuestra élite de juristas a la "verdad" abstracta de las normas, sean o no fieles o inexactas, y que sólo ellos entienden pero que mucho padecen sin entenderlo el resto de los integrantes de la sociedad civil: *Sed lex, dura lex*.

Si a esto se agrega, amén del citado déficit formativo e investigativo sobre la historia del Derecho nacional, la ausencia, durante las tres centurias aproximadas que abarcan los estudios jurídicos en Venezuela, de asignaturas orientadas al conocimiento y estudio tridimensional convergente (sociológico, normativo y estimativo, a su vez) de las fuentes de nuestra legislación, difícilmente se han podido dar las condiciones más adecuadas para el nacimiento y desarrollo sistemático de una auténtica Escuela encarnada de Derecho nacional. En buena lid, ésta, para ser tal, habría de emerger en la hechura o en la conciliación socialmente compartida entre la expresión formal de la juridicidad y la realidad que describen las normas, y su consiguiente adecuación a los valores colectivos dominantes sobre la convivencia venezolana y su sentido perfectible de la justicia.

La enseñanza de la historia viva de nuestra legislación –que cuenta ahora con otro soporte bibliográfico de importancia en el presente libro- no representa casi nada en el pasado, menos durante el curso del siglo XX concluido. Apenas en 1941, por vez primera y con solución de continuidad se estableció la asignatura "Principios generales del derecho e historia de la legislación venezolana". Se suprimió de tal suerte y para mediados del siglo corriente la enseñanza muy añeja del Derecho español y del Derecho eclesiástico, como fuentes iniciales del ordenamiento republicano.

El posible vacío conceptual propio, pedagógico y doctrinal, y la servidumbre formalista, teórica y legislativa de dominante vocación exógena hasta aquí anotada, no quiere decir que nuestra orfandad intelectual e ideológica haya sido tanta que hubiésemos derivado en incapaces para otear o asimilar como élite o como conglomerado, en sus trazados fundamentales, el desarrollo de la legislación patria y su relación de ambivalencia o su influencia en doble vía con el ser y la conciencia del venezolano. Este descubrimiento o preocupación sólo despierta de modo muy incipiente en la segunda mitad de nuestro siglo XX citado. Y no le restamos méritos, en modo alguno, a las obras que sobre sociología venezolana fueron escritas en su primera mitad, de modo destacado Cesarismo democrático (1919) de Laureano Vallenilla Lanz.

Rogelio Pérez Perdomo es, a nuestro entender, quien mejor ha intentado auscultar esta problemática compleja con una visión de conjunto, si bien predomina en él la angustia por descubrir, hasta donde lo hemos leído, la incidencia del Derecho en la ordenación social nacional y no a la inversa.

Bástenos con citar a título de emblemas de su esfuerzo intelectual el Ensayo de periodización de la historia social del Derecho en Venezuela (1981) y, por sobre todo, su papel de trabajo El Derecho venezolano: Una introducción histórica (1993), en el que describe "la relación entre ese Derecho formal, de los libros, y ese otro más informal de la operación práctica del sistema".

La Academia de Ciencias Políticas y Sociales, por su parte, interesada en fijar un marco conceptual para su programa de publicaciones, que constaría de cuatro series (Los siglos provinciales -XVI, XVII, XVIII y XIX hasta la Independencia-; las normas vigentes durante la Independencia; las leyes, decretos y resoluciones de la República hasta el presente; y, los estudios doctrinarios sobre dichas etapas), tuvo la iniciativa de organizar el Primer Seminario de Historia del Derecho Venezolano. Sus sesiones, realizadas durante 1982 bajo la dirección del mismo Carrillo Batalla, a la sazón Presidente de la Academia, nos legaron un interesante material de estudio. Sin embargo, este concentra su atención sólo "en las normas jurídicas emanadas de las autoridades peninsulares y también de las que actuaron aquí en Venezuela durante los siglos XVI al XVIII".

A pesar de la inmensa tarea de reflexión y de investigación pendientes acerca de la identidad o de la conciencia jurídica del venezolano, es de admitir que aquellas tampoco serían posibles en la actualidad sin el testimonio importante que representa, aun desde la vertiente codificadora y formal, la obra de quien ha sido uno de los más importantes exégetas y compiladores de nuestro ordenamiento durante el siglo pasado: el mencionado maestro Chiossone. De su extensa labor deja constancia parcial pero muy representativa en su libro sobre la Formación jurídica de Venezuela en la colonia y en la república (1981). Él fue, ciertamente, un animador y celoso garante de la preservación del acervo legal y doctrinario de nuestro país, en especial durante su desempeño como ministro de Relaciones Interiores en fecha posterior a la caída del gomecismo.

De la iniciativa sin par emprendida por su antecesor, Luis Gerónimo Pietri, primer titular de la Cartera del Interior en la administración de López Contreras, y que concluye su sucesor en el cargo, César González, nos viene como precioso aporte la compilación verde (Leyes y decretos reglamentarios de los Estados Unidos de Venezuela, 1942), en diez y ocho (I-XVIII) volúmenes. Ella reúne las normas de aplicación general que han regido desde el nacimiento de la República, incluidas las leyes de la Gran Colombia, hasta 1942.

Igualmente cuenta la Compilación legislativa de Venezuela o compilación roja de la Editorial Andrés Bello, preparada a partir de 1942 por los eminentes juristas patrios A. Pulido Villafañe, Luis Loreto y Andrés Aguilar Mawdsley, en unión de los profesores españoles F. Carsi Zacarés y Julio Vásquez. De esta última llegaron a publicarse un número similar de diez y ocho (18) volúmenes, que comprenden la primera publicación de las leyes vigentes para la época y su posterior edición actualizada, más los anuarios que corren desde 1942 hasta 1962-1963, cuando se frustra la continuación de tan esencial obra de historia legislativa.

No menos relevante es el famoso Índice general alfabético de la recopilación de leyes y decretos de Venezuela, que en dos volúmenes prepara para la época quien fuera Procurador de la Nación, el doctor G.T. Villegas-Pulido. Su obra sistematiza los sesenta (60) tomos (sesenta y tres volúmenes) constantes de 33.095 páginas que dan cuenta de toda la normativa venezolana desde 1830 hasta 1938. Y, según la información que nos aporta Pérez Perdomo, la citada recopilación llega a sumar noventa (90) volúmenes hasta 1968.

Finalmente, es de mencionar por su continuidad y por la eficiente ordenación que hace de la inconmensurable suma de leyes, reglamentos y resoluciones que integran el Derecho venezolano al corriente, el Indice de leyes vigentes preparado inicialmente para la industria petrolera por los doctores Carlos Romero Zuloaga y Luis Guillermo Arcay, a partir de los años sesenta.

Todas las fuentes mencionadas y que han sido de amplia y general divulgación, como podrá observarse, es producto casi exclusivo de la preocupación intelectual de los juristas del machacado siglo XX, que, como lo creo, es nuestro único siglo, el de nuestra modernización todavía inacabada.

En orden a lo anterior, como un signo auspicioso, cabe decir que la dedicatoria que de la presente obra hace su autor al fallecido juez Alirio Abreu Burelli, resulta muy auspiciosa. Don Alirio, como le llamamos en vida quienes tuvimos la suerte de contarnos entre sus amigos, formado dentro de los odres de esa visión cesarista que domina al Derecho venezolano, a lo largo de su ejemplar carrera judicial alcanza a invertir dicho paradigma y hace escuela al respecto.

Docente universitario con finas destrezas para la pedagogía, administrador judicial quien recorre todos los escalones del sistema, desde juez de municipio hasta magistrado del Supremo Tribunal venezolano y de la Corte Interamericana de Derechos Humanos, y a la sazón músico y director de orquestas de cámara, lo que le hace aflorar la esencia de su humanidad, conjugadas lo transforman en pionero de la justicia alternativa y procurador de la equidad como fuente para la resolución de controversias relacionadas con los derechos de la persona humana. Es el pionero, qué duda cabe, de la Justicia de Paz en Venezuela y logra, a través de la extensa jurisprudencia que contribuye a formar, que el derecho comience a encarnar en el ser nacional que aún no somos los venezolanos.

Carlos J. Sarmiento Sosa, jurista y escritor de las páginas que siguen, discípulo y colaborador directo del doctor Abreu Burelli, se suma, en lo adelante, a quienes con pluma fértil y propósito útil le hacen frente, eso sí, a los escribanos adocenados de nuestra Justicia declinante y parasitaria, con el arma más efectiva e instrumento de civilización, la memoria, en un país desmemoriado y ávido de su recuperación republicana. Venezuela le queda en deuda.

Caracas, 28 de noviembre de 2014.

AGRADECIMIENTOS

La elaboración de toda obra del intelecto toma tiempo. Es imperfecta y perfectible. En el caso de "**EL DESEMPEÑO DEL SISTEMA JUDICIAL VENEZOLANO EN EL MARCO HISTÓRICO DE 1810 A 2010**", la información en ella contenida es producto de la investigación, por una parte, y por la otra de la visión personal que he tenido de los hechos desde aquel lejano año 1965, cuando el doctor Alirio Abreu Burelli me designó Secretario del Juzgado Cuarto de Primera Instancia en lo Civil de la Circunscripción Judicial del Distrito Federal y Estado Miranda, contando apenas 20 años de edad.

Precisamente por ello, pedí a algunas personas que revisaran el borrador y rindieran sus comentarios, y ellos, hoy, son acreedores de un justo y merecido reconocimiento.

Carlos Sosa Franco quien, pese a ser ingeniero, es un abogado que se quedó en el tintero. Se permitió leer la versión preliminar y hacer las observaciones necesarias para "enriquecer" -así lo dijo- el trabajo, señalando la necesidad de incorporar referencias a la principal riqueza venezolana, el petróleo, tema ajeno al asunto central que se trata en esta obra, pero que, sin duda, ha marcado el rumbo de la República desde su hallazgo en la primera mitad del siglo XX.

José Gabriel Sarmiento Sosa hizo unos agudos comentarios en cuanto a ciertos calificativos a algunos personajes a partir de la década de los 50's del siglo XX; y Pedro A. Sarmiento Sosa, por su parte, imprimió algunas sugerencias al marco histórico del sistema judicial venezolano.

Asdrúbal Aguiar, mi viejo y dilecto amigo desde los tiempos universitarios, catedrático de derecho, ex magistrado de la Corte Interamericana de Derechos Humanos y académico, tuvo la gentileza de aceptar el ofrecimiento de hacer el prólogo de esta obra.

Allan R. Brewer Carías, profesor de la Universidad Central de Venezuela, *Adjunct Professor of Law* en la Columbia Law School (2006-2007) y académico de la Academia de Ciencias Políticas y Sociales de Venezuela, tuvo la amabilidad de leer el manuscrito y formularle acertadas observaciones destinadas a enriquecer el valor de la obra.

María Cecilia Barrientos puso toda su dedicación en la adaptación de la forma y estilo del trabajo, al que aportó su mejor competencia.

En el círculo familiar, Marta -Martíiitáaa- Michelena de Sarmiento me facilitó el tiempo suficiente para la revisión, corrección e investigación de un tema tan importante como el comportamiento de los jueces y magistrados a lo largo de dos siglos, y cariñosamente, me dio el apoyo moral que se requería para continuar con la obra iniciada.

Vanessa y Carla Sarmiento Colmenares me han dado la dicha de cuatro hermosos nietos: Isabella -mi nieta más bella- Andrés Fernández Sarmiento, y Mathías y Martín Sanabria Sarmiento; y, por supuesto, mis hijos políticos Guzmán Fernández López y Juan Pablo Sanabria Echandía. Todos ellos, con su cariño, me obligaron a sumergirme en las páginas que hoy salen a la luz.

Guillermo, Diego y Eugenia de la Rosa Michelena, no podían quedar fuera de la correspondencia porque la vida hogareña con Marta se ha caracterizado por la cordialidad y el afecto, lo que facilitó mi investigación.

A todos, mi más efusivo agradecimiento.

Carlos J. Sarmiento Sosa

INTRODUCCIÓN

La memoria histórica existe y ¡ay del pueblo que la pierda!
José Manuel Roldán Illescas
Catedrático de Historia Antigua
Universidad Complutense

Para tratar un tema como el que anuncia el título de este ensayo es preciso recurrir a los aspectos históricos institucionales más resaltantes de los siglos XIX, XX y XXI como marco de fondo del estado del sistema judicial en cada uno de ellos, sin que el ensayo pretenda convertirse en un texto de historia general de Venezuela. De un lado, una breve sinopsis de la situación política del país en relación con los gobernantes de turno que marcaron las épocas. De otro lado, el aspecto de fondo de la indagación del sistema judicial, particularmente la del Poder Judicial con asiento en Caracas, la capital venezolana, también ajustada a la acción política; y a partir de la relación histórica desde el siglo XIX, es preciso contemplar la presencia de un fenómeno que cambió a la Venezuela rural: el descubrimiento del petróleo, que abre caminos a la industrialización del país. Ello queda reflejado en las secciones denominadas "la economía y el petróleo", aspecto determinante en el desarrollo de los eventos políticos en un país, Venezuela, que ha sido calificado como un Petro-estado *"...cuya dinámica económica depende en gran medida,* -como explican Luis

Carlos Palacios e Irene Layrisse de Niculescu[1]-, *de impulsos de oferta y demanda provenientes de los ingresos obtenidos por las exportaciones petroleras, los cuales transmiten a la economía doméstica a través del gasto público y la disponibilidad de divisas para importar bienes y servicios, entre ellos bienes intermedios de capital, lo que hace que en un Petro-estado, como el venezolano, el poder político, que tiende a estar concentrado en el Poder Ejecutivo, no sólo tiene un rol clave en el comportamiento económico contingente, sino también en la conformación de las instituciones, y por tanto, en la trayectoria de crecimiento de largo plazo; mayor a la de aquellos países donde la base económica del Estado no tiene el carácter rentista de los países petro-exportadores*".

La obra está organizada en trece partes. La primera parte refiere el período que abarca desde la conquista y colonización del continente americano por el imperio español hasta 1810. Se hará referencia a los procesos de conquista y colonización con énfasis en los aspectos institucionales relacionados con el funcionamiento del sistema judicial. La negativa de migración de abogados durante la conquista y la necesidad de ellos durante la colonización y, especialmente la Real Audiencia, institución creada por la Corona para, entre otras atribuciones, administrar la justicia en los territorios colonizados. La situación política de la Metrópolis, sometida a la absoluta voluntad de los reyes Carlos III, Carlos IV y Fernando VII, las crisis económicas y el avasallamiento por parte de la Francia napoleónica dejan marca en el proceso emancipador de los territorios españoles en las Américas.

La segunda parte versa sobre los sucesos del 19 de abril de 1810 y la Suprema Junta de Caracas hasta la desintegración de Colombia en 1830. Se hace referencia a distintos hechos que inciden directamente en el proceso independentista, como el Reglamento de Elecciones de 1810, la Constitución de 1811, la Ley Fundamental de Colombia de 1819 y la Constitución de Colombia de 1821, y la relación de Colombia y las naciones del Sur.

---

[1] Crecimiento en Venezuela. *Una reconsideración de la maldición petrolera*. Octubre 2010. Consultado en original.

La tercera parte trata del período que se inicia con la separación de Venezuela de la unión colombiana, la época del general José Antonio Páez, los hermanos Monagas -el Monagato-, el "Guzmancismo" impuesto por el doctor y general Antonio Guzmán Blanco, y una visión de otros mandatarios hasta el final del siglo XIX. La economía y el petróleo, ambos incipientes, y el estado del sistema de justicia, deplorable a la vista de la aguda y cáustica pluma de don Pedro Núñez de Cáceres.

La cuarta parte considera el período que cobra vida con la Revolución Liberal Restauradora, el gobierno de Cipriano Castro entre 1900 y 1908, su camarilla y su debacle política, la economía y el petróleo durante ese período, al igual que el sistema judicial vigente en esos ocho años.

La quinta parte observa el escenario institucional que domina el mundo político bajo el lema de "orden, paz y trabajo". El general Juan Vicente Gómez en su largo período de gobierno de 1908 a 1935, la economía y el petróleo, el sistema judicial entre 1909 y 1936. En este aspecto, se hace referencia a las personalidades de eminentes juristas de la época: Los doctores Pedro Manuel Arcaya, Julio Horacio Rosales, Félix S. Angulo Ariza, Tulio Chiossone, Alejandro Urbaneja Achelpohl y otros jueces de prestigio.

La sexta parte presta atención a lo que he denominado el inicio de la modernización del Estado y la apertura política, con el fin de la llamada hegemonía andina. El gobierno del general Eleazar López Contreras de 1936 a 1941, el gobierno del general Isaías Medina Angarita entre 1941 y 1945. La economía y el petróleo y el sistema de justicia entre 1936 y 1945, diez años posteriores a la desaparición física del general Juan Vicente Gómez.

La séptima parte reseña el escenario institucional entre 1945 y 1948. La Junta Revolucionaria de Gobierno, la economía y el petróleo y los importantes aportes realizados en materia legislativa para el control de la riqueza petrolera por parte del Estado. El efímero gobierno de Don Rómulo Gallegos y el sistema judicial en el trienio.

La octava parte versa sobre el escenario institucional entre 1948 y 1958. La Junta Militar de Gobierno presidida por el coronel Carlos Delgado Chalbaud y luego, por el doctor Germán Suárez Flamerich. El gobierno del general Marcos Pérez Jiménez, el plebiscito y la caída del régimen. El ilusorio *come back* del senador Marcos Pérez Jiménez, cuando es elegido para la Cámara del Senado del Congreso a los diez años de su derrocamiento. La fulgurante economía y el desarrollo petrolero, y el sistema judicial entre 1948 y 1958.

La novena parte alude al escenario institucional entre 1958 y 1968, en los primeros diez años de una democracia de consenso. La Junta de Gobierno presidida por el contralmirante Wolfgang Larrazábal y el doctor Edgar Sanabria. El gobierno de don Rómulo Betancourt entre 1959 y 1964. El gobierno del doctor Raúl Leoni de 1964 a 1969. La economía y el petróleo los diez años que van de 1959 a 1969, donde resalta la fundación de la Organización de Países Exportadores de Petróleo (OPEP) y la constitución de la Corporación Venezolana del Petróleo (CVP). Durante esa década, resaltan las relaciones entre el Poder Ejecutivo y el Poder Judicial, la extradición del general Marcos Pérez Jiménez, la inhabilitación del Partido Comunista de Venezuela y el Movimiento de Izquierda Revolucionaria, todo ello dentro de un cuadro de estabilidad judicial, en la que se da elección de jueces para el período constitucional 1964-1969, se admitía la crítica judicial y el respeto a la independencia judicial, aunque era previsible una eventual decadencia judicial.

La décima parte se ocupa del escenario institucional entre 1969 y 1999 que expone una democracia adulta. El gobierno del doctor Rafael Caldera de 1969 a 1973, seguido por los de Carlos Andrés Pérez de 1974 a 1979, del doctor Luis Herrera Campíns de 1979 a 1984 y del doctor Jaime Lusinchi de 1984 a 1989. La segunda Presidencia del señor Carlos Andrés Pérez de 1989 hasta su destitución en 1993, con el "Caracazo" del 27 de febrero de 1989, los fallidos golpes de estado del 4 de febrero de 1992 y del 27 de noviembre de 1992 y el enjuiciamiento del presidente Pérez. El gobierno temporal del doctor Ramón J. Velázquez en 1993 y la segunda Presidencia doctor

Rafael Caldera entre 1994-1999. La economía y el petróleo en los treinta años que van desde 1969 a 1999, divididos en los seis períodos constitucionales desde el de Rómulo Betancourt hasta el segundo mandato del doctor Rafael Caldera. El sistema judicial durante las tres décadas, desde la promulgación en 1969 de la Ley Orgánica del Poder Judicial, con referencia a la corrupción judicial, el resurgimiento de las "tribus" judiciales y la situación de la independencia judicial.

La undécima parte abarca el constituyente desde 1999 hasta 2000, incluyendo el desempeño de la Sala Político Administrativa de la Corte Suprema de Justicia y el referéndum convocatorio de una Asamblea Nacional Constituyente. La Asamblea Nacional Constituyente y su declaratoria de la emergencia judicial, el decreto de reorganización de todos los órganos del Poder Público, el decreto de Medidas Cautelares Urgentes de Protección al Sistema Judicial y el decreto sobre el Régimen de Transición del Poder Público. Asimismo, una referencia a la Constitución y el sistema de justicia, especialmente en cuanto a la transparencia e independencia judicial.

La décima segunda parte trata sobre el gobierno del teniente coronel (r) Hugo Rafael Chávez Frías, en tres fases sucesivas para completar el período 1999-2010. A continuación, la situación de la economía y el petróleo 1999-2010 con referencia a los vaivenes del precio del crudo y su incidencia en la política de economía dirigida aplicada por el régimen y, el desempeño del sistema judicial en el mismo período.

La décima tercera parte contiene las conclusiones, en las cuales una serie de interrogantes me han obligado a escapar del contexto histórico-jurídico para incursionar en otras ciencias con el fin de conseguir las respuestas, o al menos intentar conseguirlas, a las razones por las cuales las instituciones, como el Poder Judicial, o sistema judicial, no han conseguido en Venezuela el rango, el respeto y la consideración que deben tener en una sociedad occidental democrática y libre, lo que hace dudar del futuro patrio, a menos que, decididamente, asumamos el reto de hacer que la institucionalidad se sobreponga sobre el atraso y la barbarie, dando paso a una sociedad en la que, como dice Umberto Eco[2], "*...la presencia de varios poderes que se controlan los unos a los otros asegure el correcto funcionamiento de la democracia*".

No se puede finalizar sin destacar que el objetivo de este memorial histórico es imprescindible para la actual sociedad venezolana cuando se observa que, en la primera década del siglo XXI, se intentó fallidamente borrar la historia patria para hacer creer que aquella gesta emancipadora que en 1810 vio la luz no había terminado, y que, desde entonces hasta el presente no hay pasado, sólo los próceres independentistas y sus herederos de la llamada revolución bolivariana, sólo jueces del pasado y jueces del presente. En un alerta sobre la concepción de la justicia en estos tiempos, el doctor Román J. Duque Corredor[3] dice:

> [...] *se pretende introducir en la sociedad, divisiones históricas excluyentes, entre una Justicia presente y otra Justicia pasada, porque, por ejemplo, "Los jueces deben reflejar lo que es esta nueva patria y sus instituciones", como lo expresó el 28 de marzo de este año, la Presidenta del Tribunal Supremo de Justicia, al referirse a los jueces que ingresaban al presente Poder Judicial. Ello no es otra cosa que dividir la historia patria entre las llamadas "épocas del olvido", y la "memoria presente", que es la prédica de la ruptura total de la historia común de la sociedad, y que pretende dividirla, con criterios excluyentes y discriminatorios, en un antes y en un después; para desechar las denominada "memoria histórica", que al contrario, representa la consolidación de los valores éticos y de los logros sociales, culturales, morales, religiosos, históricos y jurídicos, que son los que unen a los pueblos como Nación.*

Caracas, noviembre de 2014
El autor

---

[2] Disponible en: http://noticiaaldia.com/2010/12/eco-advierte-sobre-el-riesgo-de-la-concentracion-de-poderes-en-una-persona/
[3] Exposición el 3 de abril de 2008 en la Academia de Ciencias Políticas y Sociales, con motivo de la presentación de su obra "*Los poderes del Juez y el control de la actividad judicial*".

I
DESDE LA CONQUISTA Y COLONIZACIÓN DEL CONTINENTE AMERICANO POR EL IMPERIO ESPAÑOL HASTA 1810

Desde el mismo momento en que el gran Almirante de la mar océano, Cristóbal Colón, un 12 de octubre de 1492 descubre por primera vez lo que él denominó Las Indias, lo hace para la corona española y en nombre de sus majestades Fernando de Aragón e Isabel de Castilla, los Reyes Católicos y, por ende, el derecho que regía en la metrópoli era plenamente aplicable a los nuevos territorios que se irían incorporando a medida que el intrépido marino ganara nuevas tierras para el reino en sus distintos viajes. Así nace el poderío de la monarquía española que verdaderamente no formaba una realidad jurídico-institucional con una estructura de poder uniforme para todos los dominios, pero sí la figura del monarca del conjunto, de todos los territorios.

1. *Los principios fundamentales del proceso de la conquista por parte del imperio español*

En el proceso de la toma de los territorios de este lado del océano Atlántico por parte de España hay que distinguir la conquista y la colonización. La conquista, que vino a ser la ocupación territorial de los pueblos que habitaban el continente, por las fuerzas conquistadoras bajo tres principios fundamentales:

1. *"Tierra de Nadie"* (*res nullius*), principio que supuso en ocasiones el reparto de hecho y derecho del territorio entre estados europeos a través de la ocupación, por desconocimiento de la propiedad indígena.

2. *"Tierras para la cristiandad"*, principio que llevó a su vez a la decisión de difundir el cristianismo a los habitantes de América, habilitando su conversión forzosa en caso de negarse a aceptar esa religión.

3. *"Derechos de conquista"* sobre las civilizaciones o sociedades nativas que se habían impuesto unas sobre otras, de las riquezas naturales y acumuladas de unos indígenas sobre otros, así como en su caso la imposición de utilizar a los habitantes como mano de obra forzada, y que correspondía a quien dominase el territorio.

Estos principios, según Enrique Yépez[4], revelan las bases ideológicas y políticas de la expansión española:

> *En primer lugar, había un ejército muy organizado y ansioso de nuevas conquistas heroicas en nombre del cristianismo. En segundo término, el Catolicismo, el idioma español y el absolutismo de la Corona eran los elementos unificadores de la nueva identidad nacional. Y un tercer factor, no menos importante, era la ambición expansiva, en busca de riquezas para premiar a los héroes de la Reconquista y sostener una economía basada en la guerra y en la posesión de tierras.*

Los principios anteriores dejan en claro que los conquistadores venían bajo las órdenes de una monarquía absoluta, la de los Reyes Católicos, que había logrado la unificación de España blandiendo la espada contra el enemigo sarraceno que ocupaba los reinos del al-Andalus, estableciendo una sola religión y una sola lengua, el castellano. Alcanzar la riqueza para beneficio de la Corona y para recompensa de los guerreros era el complemento final del proceso de conquista. Por tanto, los hombres de armas fueron el pivote que daba sustento al proceso de ocupación, de allí que el militarismo tenga

---

[4] *La época colonial en América Latina.* Disponible en: http://www.bowdoin.edu/~eyepes/latam/colonia.htm

tanta presencia durante todo el tiempo de la dominación española y, sin dudas, se prolongaría a partir de 1810, hasta los días presentes.

En el fondo, este proceso llevaba implícito el trasvase de la cultura europea, la que se remontaba a Grecia y Roma, a los territorios conquistados para establecerse en ellos a la imagen y semejanza de la Castilla de la época: un idioma, una religión, unas costumbres bajo el poder omnímodo de la Corona. Se trataba, por tanto, de sustituir las estructuras locales indígenas por unas nuevas que se han prolongado a lo largo de los siglos, pese a ciertos intentos de insertarle elementos foráneos, bien sea producto de la lenta penetración de los efectos de la globalización o de intentonas vanas de sustituir el modelo que ha regido en las Américas por más de 500 años por otras ideologías políticas, como el socialismo del siglo XXI, un modelo económico que no esté basado en el precio de mercado.

2. *El proceso de conquista y la negativa de migración a abogados y procuradores*

El proceso de conquista se inicia en el mismo instante del descubrimiento americano y a todo lo largo de ella, hasta mediados del s. XVII, se impone a los nativos por la fuerza y se inicia la fundación de los primeros núcleos urbanos.

Además, se impusieron las características de la civilización europea sobre las culturas nativas encontradas: el uso del castellano como lengua; extendiendo además la escritura, la economía mercantil y convirtiendo a la población al cristianismo. Asimismo, se asignaron labores serviles a los indígenas y se trajo a la inmigración africana como esclavos.

El marco legal inicial de la conquista se encuentra en la primera capitulación firmada el 17 de abril de 1492 entre los Reyes Católicos y Cristóbal Colón, mediante la cual se le otorgan al marino genovés los títulos de almirante, virrey y gobernador general en todos los territorios que descubriera o ganase durante su vida, así como la décima parte de todos los beneficios obtenidos, nombrando como herederos a sus sucesores de forma vitalicia, así como un diezmo de todas las mercaderías que hallase, ganase y hubiese en los lugares conquistados.

En el orden institucional, los conflictos eran resueltos durante la conquista sin la intervención de abogados y tribunales, al no haber sido éstos instituidos, pues *"...luego que se descubrieron las Indias se tuvo por conveniente, que si dexasen pasar Abogados, ni Procuradores a ellas, ni se formasen tribunales jurídicos, que pudiesen ocasionar pleitos, y los gastos y molestias que de ellos se siguen"*[5].

Esta política de la prohibición de migración de abogados y procuradores reitera que los hombres de armas, en el cumplimiento de sus principios de conquista, no podían aceptar la presencia de quienes eventualmente pudiera convertirse en un obstáculo. La ley y la justicia estaban de más, por lo que la decisión de los conflictos la asumían los hombres de guerra, militarmente, sin el freno de la ley o del poder del juez.

3. *El proceso de colonización y la necesidad de un orden legal*

Finalizado el proceso de conquista, se hacía necesario la colonización de los nuevos territorios y su poblamiento, contándose para ello, en la esfera ideológica, con una misión evangelizadora: cristianizar heroicamente el mundo, por conversión o por miedo. A escala política, su papel era expandir el dominio de la Corona española, consagrada a la fe católica. En el campo económico, había que encontrar metales preciosos, competir comercialmente con el resto de Europa, y dar tierras a los héroes españoles y a la Iglesia. La conquista fue una operación fundamentalmente militar, pero también evangelizadora, que avanzó en busca de oro y de plata hasta el extremo sur del continente, con la esperanza de encontrar el legendario "dorado"[6].

---

[5] Javier Malagón Barceló. "Las Reales Academias y Chancillerías. Apuntes para el examen de las leyes en la Recopilación de Indias". En *Historia del Derecho Venezolano. Anales del Primer Seminario de historia del derecho venezolano*, 1, Serie Eventos. Caracas/1983, p. 359. La frase resaltada corresponde a Don Juan de Solórzano y Pereyra, Oidor de la Audiencia de Lima y posteriormente magistrado de los Consejos de Indias y de Castilla.

[6] Yépez. *La época colonial...*

Pero estos esquemas ideológico, económico y militar, hicieron necesario el paso a la fundación de primarios entes urbanos y rurales, el proceso de colonización, durante el cual, a partir del la segunda mitad del s. XVII, y conforme a las características geográficas, raciales, sociales y económicas muy diversas, tuvieron que, además de enfrentarse a los aborígenes de estas comarcas, requiriéndose de un derecho específico para Las Indias, a través de las leyes del mismo nombre, las cuales contenían las disposiciones legales aplicables a los tierras americanas bajo dominio de la Corona, con ciertas restricciones en cuanto a la aplicación derecho en la América Hispana, de la siguiente manera: 1º El derecho de los indígenas, cuando no contradijera al de Indias, al de Castilla y a la religión católica. 2º La costumbre, en cuanto no contradijera la religión. 3º El derecho de Indias. 4º El derecho de Castilla[7].

Este orden institucional era proclamado en la Metrópoli, independientemente de que en los territorios americanos se diera o no cumplimiento al ordenamiento jurídico. Así lo resalta el diputado Morales Duárez[8] a las Cortes de Cádiz cuando en la sesión del 11 de enero de 1811 expresó:

> *La América, desde la conquista, y sus indígenas, han gozado los fueros de Castilla. Óiganse las palabras con que termina un capítulo de las Leyes tituladas del año 1554, donde el emperador Carlos habla así: "Queremos y mandamos que sean tratados los indios como vasallos nuestros de Castilla, pues lo son". Con respecto a esta justicia había hecho años antes en Barcelona una declaración, en septiembre de 1529 (que dio mérito a la ley 1ª, título I del libro 3º de la Recopilación de Indias), donde dice que "las Américas son incorporadas y unidas, para entender que las provincias de América no han sido ni son esclavas ni vasallas de las provincias de España; más han sido y son como unas provincias de Castilla, con sus mismos fueros y honores".*

---

[7] J. M. Ots Capdequi. *El Estado Español en las Indias*. Fondo de Cultura Económica, México, p. 11.

[8] Armellada, *La Causa Indígena Americana en las Cortes de Cádiz*. Universidad Católica Andrés Bello. Instituto de Investigaciones Históricas. Caracas, 1979, p. 16.

Todo ese conjunto de normas jurídicas da vida a lo que se conoce como el derecho indiano, sobre el cual ha dicho el profesor Eduardo Martiré[9]:

> *Ese Derecho tan particular, tan propio de estos territorios, que ni es una mera prolongación o adaptación del castellano, ni está exclusivamente contenido en las leyes dictadas por la Corona. El Derecho indiano, merece decírselo una vez más, es la resultante de diversos órdenes de normas, unas nacidas en la Península, algunas de épocas muy remotas, otras sancionadas modernamente, especialmente para estos territorios, otras, muy numerosas, nacidas aquí mismo y admitidas por el poder central o surgidas a pesar de ese poder. A ellas se une un haz de normas que han sido heredadas del pasado precolombino, otras arrastradas por los esclavos del África. Todas integran el Derecho indiano y por ello, para entenderlas, debemos comenzar por entender las Indias, de lo contrario erraremos en nuestro objetivo, que no es otro que el cabal conocimiento de ese Derecho.*

Dentro del derecho indiano, jugaron papel preponderante las Audiencias y Chancillerías Reales en todas las provincias americanas, como máximo tribunal de la administración de justicia colonial[10].

4. *La institucionalización de las Audiencias y Chancillerías Reales*

En el orden institucional, al empezar los conflictos entre particulares y entre éstos y las autoridades, la Corona abre las

---

[9] Discurso pronunciado en los actos de inauguración y clausura del Décimo Sexto Congreso del Instituto Internacional de Historia del Derecho Indiano, Santiago de Chile, los días 29 de septiembre al 2 de octubre de 2008. Disponible en:
http://webcache.googleusercontent.com/search?q=cache:VD7BWp9QdlQJ:www.euv.cl/archivos_pdf/indiano.pdf+Al%C3%AD+Enrique+L%C3%B3pez+Boh%C3%B3rquez&cd=37&hl=es&ct=clnk&gl=ve

[10] Tomás Polanco Alcántara. *La Real Audiencia de Caracas como antecedente de la Corte Suprema de Justicia*. Academia Nacional de la Historia, Caracas, 1975. Catalina Villegas del Castillo. *Del hogar a los juzgados: reclamos familiares ante la Real Audiencia de Santafé a finales del período colonial (1800-1809)*. Historia crítica. Universidad de los Andes, Facultad de Ciencias Sociales, Bogotá, Colombia. Disponible en:
http://historiacritica.uniandes.edu.co/view.php/272/1.php

puertas para permitir la instauración de Audiencias y Chancillerías Reales que resolvieran las querellas. Don Juan de Solórzano y Pereira expresa que "...*después que se fueron pacificando y poblando...y* (los españoles) *engrosando en haciendas y caudales, se comenzaron á encender entre ellos muchos pleitos y contiendas, como es de ordinario, y por el consiguiente pareció forzoso permitirles, no sólo a Abogados y Procuradores que los ayudasen en ellos...sino también crear, erigir y poner en las Ciudades más principales de cada Provincia, Audiencias y Chancillerías Reales, adonde las partes pudiesen recurrir en apelación de las sentencias y agravios que los huviesen hecho los Alcaldes Ordinarios o Corregidores..."* [11].

Las fuentes del derecho hispano corresponden a dos períodos claramente definidos, tanto de la Provincia de Venezuela que nace en 1528, lo mismo que en la Capitanía General de Venezuela, que aparece en 1777: uno que comienza en 1501, a partir del cual se promulgan en el Reino textos legales como las Leyes de Burgos, de 1512, las Leyes de Valladolid, la Ley de 1569 y la Real Cédula de 1697, en que las provincias constituían gobernaciones separadas que pertenecían jurisdiccionalmente a las Reales Audiencias de Santo Domingo o de Santa Fe; y otra etapa, que se inicia en 1786, año en que se creó la Real Audiencia de Caracas y las siete provincias: Margarita, Trinidad, Guayana, Cumaná, Venezuela, Maracaibo y Barinas, se unificaron bajo su jurisdicción hasta 1810 [12]. Todas ellas, como informa Juan Garrido Rovira [13], "...*regían la vida civil y comercial, los delitos y las penas, los procedimientos civiles, criminales y mercantiles, los impuestos y las rentas públicas, los Cabildos o Ayuntamientos y otros cuerpos y tribunales públicos, el régimen militar de veteranos y de milicias, la tierra y el uso del di-*

---

[11] Cita de Malagón Barceló, *op. cit.*, p. 359.
[12] *Cfr.* Antonio Arellano Moreno. "Fuentes del Derecho Indígena en Venezuela". En *Historia del Derecho Venezolano. Anales...*, p. 395. Enrique Otte. "Las Cédulas Reales como Fuente del Derecho Venezolano en la Epoca Colonial". En *Historia del Derecho Venezolano. Anales...*, p. 323.
[13] *De la Monarquía de España a la República de Venezuela*. Universidad Monteavila. 2010-2011. Bicentenario de la Independencia y la República. Pensamiento político de la emancipación venezolana, Caracas, 2008, pp. 89-90.

nero, el trabajo, la esclavitud, las comunidades indígenas, las corporaciones, las relaciones con la Iglesia y todo aquello que requiriese de una cierta regulación y orden".

5. *La Audiencia Real de Caracas*

La Audiencia de Caracas si bien representó un medio para agilizar los asuntos judiciales, también obedeció, al menos teleológicamente, a la necesidad de apaciguar los ánimos de los diferentes sectores de la sociedad, evitar las arbitrariedades de los gobernadores, del intendente y demás funcionarios locales, sobre todo de los poderosos cabildantes de Caracas, como lo informa Alí Enrique López Bohórquez[14].

La primera solicitud a la Corona de establecer una audiencia en Caracas fue hecha en 1672 por los ministros del Tribunal de Santo Domingo, quienes plantearon su traslado a la provincia de Venezuela dado el grado de pobreza de la isla y sus habitantes, el número reducido de litigios que trataba el juzgado, las dilaciones y costos de la justicia por las dificultades de comunicación de las provincias venezolanas y a fin de frenar los abusos y las arbitrariedades de sus gobernadores. La petición fue negada por la necesidad de mantener la Audiencia de Santo Domingo y por considerar el Rey infundados los argumentos expuestos.

En 1753, el gobernador de la provincia de Venezuela, Felipe Ricardos, propuso también el establecimiento de un tribunal, debido a los problemas que confrontaban los habitantes de aquella provincia para resolver sus pleitos judicialmente en Santo Domingo. Los inconvenientes señalados por el gobernador fueron ampliados por el Ayuntamiento de Caracas en 1769, al solicitar al Rey la creación de una audiencia en

---

14 Audiencia de Caracas. En: *Historia de Venezuela para nosotros*. Fundación empresas Polar. Disponible en:
http://www.fundacionempresaspolar.org/nosotros/educacional/instituc/audiencia.html. La sección relativa a la Real Audiencia de Caracas se fundamenta principalmente en esta referencia histórica por considerar que, a los efectos de este ensayo, resume didácticamente los aspectos atinentes a esa colonial institución.

dicha ciudad o una sala de la de Santo Domingo, en razón también del incremento de la población y a los vicios en la administración de Justicia.

En 1770, el monarca negó nuevamente esa solicitud apoyándose en el informe del fiscal del Consejo de Indias, quien señaló que el pretendido tribunal acrecentaría los gastos del erario real, perjudicaría la jurisdicción de Santo Domingo y que era innecesario pues las provincias venezolanas se habían mantenido en orden y justicia.

La decisión de establecer una audiencia en Caracas resultó del expediente con las solicitudes que en 1778 hicieron Maracaibo y Barinas de reintegrarse al virreinato de la Nueva Granada, en virtud de su separación por real cédula del rey Carlos III del 8 de septiembre de 1777, en la que se resolvió: 1) que la provincia de Maracaibo continuara unida a la Capitanía General e Intendencia de Caracas; y 2) que se creara una audiencia en Caracas compuesta por un decano-regente, tres oidores y un fiscal, a fin de evitar los inconvenientes y perjuicios que se originaban a los habitantes de las provincias de Venezuela, Maracaibo, Cumaná, Guayana, Margarita y Trinidad al recurrir en apelación al tribunal de Santo Domingo.

A. *Atribuciones de la Real Audiencia de Caracas*

La Real Audiencia inició sus funciones el 19 de julio de 1787 y, además de defender los más variados intereses de la monarquía, ejercía un permanente control de funcionarios e instituciones; asesoraba a su presidente-gobernador en materia de gobierno (real acuerdo); intervenía en los fueros militares; resolvía asuntos eclesiásticos en función de su Real Patronato; vigilaba el buen tratamiento de los indígenas; fiscalizaba la Real Hacienda y legislaba sobre asuntos de diversa naturaleza, con una autonomía determinante para comunicarse con el Rey y su Consejo de Ministros de Indias, a fin de informarles sobre la administración en general y proponer soluciones acordes con el ejercicio de la soberanía real.

Por otro lado, dadas sus propias necesidades, la Audiencia, para establecer el control, el decoro del gremio y los estudios jurídicos, propició la creación del Colegio de Abogados y en la casa de habitación del doctor José Antonio Osío, se reunieron los abogados de Caracas, Thomas Sanabria Eizdo, Bartolomé Ascanio, Sebastián Orellana, Francisco Rodríguez de la Barreda, Francisco Espejo y Miguel José Sanz; consideró la Real Audiencia que era necesaria la existencia del Colegio de Abogados, lo que ocurre el 18 de agosto de 1788, aunque por la Real Cédula es creado el 6 de octubre de 1792[15].

Asimismo, el tribunal caraqueño constituyó un factor importante en el proceso de integración jurídico-política de aquellas dispersas e incomunicadas provincias que entraron bajo su dependencia, iniciado en lo económico con el establecimiento de la Intendencia de Ejército y Real Hacienda (1776), con la centralización del poder militar en el capitán general de la provincia de Venezuela (1777), continuando con la creación del Real Consulado (1793) y el Arzobispado de Caracas (1804), lo cual dio configuración a la jurisdicción territorial que conformaría la República de Venezuela de 1811 y fundamentaría el principio de *Uti possidetis iuris*, utilizado a partir de entonces. La Real Audiencia se estructuró siguiendo como modelo la de Santo Domingo; aplicó para su funcionamiento las Ordenanzas de este tribunal hasta la elaboración de las propias en 1805, legislando con base en la Recopilación de Leyes de Indias de 1680.

B. *El predominio español en la Real Audiencia de Caracas*

El predominio de ministros españoles y los amplios poderes de la Audiencia condujo a un enfrentamiento casi permanente con dos de las instituciones locales controladas por los mantuanos caraqueños: el Ayuntamiento y el Real Consulado. Con el primero, porque el establecimiento de la Audiencia representó la restricción de la autonomía municipal y la pérdida de antiguas preeminencias y atribuciones tanto en lo político como en lo judicial; con el segundo, porque a este tri-

---

[15] Disponible en:
http://www.ilustrecolegiodeabogadosdecaracas.com/HISTORIA.htm

bunal, al crearse en 1793, se le concedió la jurisdicción contenciosa mercantil antes detentada por la Audiencia, y estaba constituido por jueces (hacendados y comerciantes) en su mayoría naturales de la provincia de Venezuela, no expertos en derecho y con un sistema procesal gratuito y sin formalidades jurídicas.

Por otro lado, dado el control que la Real Audiencia ejercía sobre los gobernadores de su distrito, diversos fueron los conflictos con algunos funcionarios, destacando los suscitados durante la administración del gobernador Pedro Carbonell (1792-1799), quien se dedicó a hostilizar la actuación del tribunal, denunciando las parcialidades de los magistrados.

La acción de la Audiencia no solamente se orientó a supervisar la administración de los funcionarios y a limitar el poder de la aristocracia criolla venezolana, sino también a liquidar cualquier actitud que fuera en detrimento de la autoridad y soberanía española, como fue el caso de la insurrección de José Leonardo Chirino (1795), la conspiración de Gual y España (1797), el complot de Francisco Javier Pirela (1799) y la conjuración de los mantuanos de Caracas (1808).

La Real Audiencia de Caracas significó la culminación de un proceso político y social que permitió a la antigua provincia transformarse en un estado independiente, por lo que Tomás Polanco Alcántara[16] sustenta que la institución vino a constituirse en el antecedente de la Corte Suprema de Justicia que se instauraría en la Constitución de 1811 y que se recogería en las constituciones que han regido en Venezuela.

6. *La situación en la Metrópolis*

Mientras en los territorios americanos, y específicamente en el de Venezuela, continuaba la colonización, la progresiva implantación de la legislación indiana aunque era común en las colonias el viejo adagio *"la ley se acata pero no se cumple"*[17],

---

[16] *La Real Audiencia...*, p. 463.
[17] Yépez. *La época colonial...*

y la instauración de instituciones como la Real Audiencia de Caracas, en la Metrópolis habían quedado atrás los duros días del reinado de los Reyes Católicos que conllevaron a la unión ibérica, al igual que eran tiempos idos aquellos en los que Carlos I de España y V de Alemania imponía su voluntad a Inglaterra y Francia, y hasta al Papado. Los días de gloria del imperio español, aquellos que hicieron expresar al rey Felipe II su célebre frase *"en mis dominios no se pone el sol"*, habían terminado y Castilla se encontraba en una situación que anticipaba la decadencia del imperio y la eventual pérdida de las provincias de ultramar. En ello, tienen papel preponderante el rey Felipe IV y el conde duque de Olivares, el rey Carlos III y el conde de Aranda y el rey Fernando VII.

A. *El rey Felipe IV y el conde duque de Olivares*

Los reinados que siguieron fueron marcados por la carencia del brillo que le dieran sus antepasados de la Casa de Austria. Sin embargo, la coronación de Felipe IV en 1621 auguraba la restauración de la preeminencia universal de los Habsburgo, pero la guerra constante de la Europa protestante y la católica Francia contra España condujeron al declive y ruina de la monarquía hispánica.

Para los años 1621 al 1643, sirve a su majestad Felipe IV el conde duque de Olivares, don Gaspar de Guzmán y Pimentel Ribera y Velasco de Tovar, con el título de valido por lo que adquiere un inmenso poder en la Corte de Felipe IV, caracterizado por un autoritarismo absoluto, por lo que a su caída hizo salir definitivamente a la luz dos hechos que ningún soberano de la casa de Habsburgo podría cambiar. Por un lado, la hegemonía entre las potencias europeas de la monarquía hispánica estaba a punto de pasar a Francia. Por otro, la corona había visto fracasar sus esfuerzos por reformar el ordenamiento administrativo, constitucional y económico, en su legítima pretensión de encarar favorablemente los cambios que estaba experimentando Europa. Sus esfuerzos resultaron aún más baldíos por cuanto la sociedad española, al igual que sus coetáneas europeas, eran instintivamente reticentes a todo cuanto significase "novedad".

Durante los 20 años que ejerció el poder, Olivares trato de revertir por todos los medios la decadencia de España. Fue víctima de un sueño anacrónico, el representante de una sociedad que pensaba en términos de imperio universal en un periodo de decadencia nacional; de la unión del cristianismo en tiempos de creciente diversidad religiosa; de la cohesión de la Europa Católica amenazada por el progreso -fundamentalmente marítimo y económico- de los protestantes. Trató de poner orden a los desórdenes del Estado, de elevar a sus monarcas a nuevas alturas de autoridad interna y prestigio internacional; de darle forma a la sociedad y hacerla más efectiva. Trató de modelar el mundo a su imagen, semejanza y fracasó, y, ya casi cercano a la demencia al final de su vida, le escribió a su Secretario[18]:

> No es bueno especular Sr. Antonio Carnero dándole vuelta a las ideas en nuestra mente, pues este es el mundo y siempre lo ha sido; y nosotros allí tratando de realizar milagros y de reducir el mundo a lo que no puede ser reducido, cuando lo único cierto que hay en el mundo es su inestabilidad e inconsistencia y la falta de gratitud. Nos olvidamos completamente de Dios y colocamos nuestra fe en los hombres, y mientras mas vueltas le demos a esto en nuestras mentes, mas desquiciados nos volvemos.

B. *Carlos III y el conde de Aranda*

Para el inicio del reinado de Carlos III, en 1759, habían transcurrido más de 20 años de la negociación de parte de los territorios españoles en Europa, en 1713, a través del Tratado de Utrech, con lo cual España perdió Nápoles, Sicilia, Gibraltar, Menorca, Países-Bajos Españoles, bajo el reinado de Felipe V de Borbón.

El rey Carlos III se mantuvo gobernando en la línea de la Ilustración propia de su época, realizó importantes cambios —sin quebrar el orden social, político y económico básico,

---

[18] Worth Reading: Richelieu and Olivares. Disponible en: http://committeeofpublicsafety.wordpress.com/

despotismo ilustrado[19]— con ayuda de un equipo de ministros y colaboradores destacados; y, entre los aspectos más duraderos de su herencia quizá haya que destacar el avance hacia la configuración de España como nación, a la que dotó de algunos símbolos de identidad (como el himno y la bandera) e incluso de una capital digna de tal nombre, pues se esforzó por modernizar Madrid y engrandecerla con monumentos y edificios representativos destinados a albergar los servicios de la creciente administración pública. El impulso a los transportes y comunicaciones interiores (con la organización del Correo como servicio público y la construcción de una red radial de carreteras que cubrían todo el territorio español, convergiendo sobre la capital) ha sido, sin duda, otro factor político que ha actuado en el mismo sentido, acrecentando la cohesión de las diversas regiones españolas. Estas son sólo algunas de las razones por las cuales Carlos III fue conocido como el «mejor Alcalde de Madrid».

En materia de política exterior, el primer asunto que trató el rey fue la Guerra de los Siete Años. Carlos III se vio obligado a tomar parte en la guerra tras la ocupación británica de Honduras y la pérdida de la colonia francesa de Quebec, lo que requirió la intervención española en el conflicto para frenar el expansionismo británico por América.

En 1761, se firmó el Tercer Pacto de Familia y España entró en el conflicto bélico. La guerra terminó con la Paz de París de 1763. España cedió a Gran Bretaña la Florida y territorios del golfo de México, a cambio de La Habana y Manila, conquistadas por los británicos, y la Luisiana francesa pasó a manos de España, más preparada para defenderla. Portugal, aliado de los británicos, recuperó la colonia del Sacramento.

En 1781, el gobernador de la Luisiana, Gálvez, recupera las dos Floridas para España, en un audaz golpe de mano contra los ingleses, y en 1782 España recupera la isla de Menorca.

---

[19] DRAE: Política de algunas monarquías absolutas del siglo XVIII, moderada por las ideas de la Ilustración de fomentar la cultura y prosperidad del pueblo. Disponible en: http://buscon.rae.es/draeI/

España continuó la alianza francesa. Así, en la Guerra de la Independencia de los Estados Unidos, intervino junto a Francia contra Gran Bretaña en apoyo a la emancipación de las trece colonias británicas. El Tratado de Versalles de 1783 puso fin a la guerra. España recuperó Florida, los territorios del golfo de México, aunque no pudo hacer lo mismo con Gibraltar. España, de esta forma, contribuyó a la independencia de los Estados Unidos, hecho que creó un precedente para la emancipación de las colonias españolas en el siglo XIX. Sobre la independencia de las provincias del norte de América y analizando sus implicaciones para España, Pedro Pablo Abarca de Bolea y Ximénez de Urrea, conde de Aranda, destacado miembro de la inteligencia española de su época, ampliamente influenciado por la revolución francesa y sus ductores intelectuales escribió al Rey mientras se desempeñaba como ministro plenipotenciario de España en París:

> *Esta república federal nació pigmea, por decirlo así y ha necesitado del apoyo y fuerza de dos Estados tan poderosos como España y Francia para conseguir su independencia. Llegará un día en que crezca y se torne gigante, y aun coloso temible en aquellas regiones. Entonces olvidará los beneficios que ha recibido de las dos potencias, y sólo pensará en su engrandecimiento... El primer paso de esta potencia será apoderarse de las Floridas a fin de dominar el golfo de México. Después de molestarnos así y nuestras relaciones con la Nueva España, aspirará a la conquista de este vasto imperio, que no podremos defender contra una potencia formidable establecida en el mismo continente y vecina suya.*
>
> *Proposición: "...Que V.M se desprenda de todas las posesiones del continente de América, quedándose únicamente con las islas de Cuba y Puerto Rico en la parte septentrional y algunas que más convengan en la meridional, con el fin de que ellas sirvan de escala o depósito para el comercio español. Para verificar este vasto pensamiento de un modo conveniente a la España se deben colocar tres infantes en América: el uno de Rey de México, el otro de Perú y el otro de lo restante de Tierra Firme, tomando VM el título de Emperador".*

La intención de la propuesta del conde de Aranda para neutralizar a esta nueva colonia americana, los Estados Unidos de Norte América, -la creación de una *Commonwealth* o comunidad iberoamericana- jamás fue escuchada por el monarca. Poco más de un siglo transcurriría para que se iniciara un conflicto bélico entre España y los Estados Unidos que conllevaría a la pérdida de territorios bajo el dominio hispánico en América.

C. *El rey Fernando VII*

Hijo de Carlos IV, ya como príncipe de Asturias conspiró contra su padre, agrupando a su alrededor un partido *fernandista* con cierto apoyo cortesano y popular, de todos los descontentos con la política del valido de su padre, Manuel Godoy. Descubierta la conspiración, el príncipe fue condenado por el proceso de El Escorial (1807), aunque enseguida pidió y obtuvo el perdón de su padre.

Ello no le impidió encabezar el motín de Aranjuez, por el que arrebató el Trono a Carlos IV y derribó a Godoy del poder (1808). Fernando, quien había mantenido contactos con Napoleón a lo largo de sus conspiraciones, se encontró en aquel mismo año con que el emperador invadía España y le hacía apresar y conducir a Bayona (Francia); allí, le obligó a devolver la Corona a Carlos IV, sólo para forzar que éste abdicara el trono español en el propio hermano del emperador, José I, el célebre Pepe Botella.

Mientras Fernando permanecía recluido en Valençay (Francia), fue el pueblo español el que asumió por su cuenta la resistencia contra la ocupación francesa y el proceso revolucionario que había de conducir a las Cortes de Cádiz, llamadas Generales y Extraordinarias, a elaborar la primera Constitución española en 1812, una de las aspiraciones universales y una de las promesas que suscitaban mayor entusiasmo a los españoles, según apunta fray Cesáreo de Armellada[20] al citar la autorizada opinión de Marcelino Menéndez y Pelayo[21]:

---

[20] *La Causa Indígena Americana en las Cortes de Cádiz*. Universidad Católica Andrés Bello. Instituto de Investigaciones Históricas. Caracas, 1979, p. 6. Refiere el una nota-resumen de D. Rafael de Labra y Martínez, por las Cortes de Cádiz desfilaron 303 diputados; de ellos, 63 fueron americanos. De los 37

> *El deseo de una representación nacional (parecida o no a las antiguas Cortes, revolucionaria o conservadora, semejante al Parlamento inglés, o semejante a la Convención francesa, y ajustada en lo posible a los antiguos usos y libertades de Castilla y Aragón) era entonces universal y unánime.*

Durante la consiguiente Guerra de la Independencia (1808-14), el rey cautivo se convirtió en un símbolo de las aspiraciones nacionales españolas, motivo al que se debe que recibiera el sobrenombre del *Deseado*. Derrotados militarmente los franceses, Fernando recuperó el Trono por el Tratado de Valençay (1813); tan pronto como llegó a España, se apresuró a seguir la invitación de un grupo de reaccionarios (*Manifiesto de los Persas*) y restablecer la monarquía absoluta del siglo anterior, eliminando la Constitución de Cádiz de 1812, y la obra reformadora realizada en su ausencia por las Cortes.

El resto del reinado de Fernando VII estuvo marcado por su resistencia a reformar las caducas estructuras del Antiguo Régimen, acompañada de una represión sangrienta contra los movimientos de inspiración liberal. Durante los «seis mal llamados años» (1814-20) se limitó a restaurar la monarquía absoluta como si nada hubiera ocurrido desde 1808, agravando los problemas financieros derivados de la pervivencia de los privilegios fiscales y la insuficiencia del sistema tributario tradicional; un endeudamiento creciente ahogaba a la Hacienda Real, al tiempo que España perdía todo protagonismo internacional.

Incapaz de reaccionar ante el proceso de emancipación de los territorios de ultramar, Fernando VII prácticamente permitió que éstas consolidaran su independencia de España; cuando, en 1820, reunió en Andalucía un ejército expedicionario destinado a recuperar el control sobre América. Con el Deseado, España aseguró la pérdida de las provincias americanas, anticipada sabiamente por el conde de Aranda.

---

presidentes, 10 fueron americanos, y de los 14 miembros de la Comisión Constitucional, 5 fueron americanos (*op. cit.*, p. 7).
[21] *Historia de España*. Madrid, 1934, p. 241.

II
DESDE EL 19 DE ABRIL DE 1810 HASTA 1830

Pese a una mano férrea como el absolutismo español, las ideas de la Ilustración pululaban por las provincias americanas desde el siglo XVIII, entre ellas las expuestas por uno de los filósofos y ensayistas más relevantes de ese período, Charles Louis de Secondat, señor de la Brède y barón de Montesquieu, a través de su inmortal obra *De l'esprit des lois*, publicado en Ginebra, en 1748. Basta con señalar que el Precursor de la Independencia venezolana, el generalísimo Francisco de Miranda, en su proyecto de Constitución Americana de 1798[22], abogaba por la creación de los tribunales y los juicios por jurados conforme a lo estatuido en Inglaterra y los Estados Unidos de América. *"Se nombrará primero un jurado especial* -escribía Miranda-, *hasta que la masa de los ciudadanos se encuentre más o menos acostumbrada a la libertad; jurado que conocerá solamente de los asuntos civiles o criminales"*.

El Precursor proponía también que el Poder Ejecutivo nombrara la Alta Corte Nacional, integrada por un Presidente y dos Jueces, elegidos entre los jueces nacionales, la cual conocería de los negocios relativos al Derecho de Gentes, a los tratados con las potencias extranjeras y juzgaría a los magistrados y demás personas acusadas de prevaricación o de

---

[22] Juan Garrido Rovira. *De la Monarquía de España a la República de Venezuela*. Universidad Monteavila, 2010-2011 Bicentenario de la Independencia y la República. Pensamiento político de la Emancipación Venezolana, Caracas, 2008, p. 185.

cualquier otro crimen de Estado[23]. De esta manera, Miranda reconocía dos principios: la separación de poderes y el de igualdad de acceso, debiendo tenerse presente que no extraña esta propuesta porque éste había palpado que el sistema político instaurado en los Estados Unidos a raíz de la Constitución de 1787, aprobada por la Convención de Filadelfia, propugnaba la separación de poderes, como lo remarcara para la posteridad Alexander Hamilton[24], uno de los *Founders Fathers*: *"La libertad no tendrá nada que temer de la Judicatura sola pero tendrá todo que temer de la unión de la Judicatura con cualquiera de los otros Poderes"*.

1. *Los sucesos del 19 de abril de 1810*

Los sucesos del 19 de abril de 1810 son harto conocidos y de su memoria se ha encargado la historia. Como se sabe, en esa fecha célebre un grupo de criollos caraqueños aprovechó la excusa de que en España estaba bajo ocupación francesa y regida por un Bonaparte, el rey José I, para convocar una reunión del cabildo y proclamar un gobierno propio hasta que Fernando VII volviera al trono de España.

El Capitán General, Vicente de Emparan y Orbe, en desacuerdo con la actitud de los criollos, preguntó al pueblo que se había reunido en la Plaza Mayor, desde una ventana del Ayuntamiento, si quería que él siguiera mandando, a lo que los presentes contestaron negativamente, siguiendo las señas del presbítero José Cortés de Madariaga. El Capitán General, respondió entonces que él tampoco quería mando. Se había iniciado la independencia de Venezuela con la instauración de la Suprema Junta de Caracas, cuyo primer acto de gobierno, el mismo 19 de abril, fue la expulsión de las autoridades españolas y de los ministros de la Real Audien-

---

[23] Garrido. *De la Monarquía...*, pp. 185-186.
[24] Cita de: Victorino Márquez. *La independencia judicial en Venezuela: ¿Qué dicen los datos?* Disponible en:
http://prodavinci.com/2009/05/15/la-independencia-judicial-en-venezuela-no-se-puede-tapar-el-sol-con-un-dedo/

cia, argumentándose la forma arbitraria y corrupta en que había actuado esta institución judicial desde su instalación.

2. *La Suprema Junta de Caracas*

La Suprema Junta de Caracas, constituida como gobierno autónomo el 19 de abril de 1810, al desconocer la Regencia de España y asumir la soberanía en representación de su Católica Majestad el rey Fernando VII, tomó distintas decisiones gubernativas y, una de ellas, fue la modificación de la estructura de la administración de justicia a nivel provincial y municipal, como informa Garrido Rovira[25]. De esta actuación, se devela fácilmente que la aristocracia local y los comerciantes caraqueños, con importante apoyo del clero[26], así como se defendían los derechos del rey, pretendían introducir cambios que menguaran los poderes de las autoridades de la Capitanía General de Venezuela en la administración de justicia, al pasar las funciones judiciales de segunda instancia, asignadas a la Real Audiencia, al Tribunal Superior de apelaciones, alzadas y recursos de agravio, y estableciendo dos (2) Corregidores para la administración de justicia: Las funciones judiciales, civiles y criminales, del Gobernador y su teniente y las del Juzgado de bienes de Difuntos a uno de los dos Corregidores, mientras que las mismas funciones que estaban asignadas a los Alcaldes ordinarios y las del Juez de Provincia, a cargo de un Oidor de la Audiencia, pasan al otro de los dos Corregidores[27].

López Bohórquez[28] señala que, para aquel momento, fue tomando en cuenta el marginamiento a que estuvieron sometidos los criollos en la Real Audiencia y la actuación del mismo contra todo intento de cuestionamiento de su autoridad

---

[25] Garrido. *De la Monarquía...*, p. 199.
[26] Elías Pino Iturrieta. *Diario El Universal*, Caracas, 26 de abril de 2010. Disponible en:
http://www.eluniversal.com/2010/04/26/til_art_se-busca-militariza_1876529.shtml
[27] *Cfr.* Actas del Cabildo de Caracas. En: Garrido. *De la Monarquía...*, p. 213.
[28] *Audiencia de Caracas.*

se unieron a la coyuntura de la invasión napoleónica y la consecuente guerra española para estimular la oportunidad independentista que se le presentaba a la aristocracia criolla venezolana. Se culminaba así la primera etapa del tribunal caraqueño, en la que destaca la permanente lucha por el rescate de la autoridad y soberanía real española, actitud que también contribuyó a generar una conciencia anti hispánica, cuyos propulsores principales serían los propios abogados excluidos de la magistratura y quienes tomaron la dirección del nuevo gobierno hasta la caída de la Primera República en 1812; además de la Alta Corte de Justicia y el Tribunal de Apelaciones, llegaron a ocupar cargos políticos, e incluso militares, de importancia.

Con motivo de la caída de primera República, la Audiencia se reinstaló en Valencia en octubre de 1812, desde donde funcionó irregularmente como consecuencia de la guerra de Independencia. Pero, como dice López Bohórquez[29], la Audiencia luchó persistentemente por rescatar la autoridad del tribunal y aplicar la justicia a los republicanos de acuerdo con el dictado de las leyes, enfrentando las atroces decisiones judiciales de los jefes militares, quienes actuando autónomamente, usurparon las atribuciones judiciales de la Audiencia; irrespetaron sus decisiones y crearon tribunales de Apelación y Juntas de Secuestros en perjuicio no solamente de los patriotas procesados, sino también de la recuperación definitiva de la soberanía real representada por la Real Audiencia.

Finalmente, la pérdida de la causa española por su derrota en la batalla de Carabobo condujo a la extinción de la Real Audiencia en agosto de 1821, una institución que en cierta medida puede considerarse antecesora de los altos tribunales del país a lo largo de la república[30].

---

[29] *Audiencia de Caracas*.
[30] Tomás Polanco Alcántara. "La Real Audiencia de Caracas como antecedente de la Corte Suprema de Justicia". *Separata del Segundo Congreso Venezolano de Historia*, Caracas, 1974. Cita de *Audiencia de Caracas*. Miguel Malagón Pinzón. "La acción pública de inconstitucionalidad en la Colombia del siglo XIX a

3. *El Reglamento de Elecciones de 1810*

La Introducción al Reglamento de Elecciones[31] dictado por la Suprema Junta el 11 de junio de 1810 contenía un párrafo que su simple lectura da a entender la presencia de las ideas evolutivas del Siglo de las Luces y la influencia directa de dos singulares acontecimientos políticos que transformarían el orden constitucional imperante, la Revolución Norteamericana en 1786 y la Revolución Francesa en 1789, como dice Allan R. Brewer-Carías[32]. En efecto, exponía textualmente la Junta:

> *Habitantes de Venezuela: buscad en los anales del género humano las causas de las miserias que han minado interiormente la felicidad de los pueblos y siempre las hallaréis en la reunión de todos los poderes.*

Como complemento de estas primigenias actuaciones, los idealistas que se conjugaron en el Primer Congreso General de Venezuela, o Congreso Constituyente de 1811, dictaron el Reglamento Orgánico sobre la División de Poderes y designaron el Supremo Poder Ejecutivo y la Alta Corte de Justicia, todo al estilo del constitucionalismo moderno que derivaba de los procesos revolucionarios norteamericano y francés[33]. Como enseña la historia, el primero de los poderes mencionados, bajo la forma de un triunvirato, estuvo integrado por don Cristóbal de Mendoza, don Juan de Escalona y don Baltazar Padrón, mientras que la Alta Corte de Justicia estuvo conformada por don Francisco Berrío, don Rafael González, don José María Ramírez, don Francisco Espejo -quien la presidiría- y don Vicente Texera, mientras que don Francisco Paúl fue designado Fiscal y al doctor Miguel Peña se le hizo Relator[34].

---

través de una ley sobre el Colegio Mayor del Rosario". *Revista Estudios Socio-Jurídicos. Universidad del Rosario.* Colombia, p. 214. Disponible en: http://redalyc.uaemex.mx/pdf/733/73390209.pdf

[31] *Cfr.* Garrido. *De la Monarquía...*, p. 225.
[32] *Historia Constitucional de Venezuela.* Tomo I, Editorial Alfa, 2008, p. 119.
[33] Brewer-Carías, *Historia Constitucional...*, Tomo I, p. 119.
[34] Garrido. *De la Monarquía...*, p. 226.

4. *La Constitución de 1811*

En la Constitución del 21 de diciembre de 1811, en cuya redacción estuvo presente la doctrina de Jean-Jacques Rousseau y de la mayor parte de quienes fueron actores de la Revolución Francesa y que participaron en la elaboración de la lista de los Derechos del Hombre[35], se dispuso que el Poder Judicial de la Confederación estuviera depositado en una Corte Suprema de Justicia y en los demás tribunales subalternos y juzgados inferiores que el Congreso estableciere temporalmente en el territorio de la Unión.

En cuanto al nombramiento de los Ministros de la Corte Suprema de Justicia y los de las demás Cortes subalternas, serían nombrados por el Poder Ejecutivo en la forma prescrita en el párrafo 94; es decir, con previo aviso, consejo y consentimiento del Senado, sancionado por el voto de las dos terceras partes de los Senadores que se hallaren presentes en número constitucional, como preveía el párrafo 93 para concluir tratados y negociaciones con otras Potencias o Estados extraños a la Confederación.

Los requisitos y número de ministros que debían componer las Cortes de Justicia estaban atribuidos al Congreso, pero los elegidos debían ser mayor de 30 años para la Suprema y de 25 para las demás, y contar con las calidades de vecindad, concepto, probidad y ser abogados recibidos en el Estado, como se lee en el párrafo 112.

La Constitución de 1811 también consagró inamovilidad de tales ministros de la justicia al disponer que conservarían "sus empleos por el tiempo que no se hagan incapaces de continuar en ellos por su mala conducta", como reza el párrafo 112; y los sueldos que se les asignaren no podrían ser en manera alguna disminuidos mientras permanecieren en sus respectivas funciones, según el párrafo 114.

---

[35] Tomás Enrique Carrillo Batalla. *Historia de la legislación venezolana*, Tomo I, Biblioteca de la Academia de Ciencias Políticas y Sociales, serie Estudios, Caracas, 1984, p. 191.

Esta voluntad de los constituyentes de 1811 de imponer un Poder Judicial independiente quedó absolutamente manifestada con la inclusión del párrafo 188, que expresaba que los tres Departamentos esenciales del Gobierno a saber: el Legislativo, el Ejecutivo y el Judicial, era preciso que se conservasen tan separados e independientes el uno del otro cuando lo exigiera la naturaleza de un Gobierno libre o cuando era conveniente con la cadena de conexión que liga toda la fábrica de la Constitución en un modo indisoluble de amistad y unión. Con ello, se quiso ratificar el principio programático contenido en la Declaración Preliminar de la Constitución:

> *El exercicio de esta autoridad confiada à la Confederación, no podrá jamás hallarse reunido en sus diversas funciones. El Poder Supremo debe estar dividido en Legislativo, Executivo, y Judicial, y confiado á distintos Cuerpos independientes entre sí, en sus respectivas facultades. Los individuos que fueren nombrados para excercerlas, se sugetarán inviolablemente al modo, y reglas que en esta Constitución se les prescriben para el cumplimiento, y desempeño de sus destinos.*

De esta manera, y como dice Garrido[36], quedaban establecidos por los fundadores de la República los tres poderes indicados por Montesquieu: "el de dictar leyes; el de ejecutar las resoluciones públicas y el de juzgar los delitos o los pleitos entre los particulares"; aunque, para Brewer-Carías[37], la recepción de toda esa influencia en relación con el papel del Poder Judicial en la Constitución de 1811, como fiel de la balanza entre los poderes del Estado, provino fundamentalmente de la experiencia norteamericana de confiar al Poder Judicial la competencia de controlar la constitucionalidad y legalidad de los actos de los demás poderes, lo que era inconcebible en los orígenes del constitucionalismo francés.

---

[36] Garrido. *De la Monarquía...*, p. 227.
[37] Brewer Carías. *Historia Constitucional...*, Tomo I, p. 140 y 277.

5. *Las Ley Fundamental de Colombia de 1819 y la Constitución de Colombia de 1821*

Los intentos de unificación entre Venezuela y la Nueva Granada se manifestaron desde el mismo momento en que, en Caracas, se instaló la Junta Suprema, la cual designó al presbítero José Cortés de Madariaga para que concretara con el gobierno neogranadino un tratado de Amistad, Alianza y Federación, el cual se suscribió el 28 de mayo de 1811.

El Libertador ratificó posteriormente el empeño de crear una sola nación entre Venezuela y Nueva Granada cuando en su Carta de Jamaica predijo esa unión como la mejor garantía del triunfo independentista, bajo el nombre de Colombia; y posteriormente, con el reinicio de la guerra de independencia se forjaron nuevos vínculos entre los patriotas venezolanos y neogranadinos y, así, el 17 de diciembre de 1819 se dictó la Ley Fundamental de la República de Colombia, que consagró jurídicamente la formación de una sola República que abarcaba los territorios de la antigua Capitanía General de Venezuela y del Virreinato del Nuevo Reino de Granada.

El 6 de mayo de 1821 el Congreso de Cúcuta ratificó la ley Fundamental de la República de Colombia y el 30 de agosto del mismo año se promulgó la Constitución de Colombia, en la cual se dividió el Poder Público en las clásicas tres ramas propuestas por Montesquieu, quedando elegidos Simón Bolívar y Francisco de Paula Santander como Presidente y Vicepresidente de la República. Básicamente, este texto constitucional previó:

- La liberación progresiva de la esclavitud: los hijos de padres esclavos serían libres al llegar a los 21 años de edad, y creó un fondo para asegurar que los esclavos que se fueran liberando tuvieran medios para subsistir. El fondo recolectaba porcentajes que variaban desde el 0,15% hasta el 10% de las herencias.

- La finalización de la Inquisición y reformas relativas a los obispos, arzobispos y algunos bienes de la Iglesia.

- La República se conformaba por tres grandes departamentos: Cundinamarca, Venezuela y Quito. Los departamentos grandes estaban divididos en 7 departamentos corrientes sin contar los de Panamá y Quito que estaban por definirse; tres de Venezuela: Orinoco, Venezuela y Zulia, y cuatro de Cundinamarca: Bogotá, Cundinamarca, Cauca y Magdalena. Cada departamento estaba dividido en provincias, las provincias en cantones y los cantones en cabildos y municipalidades, y estos eran parroquias o estaban divididos en parroquias. Venezuela estaba formada por 10 provincias, Cundinamarca por 13 a las cuales se sumarían 2 de Panamá, y Quito por 7.

- Cada parroquia contaba con una Asamblea que se reuniría cada cuatro años, el último domingo del mes de julio. Los miembros de estas Asambleas designan los electores de los cantones, que deben tener más de veinticinco años, poseer en bienes raíces más de quinientas piastras o trescientas de renta.

- Éstos se constituían en Asamblea provincial de electores que se reunían cada cuatro años el día primero de octubre para elegir el presidente y vicepresidente de la República, el senador del Departamento y el representante o representantes de la provincia.

- Se concedía el voto a los mayores de veintiún años que supieran leer y escribir y poseyeran cien piastras.

- El Congreso estaba formado por dos cámaras: la del Senado y la de Representantes.

- Para ser Senador se exigía tener treinta años, ser criollo por nacimiento, poseer propiedades inmuebles por valor de cuatro mil piastras o una renta anual de quinientas piastras, ejercer una profesión liberal, y en caso de ser extranjero, llevar doce años establecido en el país y poseer bienes inmuebles por valor de diez y seis mil piastras.

- Se elegían cuatro senadores por Departamento: dos por ocho años y dos por cuatro. Estas diferencias se dirimirían a la suerte con objeto, dice la ley, de que el Senado se renueve cada cuatro años.

- La Cámara de representantes se componía de los Diputados elegidos a razón de uno por cada 30.000 habitantes. Cuando los representantes llegaran a cien, se elegiría un diputado por cada 40.000 habitantes y aun por cada 50.000, hasta que la Cámara está integrada por ciento cincuenta diputados.

- Para ser diputado se necesitaba tener veinticinco años y propiedades por valor de dos mil piastras o quinientas piastras de renta, o ser profesor, haber residido dos años antes de la elección, u ocho en caso de no haber nacido en Colombia, y en ésta, además, tener bienes raíces por valor de diez mil piastras.

- La Cámara de Representantes tenía la facultad exclusiva de acusar ante el Senado al presidente, al vicepresidente de la República y a los ministros de la Alta Corte de Justicia.

- Para ambas Cámaras disponía la Constitución que las sesiones fueran públicas; que los principales funcionarios públicos quedaran excluidos de las funciones legislativas; que sus miembros gozaran de inmunidad mientras duraban sus funciones, y que devengaran un sueldo.

- El Poder Ejecutivo estaba constituido por un presidente y un vicepresidente, elegidos por cuatro años, que no podían ser reelegidos y que, en caso de muerte, eran sustituidos por el presidente del Senado. El presidente tendría un sueldo de treinta mil piastras por año, y el vicepresidente, de diez y seis mil.

- Cada departamento era administrado por un Intendente nombrado por el presidente y un Gobernador bajo las órdenes del intendente.

- Establecía los cargos de ministros, consejo, tribunal supremo y reglamenta cada uno de los cargos.

En cuanto al Poder Judicial, se dispuso que estaría presidido por la Alta Corte de Justicia, por Cortes Superiores y Tribunales Subalternos, y se preveía la estabilidad judicial de los ministros de la Alta Corte mientras observaren buena conducta, quienes serían propuestos por el Presidente de la República a la Cámara de Representantes, y por ésta al Senado para que efectuara los nombramientos.

Correspondía a la Alta Corte de Justicia el conocimiento de los negocios contenciosos de embajadores, ministros, cónsules o agentes diplomáticos; de las controversias que resultaren en los tratados y las negociaciones que haga el Poder Ejecutivo; y de las competencias suscitadas o que suscitaren en los Tribunales Superiores.

Como se puede observar, desde los inicios de la República hubo siempre una preocupación por el ejercicio del poder de manera equilibrada que no era otra que la división de las funciones estatales en lugar de que todos estuvieran a cargo de un solo gobernante dado los riesgos que ello involucraba para la libertad, como lo plasmó Simón Bolívar[38] en sus palabras en el convento de los franciscanos en Caracas, en 1814:

Huid del país donde uno solo ejerce todos los poderes: es un país de esclavos.

6. *Colombia y las naciones del sur*

Electo Simón Bolívar como Presidente de Colombia a la vez que Jefe supremo del ejército, los asuntos del Estado quedaron en manos de Vicepresidente de la República, el general Francisco de Paula Santander; y, en su condición de líder militar, el Libertador decidió que el ejército colombiano, al mando del general Antonio José de Sucre, se dirigiera hacia

---

[38] http://mundifrases.com/frase/huid-del-pais-donde-uno-solo-ejerce-todos/24835

Guayaquil el 9 de octubre de 1820 para apoyar la declaración de independencia de esa región, y luego Quito, donde Bolívar entró triunfalmente, logrando la incorporación del ambas provincias a la recién fundada Colombia, como había previsto el Congreso Constituyente de Cúcuta. De esta manera, la anexión territorial hacía que la nueva nación -Colombia- fuera adquiriendo mayor importancia en el concierto de las naciones de la época.

Entretanto, en el virreinato del Perú y con el apoyo de la aristocracia criolla, se afianzaba el poder realista hasta que las tropas chilenas y argentinas ocuparon su territorio y fuera declarada su independencia en julio de 1821, bajo el protectorado del general José de San Martín hasta septiembre de 1822, cuando el Libertador argentino se retiró de la región ante la inestabilidad política, situación que aprovecho Sucre para ocupar el Perú al mando de ejército colombiano y, para intentar poner fin a la fluctuación institucional, se designó a Bolívar "Dictador Supremo", para dirigir la guerra contra las tropas españolas, las cuales terminaron derrotadas primero en la batalla de Junín y finalmente en la contienda de Ayacucho, donde el poderío militar peninsular fue abatido por las fuerzas a cargo del jefe militar que a partir de ese momento será el gran Mariscal de Ayacucho, Antonio José de Sucre, sellándose así el fin de la presencia hispana en América.

Para los primeros meses de 1825, el mariscal Sucre dirigió su campaña bélica hacia el Alto Perú, territorio que se hallaba bajo dominio de tropas españolas al mando de Pedro Antonio Olañeta, que se habían rebelado contra la autoridad política de Lima. El avance colombiano, la deserción en las tropas de Olañeta y la repentina muerte de éste, facilitaron el triunfo de la campaña que adelantaba Sucre y que el congreso reunido en Chuquisaca declarara la independencia, dando vida a una nueva nación, Bolivia, quien adopta como Constitución el texto preparado para ella por el propio Bolívar, en la cual El Libertador se hizo designar como Presidente vitalicio del emergente estado.

De esta manera, la victoria de las armas abrió paso a que los actores políticos procedieran a la organización y estructuración de la recién ganada paz.

7. *La desintegración de Colombia en 1830*

Las acciones seguidas por El Libertador en su campaña en el Perú y la fundación de Bolivia no fueron acogidas de buenas maneras en Colombia, particularmente en los Departamentos de Nueva Granada y Venezuela, y tampoco en Quito, donde grupos locales protestaron lo que llaman la incorporación inconsulta de la provincia a la naciente Colombia.

En Bogotá, la autoridad política la ejercía el Vicepresidente Santander quien por una lado enfrentaba las presiones de El Libertador, necesitado de fondos para el mantenimiento de las tropas colombianas en su campaña en el Perú y Alto Perú, la nueva Bolivia, a la vez que el Congreso en Bogotá limitó la autoridad militar de Bolívar por considerar que la dirección del ejército era desproporcionada debido a la presencia de una gran mayoría de oficiales venezolanos en el alto mando en relación a los neogranadinos y ecuatorianos.

En Venezuela, entretanto, los jefes militares y las municipalidades se consideraban marginadas y en desventaja con relación al poder concentrado en Bogotá y que detentaba Santander. Surgieron enfrentamientos que terminaron con la destitución del general José Antonio Páez y con el acontecimiento de la Cosiata, en Valencia, en el cual quedaron en evidencia las discrepancias existentes, se ratificó a Páez como jefe militar y se desconoció la autoridad del gobierno de Bogotá, aunque respetando la de Bolívar, y presionaron para obtener una reforma de la Constitución de Cúcuta sobre la forma de gobierno, que los venezolanos consideraron que les dejaba en desventaja frente a los neogranadinos.

Ante este incidente que afectó la unidad de la nueva nación, las municipalidades de Quito y Guayaquil se pronunciaron contra la acción secesionista de Venezuela, reafirmaron la autoridad de Bolívar e, igualmente, propusieron la revisión de la Constitución de Cúcuta por razones similares a las sostenidas por los venezolanos.

En medio de este escenario, se convocó la Convención de Ocaña, destinada a conseguir la concertación necesaria para modificar la Constitución de Cúcuta, la cual, de acuerdo a los constituyentes, no podía reformarse antes de diez años. Las labores de la Convención estuvieron caracterizadas por el enfrentamiento político entre centralistas y federalistas. Ambos grupos querían la reforma de la constitución; pero de acuerdo con sus particulares intereses políticos. Los centralistas, bajo la orientación de Bolívar, propusieron mayor centralización del poder, mayor autoridad y fuerza del gobierno. Los federalistas, bajo la dirección de Santander, sugirieron un sistema federal como medio de alcanzar la autonomía de los departamentos y disminuir la autoridad de El Libertador, a quien acusaron de usurpación y tiranía. Irónicamente, los puntos de vista de los santanderistas coincidían con los propósitos de los separatistas venezolanos, por lo cual ambos suman sus votos y formaron mayoría.

El enfrentamiento de estas tendencias inconciliables determinó el fracaso de la Convención. Los bolivarianos, sabiéndose en minoría, abandonaron la asamblea y proclamaron la dictadura de El Libertador. No existiendo constitución ni congreso, Bolívar asumió el mando supremo el 24 de junio de 1828, y en septiembre del mismo año hizo participar a Santander su designación como ministro plenipotenciario de Colombia ante los Estados Unidos.

Bolívar, en ejercicio de la dictadura, y en medio de revueltas políticas en los tres Departamentos de Colombia, convocó al Congreso Admirable, cuyas sesiones comenzaron el 20 de enero de 1830, presidido por el mariscal de Ayacucho, hasta el 11 de mayo de 1830, en Bogotá, ocasión que encontró Bolívar para presentar su renuncia, la cual es rechazada porque los congresistas argumentaron que carecían de facultades para hacerlo.

A la vez que el Congreso sesionaba, empeoraron los esfuerzos separatistas en el Departamento de Venezuela, con el apoyo del general Páez, secundado por la oligarquía caraqueña.

Finalmente, el 29 de abril se promulgó la Constitución que estableció a la Gran Colombia como un país con un sistema político republicano, con gobierno alternativo y estructura centralista, nombró Presidente de la República a Joaquín Mosquera y vicepresidente a Domingo Caicedo y clausuró sus sesiones. Por su parte, el Departamento de Venezuela, reclamó la separación de la integración colombiana y el 22 de septiembre de 1830 dictó su propia Constitución.

Bolívar partió hacia Santa Marta con miras a retirarse a Europa. Mientras reposaba en esta ciudad, recibió la noticia del asesinato del gran mariscal de Ayacucho en la selva de Berruecos, el 4 de junio de 1830. Meses después, un 17 de diciembre del mismo año, el Libertador Simón Bolívar entró en la inmortalidad, alejado del poder, arruinado física y moralmente, y vilipendiado por sus enemigos.

III
LA INSTITUCIONALIDAD A PARTIR DE 1830

La mitología de la guerra de independencia en la Venezuela republicana posterior a 1830 y hasta nuestros días tiene caracteres menos políticos que fundacionales: los guerreros de la independencia, Bolívar en primer lugar, no crearon una nación ni un Estado, sino una cultura; no son guerreros victoriosos, sino nuestros primeros padres; no son hombres prestigiosos por sus hechos de armas y sus ideas, y ni siquiera son mitos, sino semidioses (y en el caso de Bolívar, un solo Dios).

Manuel Caballero
La independencia como mitología

La Constitución del Estado de Venezuela de 1830 aprobada por el Congreso Constituyente de Valencia el 22 de septiembre de 1830 con la asistencia de 33 diputados, de los 48 que se habían elegido en representación de las provincias de Cumaná, Barcelona, Margarita, Caracas, Carabobo, Coro, Mérida, Barinas, Apure y Guayana, contenía, en líneas generales, los siguientes principios básicos:

- El territorio nacional comprendía todo aquel que hasta 1810 se denominó capitanía general de Venezuela.

- Venezuela era independiente de toda dominación extranjera y no podría ser nunca patrimonio personal de ninguna familia o individuo.

- El gobierno habría de ser republicano, popular, representativo, responsable y alternativo.

- Los poderes eran: Ejecutivo, Legislativo y Judicial.

- El presidente permanecería 4 años en sus funciones y no podía ser reelegido para el siguiente período constitucional. Se creó la figura del vicepresidente quien duraba en el cargo 4 años,

- El Poder Legislativo lo constituían la Cámaras de Senadores y la de Diputados.

- La primera magistratura judicial residía en la Corte Suprema de Justicia, en las Cortes Superiores de justicia que se instalaban en 3 distritos judiciales; y en los tribunales y juzgados de lugares importantes de la República.

Esta constitución marca la ruptura de la Gran Colombia y, con ella, la naciente República de Venezuela dio sus primeros pasos en el escenario de las naciones independientes, adoptando una forma política y jurídica de "*democracia restringida*" o de aristocracia social, económica y política en lo tocante a su estructura jurídica y constitucional, como apunta Carrillo[39].

En lo político, el escenario estaba bajo control de los próceres de la independencia, y a la cabeza de éstos, el general José Antonio Páez, el héroe de las batallas de las Queseras del Medio y de la de Carabobo, el hombre que había opacado la figura de El Libertador y que se hizo cargo, con el apoyo de la oligarquía local, de dirigir el país a partir de la separación de Venezuela del proyecto de integración colombiano.

Sin embargo, Páez no logró someter a sus compañeros de armas de la insurgencia armada, presentándose entonces el fenómeno del caudillismo que tendrá vigencia a lo largo de los últimos setenta años del siglo XIX. Las guerras intestinas de los caudillos y sus montoneras, y las revoluciones de pacotilla, en nada ayudaban a que la República evolucionara favorablemente.

---

[39] Brewer Carías. *Historia...*, p. 237.

1. *El caudillismo*

Los caudillos militares y regionales venezolanos se habían constituido en los herederos directos del poder económico de la aristocracia criolla aniquilada, mientras que en los años posteriores a 1830, en los principales aliados de ésta[40], con trapacera capacidad, incluso, para dar los primeros pasos en la mitificación de aquel antiguo adversario, el Libertador Simón Bolívar, a quien habían negado la entrada a Venezuela, para bautizarlo como el Padre de la Patria, creando un culto oficial a su persona, como explica Caballero[41]:

> ...*los libertadores se admiraban a sí mismos por la gesta de su juventud, y concentraban esa admiración en quien los convirtió, de salteadores de caminos en Padres de la Patria.*

No obstante, "...*esos hombres no se convirtieron en sus tiempos en estadistas, en constructores, en realizadores, en creadores, en hombres de progreso y de ejecución pragmática, no aprendieron a gobernar, ni se transformaron en hombres de luces, y sus herederos aunque continuaron siendo militares, no eran más que bufones de guerritas locales intrascendentes destinadas a canalizar ambiciones personales inmediatistas a costa de rosarios de muertos inútiles, mesías del engaño y la falsedad*", como sostiene Luis Enrique Bottaro[42].

Y no otra cosa podía suceder puesto que, como relata Caballero[43]:

> [...] *los libertadores venezolanos, una vez eliminada físicamente en el turbión de la Guerra a Muerte la élite social e intelectual, provinieron de los más bajos estratos de la sociedad...*

---

40 Brewer Carías. *Historia...*, p. 336.
41 Manuel Caballero. La *independencia como mitología*. Este artículo salió publicado el domingo 12 de diciembre en el diario venezolano El Universal, del que era columnista Manuel Caballero, fallecido ese mismo día a las 8 de la mañana.
42 Luis Enrique Bottaro. *El surrealismo pesimista*, Producciones Karol C. A., Mérida, Venezuela, p. 17.
43 Caballero. *La independencia como mitología*.

Por otra parte, con anterioridad a la finalización de la guerra de Independencia, Bolívar, en 1817, les había reconocido a estos jerarcas ciertas retribuciones económicas a través de la Ley de Repartos, cuyo propósito era recompensar los servicios de los virtuosos defensores de la República mediante el reparto de bienes raíces e inmuebles entre los oficiales y soldados; y en 1821, confirmó el reconocimiento de los Haberes Militares a los oficiales, clases y soldados venezolanos que estuvieron en campaña desde 1813 hasta el 15 de febrero de 1819, como informa Ana Teresa Torres[44].

Dentro del caudillismo, cuatro figuras resaltaban a lo largo del siglo XIX por haber ejercido cada uno de ellos varias veces la Presidencia de la República: el general José Antonio Páez, el general Carlos Soublette, el general José Tadeo Monagas, quien instauró el "Monagato" y el doctor y general Antonio Guzmán Blanco. De ellos, el general Carlos Soublette, aunque prócer de la Independencia, se distinguió por su civismo y moderación en el uso del poder.

Por vía de excepción, los civiles asumieron la Presidencia de la República: primero, el doctor José María Vargas, derrocado por la Revolución de las Reformas que encabezara otro prócer independentista, el general Santiago Mariño, y apresado por el tristemente célebre coronel Pedro Carujo, cuyo diálogo al momento de la detención ha sido históricamente recordado: "*Doctor Vargas, el mundo es de los valientes...*" a lo que contestó éste: "*El mundo es del hombre justo*". Luego, el doctor Andrés Narvarte, Presidente por escasamente un año, quien emitió dos importantes decretos durante su efímero mandato, uno sobre un impuesto a la destilación del aguardiente y otro destinando cierta suma de dinero para la apertura y mejora de vías de comunicación[45]. Seguidamente, el doctor Pedro Gual, Presidente en varias oportunidades durante el siglo XIX, cuyo último gobierno fue derribado en

---

[44] Ana Teresa Torres. *La Herencia de la Tribu. Del mito de la independencia a la revolución bolivariana.* Editorial Alfa, 1ª edición, p. 44.
[45] *Nuestros Presidentes.* Disponible en:
http://www.gobiernoenlinea.ve/venezuela/perfil_historia4.html

1861 por el coronel Echeverría, a quien dijo al momento de apresarle: "*¡Tan joven y ya tan traidor! ¡Con hijos y tener que legarles un crimen! ¡Lástima me da usted, señor!*[46]".

A continuación, otro civil, Manuel Felipe Tovar, el primer presidente electo por el voto popular quien, el 20 de mayo de 1861, se vio obligado a renunciar ante el Congreso afirmando que "*...en medio de la lucha contra los rebeldes, se me han creado obstáculos de todo género, aun por hombres que como yo, habían jurado también sostenerla (la Constitución), hasta hacer estallar una revolución a mano armada, con la defección de tropas al servicio de la República, confabuladas ya con los antiguos enemigos de las Instituciones*"[47]. Sigue el doctor Guillermo Tell Villegas Pulido, también de breve duración en el poder aunque de longeva vida, juez de primera instancia en Caracas; y el doctor Raimundo Andueza Palacios quien, pese a haber sido un civil, no merece el respeto de la historia pues, luego de haber sido elegido presidente de la República en 1890, dos años después planeó modificar la Constitución para prorrogar su mandato, siendo derrocado por una revolución más del siglo XIX, la Legalista, que encabezara el general Joaquín Crespo.

A. *El general José Antonio Páez*

El general José Antonio Páez, de quien algún historiador mostraba el tremendo y súbito ascenso social y político diciendo que "*había saltado de lavarle las patas al zambo Manuelote [capataz del hato donde trabajó a la Presidencia de la República*"[48], mantuvo una notoria influencia política que se manifestó algunas veces por el ejercicio directo del poder y otras, a través de bastidores, resultando el gran elector de otros gobernantes de la centuria. Durante su vida pública desde enero de 1830, cuando quedó consumada la secesión de Venezuela de Colombia, el Centauro de los Llanos aceptó el cargo de Je-

---

[46] *Nuestros Presidentes*. Disponible en: http://www.gobiernoenlinea.ve/venezuela/perfil_presidente8.html
[47] http://www.efemeridesvenezolanas.com/html/tovar.htm
[48] Cfr. Caballero. *La independencia como mitología*.

fe Supremo de la República, concluyendo su mandato en 1835. En 1839, escaló de nuevo la primera Magistratura hasta 1843 cuando finalizó su período.

Los acontecimientos del 24 de enero de 1848 estremecieron su sensibilidad pública, por lo cual, el general Páez combatió al Gobierno, pero vencido, fue hecho prisionero y encarcelado en el Castillo de San Antonio de Cumaná, y en mayo de 1850, expulsado del país, aprovechando la ocasión para visitar México, Estados Unidos de América y algunos países de Europa; retornó a Venezuela en 1859 por invitación del general y Presidente Julián Castro, a raíz del derrocamiento de la terrible dinastía de los Monagas. En esta oportunidad, permaneció unos cuatro años en la Patria, y en 1861 lo designaron Jefe Supremo de la República por las circunstancias especiales que sufría la nación, pero tuvo que dejar el poder el 17 de junio de 1863 debido al rotundo triunfo de la Revolución Federal. Volvió al extranjero, visitó entonces el Uruguay, la Argentina, Bolivia, Perú, Colombia. Había concurrido, en 1870, al segundo de estos países por invitación del presidente Domingo Faustino Sarmiento, quien le otorgó el despacho de Brigadier del ejército argentino. Murió en 1873 en el exilio, en Nueva York.

B. *El "Monagato"*

Para 1847, con el valioso apoyo del general Páez, asume la Presidencia el general José Tadeo Monagas, otro valentón, un mentiroso que hasta se tomó para sí el título de mejor lanza de Venezuela que Bolívar le había atribuido a su hermano, el también general José Gregorio Monagas[49], y se turna con éste en la Presidencia, dirigiendo gobiernos caracterizados por la improvisación, el desorden, la corrupción y la demagógica liberación de los esclavos decretada el 24 de marzo de 1854. Además de nadar entre las aguas de las rencillas de los próceres independentistas, José Tadeo Monagas toleró el histórico asalto al Congreso perpetrado el 24 de enero de 1848 en el

---

[49] Bottaro. *El surrealismo pesimista*, p. 81.

que murieron 8 personas, 4 de ellas diputados, entre ellos Santos Michelena, quien falleció poco tiempo después[50].

Para 1870, José Ruperto Monagas, hijo de José Tadeo, resultó electo Presidente para unirse al círculo de caudillos militares en busca de la Presidencia de la República, pero el Congreso se negó a proclamarlo aunque como Jefe del Ejército rinde el gobierno ante otra bufonada, la Revolución de Abril, que comandaba el que más tarde se auto proclamaría "Ilustre Americano", el doctor y general Antonio Guzmán Blanco, luego del provechoso asesinato del "general del pueblo soberano" Ezequiel Zamora, para algunos *"un ejemplo a seguir por nosotros, por nuestros jóvenes, por nuestros niños, por nuestros hombres, por nuestras mujeres, por nuestros soldados"*[51]: para otros, *"el carnicero de nuestros llanos occidentales"*[52].

C. El "Guzmancismo"

Con el inicio período guzmancista, el doctor y general Antonio Guzmán Blanco se entronizó a la manera de los dictadores hasta 1873 cuando se eligió Presidente de la República y gobernó en forma progresista hasta 1877 en el período que se conoce con el nombre de Septenio; luego ascendió al poder Francisco Linares Alcántara, quien murió repentinamente y fue Guzmán Blanco quien se encargó de nuevo de la Presidencia, desde 1879 hasta 1884, es decir, el período llamado Quinquenio; de 1884 a 1886 gobernó Joaquín Crespo, tornó a mandar Guzmán Blanco desde 1886 a 1888, período conocido con el nombre de Bienio.

---

[50] Disponible en: http://www.mipunto.com/venezuelavirtual/000/000/004/078.html
[51] Hugo Chávez Frías. Discurso frente al sarcófago del general Ezequiel Zamora. Panteón Nacional, 1 de febrero de 2001. En: Ezequiel Zamora, general del pueblo soberano. Ediciones de la Presidencia de la República. Disponible en: http://www.presidencia.gob.ve/images/publicaciones/otras_publicaciones/ezequiel_zamora_general_pueblo_soberano.pdf
[52] Bottaro. *El surrealismo…*, p. 82.

Durante estos tres períodos, Guzmán, hombre culto y de buen gusto, fue un autócrata, hizo un gobierno personalista, acomodó la Constitución a su conveniencia, y se enriqueció ilícitamente durante sus mandatos; sin embargo, la historia le reconoce el papel de civilizador, de modernizador de la Venezuela de su tiempo, especialmente a Caracas, en lo que Simón Alberto Consalvi[53] califica como una imitación cursi de Francia. No obstante, se sostiene que su obra se justifica porque hizo caminos a través del país, fomentó la agricultura y la educación decretando la instrucción pública y obligatoria, así como estimuló el comercio; construyó el Panteón Nacional, El Capitolio, teatros, iglesias, etc. Se adhirió fuertemente al bolivarianismo y en 1883, hizo fastuosa la celebración del centenario del nacimiento de El Libertador, dando paso al culto oficial a los libertadores y sobre todo a Bolívar: son los fastos del centenario de su nacimiento; es el bautismo institucional de la religión bolivariana. Y por aquello de *Cuius regio, eius religio*, es también la exaltación de Guzmán Blanco, como un hombre con los quilates del Libertador: la medalla conmemorativa presentaba en relieve los perfiles del Libertador y del Ilustre Americano[54].

A Guzmán, como conocedor de la idiosincrasia venezolana se le atribuye la célebre frase *"Venezuela es como un cuero seco, que se pisa por un lado y se levanta por el otro"*.

2. La economía y el petróleo

Para los años 30 del siglo XIX, Venezuela contaba con una población cercana al millón de habitantes y una economía en quiebra en la cual la predominancia económica estaba en una baja actividad agropecuaria en un país devastado por la guerra y con altas dificultades financieras derivadas de las deudas y empréstitos contraídos por anterioridad a 1830 para financiar la guerra de la Independencia, solucionados apenas

---

[53] *Contra el olvido*. Conversaciones con Simón Alberto Consalvi. Autor: Ramón Hernández. Editorial Alfa, Caracas, 2011, p. 227.
[54] *Cfr.* Caballero. *La independencia como mitología*.

en 1833 cuando, a propuesta de Santos Michelena, enviado especial y ministro plenipotenciario ante los gobiernos de Nueva Granada y Ecuador, se acordó que los compromisos de la deuda se distribuyeran proporcionalmente al número de habitantes estimado de cada uno de los antiguos integrantes de la Gran Colombia[55]. Por tanto, la economía de la Venezuela que sigue a la guerra de independencia estaba sumida en el mayor atraso material, incomunicado su vasto territorio y su población mayoritariamente analfabeta y enferma; y los precios de los productos agrícolas como el café y el cacao declinaban en el mercado internacional aunque el primero había superado al segundo en las cifras de la exportación[56].

En el año de 1825, muestras de petróleo liviano de un rezumadero ubicado entre Escuque y Betijoque se enviaron al Reino Unido, Francia y los Estados Unidos. El producto lo llamaban "Colombio" y se estima que fue distribuido comercialmente en la región por algunos años[57].

En 1830, un grupo de personas de El Moján (estado Zulia) exploró el área del río Socuy de la sierra de Perijá, donde un rezumadero de gas natural encendido, que confundieron con un volcán, los asustó grandemente. Un año antes de este acontecimiento, el 24 de octubre de 1829 el Libertador Simón Bolívar había promulgado en Quito un Decreto que consta de 38 artículos, el cual afianza y garantiza la propiedad nacional sobre "las minas de cualquier clase", incluidas las de hidrocarburos. En esta forma, se estableció el vínculo formal jurídico que a través del tiempo permitiría a Venezuela mantener soberanamente la propiedad de los recursos del subsuelo[58].

---

[55] Disponible en: http://www.mipunto.com/venezuelavirtual/000/000/004/078.html
[56] Luis José Silva Luongo. *El Petróleo*. En De la revolución..., p. 344.
[57] *Primeras noticias sobre el petróleo*. Sitio web de PDVSA. Disponible en: http://www.pdvsa.com/index.php?tpl=interface.sp/design/readmenuhist.tpl.html&newsid_obj_id=95&newsid_temas=13
[58] *Primeras noticias sobre el petróleo*. Sitio web de PDVSA. Disponible en: http://www.pdvsa.com/index.php?tpl=interface.sp/design/readmenuhist.tpl.html&newsid_obj_id=95&newsid_temas=13

Diez años después, en 1839, el sabio José María Vargas, también se adelantaría al uso potencial del petróleo como generador de riqueza, cuando presenta un análisis de muestras provenientes de Betijoque (estado Trujillo) y Pedernales (estado Sucre), determinando que "el hallazgo de las minas de carbón mineral y de asfalto en Venezuela es, según sus circunstancias actuales, más precioso y digno de felicitación para los venezolanos y su liberal Gobierno que el de las de plata u oro". Esta consideración de José María Vargas constituyó un hecho trascendental y visionario, pues para ese momento no había nacido aún la industria del petróleo en el mundo[59].

Finalmente, en 1850, Hermann Karstwen publicó el primer sumario de la geología de Venezuela central y oriental, en el Boletín de la Sociedad Geológica Alemana. Al año siguiente, informó sobre un rezumadero de petróleo ubicado entre Escuque y Betijoque y en el año 1852, desde Barranquilla, Colombia, sobre los abundantes rezumaderos de petróleo diseminados alrededor del Lago de Maracaibo[60].

Desde esos mismos momentos, se iniciaron las primeras concesiones y se le dio comienzo, en una hacienda de café denominada "La Alquitrana", la explotación comercial del petróleo en Venezuela, a través de la firma La Petrolia del Táchira, íntegramente venezolana, cuyos promotores lo fueron Manuel Antonio Pulido, José Antonio Baldó, Ramón María Maldonado, Carlos González Bona, José Gregorio Villafañe y Pedro Rafael Rincones, quienes crearon privadamente dicha sociedad con un capital de Bs. 100.000, el 12 de octubre de 1878, manteniéndose en la explotación petrolera hasta la tercera década del siglo XX, cerrando en 1934 su actividad petrolera[61].

---

[59] *Primeras noticias sobre el petróleo.* Sitio web de PDVSA. Disponible en: http://www.pdvsa.com/index.php?tpl=interface.sp/design/readmenuhist.tpl.html&newsid_obj_id=95&newsid_temas=13

[60] *Primeras noticias sobre el petróleo.* Sitio web de PDVSA. Disponible en: http://www.pdvsa.com/index.php?tpl=interface.sp/design/readmenuhist.tpl.html&newsid_obj_id=95&newsid_temas=13

[61] Wikipedia. Disponible en: http://es.wikipedia.org/wiki/La_Petrolia

Para el 15 de septiembre de 1883, el presidente Guzmán Blanco otorgó el derecho de explotación del asfalto de Guanoco al norteamericano Horatio R. Hamilton quien, posteriormente, constituyó la firma New York & Bermudez Company para la explotación de los recursos naturales de Venezuela, especialmente el asfalto[62].

Sin embargo, estos hallazgos y la producción que de ellas se obtenía no formaban parte importante de los ingresos que requería el empobrecido estado venezolano.

3. *El sistema judicial a partir de 1830*

El Poder Judicial, como se verá luego, no podía escapar de esa inestable situación institucional que atravesaba el país a raíz de 1830, pues, como expresa Ramón J. Velázquez[63], era una época de grandes y trágicos episodios que se vivían en los campos de la guerra y la política, como una realidad de la vida cotidiana del país en esas primeras décadas decimonónicas.

Los jueces de instancia y los integrantes del máximo tribunal de la República, en líneas generales en esa época, tenían vinculaciones con los círculos cercanos al poder, lo cual no quiere decir que, en sus funciones, pudiera considerarse sus actuaciones no cónsonas con la ética y la administración de justicia. De hecho, la primera Corte Suprema de Justicia a raíz de la separación de Venezuela de Colombia se instaló el 31 de agosto de 1831, y estaba integrada por los doctores Francisco Javier Yanes, quien la presidiría, y José María Tellería, Juan Martínez, José Domingo Duarte y el licenciado José Prudencio Sanz; y para 1881, cuando se instaló la primera Corte de Casación, los vocales de ésta eran los doctores Francisco Solano, Andrés Antonio Silva, Raimundo Andueza,

---

[62] Silva Luongo, *El Petróleo...*, p. 346.
[63] Ramón J. Velázquez. *Presentación de las Memorias de Don Pedro Núñez de Cáceres. Instituto Autónomo Biblioteca Nacional.* Fundación para el Rescate del Acerco Documental Venezolano (FUNRES), Caracas, 1993, *op. cit.*, p. 10.

Carlos Anderson, Jesús María Blanco Arnal, Fulgencio Carías, Pablo Borjas y Tulio Álvarez de Lugo[64].

También, hombres como Juan Pablo Rojas Paúl, Guillermo Tell Villegas y Guillermo Tell Villegas Pulido, además de Andueza Palacios, desempeñaron cargos en el sistema judicial, pese a su constante ejercicio de la política que les llevaría a la jefatura del Poder Ejecutivo.

A. *El sistema judicial en Maracaibo*

La información no es muy abundante para la época, aunque existen registros de la justicia durante la Colonia, en el siglo XVIII, que podrían servir de antecedentes.

María Dolores Fuentes Bajo[65] advierte de la dificultad que presentaba un Maracaibo en el cual las jurisdicciones civil y eclesiástica eran parcelas comunes en las cuales cada uno de los titulares de esas jurisdicciones tenía apreciaciones contrarias, además de la diversidad de demandas y de tipos humanos directa e indirectamente implicados.

Dentro de los que denomina transgresores -afirma Fuentes- se *"...engloban a personas hasta cierto punto acomodadas y pertenecientes a los segmentos más blanqueados de la población"*, dentro de los cuales estarían servidores de la Corona; otro sector, los eclesiásticos, que en su totalidad pertenecían al cle-

---

[64] José Román Duque Sánchez. *Centenario del Recurso de Casación*. Discurso de Orden pronunciado el 30 de junio de 1976 en el acto solemne conmemorativo del centenario de la Ley de 13 de junio de 1876 que creó el recurso de casación en Venezuela. Disponible en:
http://www.msinfo.info/default/acienpol/bases/biblo/texto/boletin/1976/BolACPS_1976_66-67_35_221-230.pdf

[65] Sobre la justicia en la etapa hispánica. El caso de Maracaibo. Universidad de Cádiz. Disponible en:
http://docs.google.com/viewer?a=v&q=cache:wrxLHPZMvz4J:rodin.uca.es:8081/xmlui/bitstream/handle/10498/9371/31259297.pdf%3Fsequence%3D1+Al%C3%AD+Enrique+L%C3%B3pez+Boh%C3%B3rquez&hl=es&gl=ve&pid=bl&srcid=ADGEEShGTRUB-ejJS2dfyqS7j8IJSfH-6FHxZTme4VdrmguO00IIHBk3-axiNnuoyt5WbOlz38Gdmv6wD9M9MxoEDqXP7hLJpwi6xEw74VJVSW0q7vezcWLn4l8Gx-6TQzN2buO4xp1u&sig=AHIEtbRSb8_AdAA6hF1h1iVvTg VGfLX7CA

ro diocesano; luego los militares, en el tercer sector; y finalmente los comerciantes y dueños de barcos. Casi todos los transgresores eran hombres, y excepcionalmente una mujer, aparentemente de *"posición desahogada y que se movía en determinados círculos de poder"*.

La existencia de una serie de factores hacía limitadamente operativa a la administración de justicia, según narra Fuentes Bajo. Entre ellas, la falta de coordinación entre los mismos jueces, la no siempre fluida relación entre las diferentes instancias judiciales, la pluralidad y diversidad de autoridades y el "amparo real" que si bien fue establecido como un medio para ganar flexibilidad y eficacia, en la práctica no siempre consiguió el efecto deseado, porque si bien sirvió para vigilar que las autoridades no se extralimitaran en sus funciones, a veces sólo propició polémicas vacías de contenido entre los poderosos, celosos por defender sus respectivas parcelas de poder.

B. *La justicia en Maracaibo para 1828*

Dentro de esa madeja institucional a la que ha hecho referencia Fuentes Bajo, Pedro Núñez de Cáceres[66] narró que, para aquel 1828, había establecido su bufete en la Maracaibo, procedente de Santo Domingo, de donde había emigrado por las persecuciones políticas de las cuales era víctima su familia.

Al asumir la defensa de su cliente Federico Brandt, Núñez se encontró con que la contraparte era socia del más ilustre héroe marabino de la Independencia, el general Rafael Urdaneta, además de Manuel Aranguren y el coronel Nicolás Yoli, lo que refiere en los siguientes términos[67]:

---

[66] *Memorias de Don Pedro Núñez de Cáceres*. Instituto Autónomo Biblioteca Nacional. Fundación para el Rescate del Acerco Documental Venezolano (FUNRES), Caracas, 1993.

[67] Núñez de Cáceres, *Op. cit.*, p. 33.

Al encargarme de esta defensa sufrí la odiosidad de los socios demandados, y tuve que luchar con los jueces de Maracaibo vendidos a Urdaneta y a Yoly...(omissis)...Aquellos jueces hombres sin honor, perversos y capaces de toda infamia por favorecer a los contrarios de Brandt, me tomaron entre ojo (sic).

Poco más dice Núñez sobre la actuación de los jueces en el caso que narra por qué se circunscribe al juicio militar[68] que le fuera inventado por haber defendido el caso de su cliente Federico Brandt y que lo mantuvo *sub iudice* por largo tiempo, además de encarcelado en la prisión de los Pontones, en Puerto Cabello, hasta que por gracia del general José Antonio Páez, autorizó su traslado a otro lugar con palabras más o menos similares[69]:

Ese Núñezito? Mándelo a Valencia, que ya lo hemos trabajado bastante.

Es muy probable que este relato, en el que se observa la primacía de la arbitrariedad sobre la ecuanimidad, estuviera por el liderazgo de quienes para ese tiempo eran considerados en la Gran Colombia como portentosos generales independentistas[70] y que, por ello, consideraban que Venezuela era de ellos y para ellos, como afirma Ana Teresa Torres[71], lo que influía decisivamente en la labor judicial; pero, además de ser un reflejo de la época, en la historia judicial posterior se repetirán hechos similares en los cuales la iniquidad privó sobre la sensatez.

---

[68] Este vendría a ser el primer antecedente de un juicio militar por un asunto de naturaleza civil, procedimiento a lo que son muy dados los sistemas autoritarios. En Venezuela, durante la época de la insurgencia castro comunista de los años sesenta, el Presidente Rómulo Betancourt pasó a la jurisdicción militar a aquellos procesados que se encontraban sometidos a juicios penales.

[69] Núñez de Cáceres. *Op. cit.*, p. 39. Señala el autor que el verbo del cual se valió el general Páez fue otro, *"pero por decencia no lo escribo"*.

[70] La soberbia y altivez que afectaba a la casta militar por la gesta independentista los hacía considerarse como privilegiados. Núñez de Cáceres refiere una anécdota curazoleña según la cual una anciana local, en su dialecto, le dijo a un soldado que acababa de recibir un severo castigo: *"No llora hijito; vo tay valiente, vo vay Colombia, vo viní General"*.

[71] Torres. *Op. cit.*, p. 39.

C. Un caso ejemplar de imparcialidad judicial en Caracas

Dentro de toda esa madeja de arbitrariedades y prepotencias autoritarias, la historiadora Inés Quintero[72] ha expuesto a la luz un pasaje oculto para muchos venezolanos, un caso singular por la personalidad de quien se trataba: María Antonia Bolívar, viuda de Pablo Clemente y Palacios y hermana de El Libertador, quien mantenía relaciones amorosas con un humilde joven llamado José Ignacio Padrón, vendedor de peinetas, relaciones que terminaron inamistosamente cuando la sexagenaria y díscola mantuana instauró un proceso criminal contra su amante, en 1836 acusándolo de haberle hurtado 10.000 pesos.

Iniciada la querella, correspondió dirigir el proceso al juez Juan Jacinto Rivas, un abogado que había ingresado a la carrera judicial en 1830, quien luego de escuchar a los numerosos testigos promovidos por las partes y los documentos aportados, dictó su decisión declarando improcedente la acusación por no haber pruebas que implicaran al procesado en el robo de la suma denunciada y ordenó su libertad, mientras condenó en costas a la querellante.

La señora Bolívar, al enterarse del resultado del fallo, entró en cólera y, con la mayor soberbia y malcriadez, irrespetó al juez Rivas quien le reclamó su comportamiento y amenazó con detenerla, luego de ordenarle que se retirara del juzgado; y aquella, al reaccionar más tarde con la debida serenidad, envió una comunicación al doctor Rivas presentando sus excusas, las que no fueron aceptadas, pues el recto funcionario ordenó abrir una incidencia que hiciera constar la colérica conducta de la querellante.

Al mismo tiempo, las partes apelaron de la sentencia y el Juez Superior, en 1838, o sea, a dos años de iniciado el juicio, confirmó la absolución del acusado y revocó la condena en costas impuesta por el juez Rivas a la denunciante.

---

[72] Inés Quintero. *El fabricante de peinetas*. Ultimo romance de María Antonia Bolívar. Editorial ALFA (Colección Trópicos/*Historia*), 4ª. Reimpresión, Agosto 2012.

Lo interesante de este proceso está en la imparcialidad judicial. En efecto, la honorable dama de alcurnia disfrutaba de una considerable riqueza, aparte de tratarse de la hermana de Simón Bolívar que, si bien su memoria estaba en desgracia y sus restos mortales aún reposaban en Santa Marta, gozaba del crédito de haber sido honrado por sus paisanos con el título de El Libertador. Siendo así, el veredicto del juez Rivas hubiera podido ser acomodaticio y favorable a la dama, si se hubiera dejado influenciar por su fortuna y posición social.

En fin, el juez Rivas cumplió con su mandato como servidor de la justicia al dictaminar conforme a las actas procesales, lo que en su momento le fue reconocido porque continuó por varios años en la carrera judicial como miembro de la Corte Superior del Tercer Circuito de Caracas y Relator de la Corte Superior de Caracas, hasta que optó por circular por los caminos del Poder Legislativo en condición de diputado.

D. *La justicia en Caracas para 1852*

Establecido en Caracas, Pedro Núñez de Cáceres llegó a desempeñarse como Ministro Presidente de la Corte Superior, y se propuso *"...escribir un sucinto Diario de cuanto observe o me refieran en los tribunales"*. Siendo un diario, los hechos están anotados cronológicamente, a partir del 26 de noviembre de 1852.

a) *Falta de autonomía presupuestaria y corrupción*

La primera observación que parte de la pluma de Núñez se relaciona con el tribunal a cargo del juez de la parroquia de San Pablo y al efecto, expresa:

> *[...] el local es siniestro y repulsivo [...] se siente un horror involuntario, una especie de melancolía indefinible, ya sea por el aspecto dentro de aquel lugar, o por la forma atroz que tiene de ser un verdadero taller de penalidades en que todo es por cohecho y dinero, y en donde juez, agentes y ministriles son capaces de todo género de bajeza y falsedades. Así se dice comúnmente que en San Pablo el que más puja obtiene más ventajas. El hombre de bien al pisar aquella guarida de maldades se siente envilecido, anonadado bajo el peso de la ignominia, y se retira del odioso recinto con más vergüenzas que si salieran de un lupanar.*

De este relato, se notan a simple vista algunos vicios como la falta de autonomía presupuestaria del Poder Judicial lo que hacía que funcionara en deficientes locales y, además, ausencia de independencia judicial a través de la connivencia entre los funcionarios judiciales y los abogados -corrupción- en una doble faz que hacía que ambos fallaran en la transparencia de sus actuaciones.

b) *Ausencia de independencia e intromisión política*

Sigue relatando Núñez la situación de la postrada justicia y toca el tema de la falta de independencia judicial y la intromisión del Presidente José Tadeo Monagas en la administración de justicia y, al efecto pone de manifiesto:

De una vez sea dicho, para que sirva de clave a muchos sucesos que se irán refiriendo, que el Presidente se mezcla en todo, y pretende dirigir los tribunales a su antojo: apenas hay negocio en que no influya escribiendo cartas a los jueces para que sentencien como él desea y recomienda...Así es que hoy nadie tiene independencia y libertad para juzgar según su conciencia, pudiéndose asegurar que si la administración de justicia se ve tan envilecida, y tan depravada, se debe al fatídico influjo que ejerce el General Monagas en los tribunales.

Desgraciadamente, esto se repetirá sucesivamente en los años posteriores.

c) *Inmoralidad judicial y designación de jueces*

En cuanto a lo que denominaba inmoralidad judicial y la forma de designar a los jueces, Núñez, el 1 de diciembre de 1852, rememoró:

Intervine hoy en varias conversaciones sobre el estado de la administración de justicia: todos convienen en que es pésimo, y se espantan de lo que está sucediendo. Yo les dije a algunos compañeros que debíamos resignarnos no solo a lo que hay, sino a lo que haya de haber, que será mucho peor que lo existente. Cierto es que la inmoralidad judicial es la calamidad más horrible; pero el estado de la sociedad no puede ser de otro modo, porque no se buscan para jueces hombres de probidad y de instrucción: no digo que sean abogados (aunque estos

> son los llamados naturalmente a ejercer las judicaturas), sino que tengan honradez, o siquiera vergüenza de que carecen la mayor parte de los jueces, y hasta los mismos magistrados.

Y en la misma fecha, Núñez aludió a los criterios utilizados para la designación de jueces, en los siguientes términos:

> Recomendando una persona a un Elector que escogiesen para el año entrante individuos que merezcan buen concepto y no deshonren los juzgados parroquiales, contestó: que era preciso saliesen algunos maulas, porque siendo del partido debía premiárseles. También añadió que habiendo ayudado en las elecciones, si los disgustaban, o no se satisfacían sus aspiraciones, en otra ocasión no podía contarse con ellos, por lo cual no debía el público extrañar que se eligiesen bribones.

d) Las tribus judiciales

La existencia de lo que hoy se conocen como tribus, mafias judiciales o carteles, y la venta de la justicia, es expuesta por Núñez en una crónica de 6 de diciembre de 1852 en la que expresó:

> No se puede entablar demanda sin ponerse antes de acuerdo con los individuos ya mencionados.....: el que no lo hace así confiando en su justicia se equivoca y queda burlado, porque su contrario le dará dinero a los mismos individuos y pactará con ellos la ganancia de la causa. Muchas veces ni esto vale porque el más adinerado puja la oferta, y entonces la victoria será de quien la compre a más precio. Hay corredores de sentencias que negocian por miles: los hay de menos cuantía que reciben dos o trescientos pesos; hay rateros de parroquia que se contentan con una o dos onzas. En fin la venta de la justicia es un ramo de industria pingüe que ha enriquecido a personas que todos conocemos: en las tertulias y en las esquinas se saben y conversan las sentencias muchos días antes de pronunciarse, y se refieren los pasos que han costado, el dinero que se ha distribuido, y los empeños y manejos de cada uno de los litigantes.

e) Jueces honorables

El panorama que presentó el sistema judicial durante el "monagato" es resumido por Núñez así:

Envilecida así la justicia, envilecidos los tribunales, ha caído el país en un descrédito vergonzoso. El pueblo indignado maldice los jueces, se desahoga en imprecaciones contra los ladrones del Erario, contra los agiotistas, y contra el despotismo del Gobierno. La Constitución es una burla, y solo sirva para saberse lo que se ha de infringir; y en medio de tanto mal se oye a cada momento en boca de los oligarcas, de los liberales, de los hombres de todos los partidos, una expresión unánime. **Esto se perdió: esto se lo llevó el Diablo.** (resaltado: en el original).

Los párrafos que anteceden muestran una Venezuela expuesta a la arbitrariedad en un país carente de instituciones y sin transparencia judicial, donde el ciudadano quedaba al capricho del gobernante de turno quien, adornado con su vanidoso título de héroe de la Independencia, se enriquecía a costa del exiguo erario público y de negocios al amparo del poder, para lo cual era pieza fundamental el control de la actividad judicial.

No obstante, pareciera que el optimismo no se perdía, como lo expone Núñez en la misma crónica de 6 de diciembre de 1852:

Algunos sin embargo tienen esperanzas de que el estado actual sea transitorio, o como dicen vulgarmente, que todo se componga. Esto mismo se está diciendo hace años, y siempre va todo peor: así es que he perdido enteramente las ilusiones y las esperanzas. ¿Por qué se ha de componer esto? ¿Y quién lo ha de componer? ¿Y dónde están los elementos de composición? No los oligarcas, porque infatuados con Páez todo lo esperan de un hombre que no ha correspondido a la idea que se tenía de su valor y prestigio: no los liberales, porque era preciso que tuvieran probidad política, probidad civil, y todas las probidades de que carecen. Este no es...un partido de doctrinas: es un centro común al cual se han reunido los ebrios, los tramposos y fallidos, los ladrones, los asesinos, y hasta los sodomitas de todos los partidos.

Pero estos dramáticos relatos también reflejan en otras partes de ellos la existencia de honorables jueces. Así, trae Núñez una referencia a su asistencia el 23 de diciembre de 1852 *"...al juzgado parroquial de Santa Rosalía que está al cargo de Bartolomé Benítez, y su secretario es C. Reyna y Capetillo: este tribunal merece la confianza pública, porque los negocios marchan allí con regularidad*"; y, al narrar la conspiración urdida por el gobierno monaguense contra dos ministros de la Corte, cuenta:

> *Hoy estuve en la Corte: allí se hablaba sobre la remoción de los ministros Parejo y Alfaro, cuyo expediente trataba el Gobierno de considerar, so pretexto de faltarles la edad constitucional y destituirlos del destino. El Doctor Félix María Alfonzo les impidió cometer el atentado, y Blas Bruzual, consejero del Gobierno, se opuso fuertemente manifestando lo indigno de aquella superchería; pero han insistido de nuevo, porque se desea colocar en la Corte a dos modregos a quienes puedan (borrado) y se presten a ser instrumentos.*

De este párrafo, ha deducirse que en algún momento en la fatídica fase a la que se refiere Núñez fueron designadas personas honorables en la Corte que, por no aceptar las instrucciones del Gobierno, posteriormente eran objeto de cualquier maniobra para sustituirlos por sumisos magistrados.

No queda duda de que la situación del sistema judicial, luego de la Independencia, era verdaderamente lamentable. No sólo en cuanto a la falta de autonomía financiera, sino a la corrupción, deficiencia en la designación de jueces y magistrados y la descarada intervención del Poder Judicial por parte del Poder Ejecutivo; una "tramparencia" judicial, pero ello no es de extrañar porque en aquella época Venezuela estaba sumida en una profunda corrupción social, más profunda y más grave en las clases políticas y entre las personas instruidas, según la palabra de Jesús Semprum quien basa su afirmación en la aguda pluma de Fermín Toro, a quien califica como varón de irrecusable honradez[73].

Sin embargo, a nivel político-jurídico, de los 14 textos constitucionales[74] que rigieron en el S. XIX -muchos de ellos a capricho de los gobernantes de turno- contenían disposiciones expresas que consagraban la transparencia judicial al re-

---

[73] Jesús Semprúm. "La revolución federal". En *Críticas, visiones y diálogos*. Fundación Biblioteca Ayacucho, Caracas, 2006, p. 364.
[74] Las Constituciones que rigieron fueron: 1811, 1819, 1821, 1830, 1857, 1858, 1864, 1868, 1869, 1874, 1879, 1881, 1893 y 1899.

conocer la independencia judicial y normas de regulación de sus competencias, lo que hace presumir que al menos los constituyentes admitían la necesidad de un sistema judicial, aún incipiente a los ojos del constitucionalismo moderno.

IV
EL ESCENARIO INSTITUCIONAL EN LA REVOLUCIÓN LIBERAL RESTAURADORA

Al igual que a todo lo largo del período transcurrido desde 1830, el país continuaba, hacia finales del siglo XIX, en medio de una crisis institucional caracterizada, como había sucedido a lo largo del período, por movimientos insurreccionales de caudillos en la terca y permanente búsqueda del poder, así como por dificultades económicas.

En medio de ese escenario, en 1897 resultó electo Presidente el general Ignacio Andrade, a raíz de la desaparición de Joaquín Crespo del espacio político tras su violento deceso en la Mata Carmelera y, para 1898, aumentaba la desestabilización del gobierno. A principios de 1899, luego de conversaciones infructuosas con el general Carlos Rangel Garbiras, con el fin de realizar una acción conjunta para desplazar a Andrade del poder, un oscuro aunque fogoso diputado, Cipriano Castro, decidió iniciar desde Colombia hacia el Táchira la denominada Revolución Liberal Restauradora, otra parodia más dentro de las tantas que de tiempo en tiempo se instalaban en Venezuela para poseerla y luego explotarla, como afirma Asdrúbal Aguiar[75]

---

[75] Asdrúbal Aguiar. *Nacimiento y afirmación de la república militar*. En *De la revolución restauradora a la revolución bolivariana*. Universidad Católica Andrés Bello-Diario El Universal, Caracas, 2009, p. 17.

La Revolución Liberal Restauradora conquistó Caracas el 23 de octubre de 1899 con Cipriano Castro a la cabeza, resultando nombrado comandante del ejército y Jefe del Partido Liberal Amarillo, a raíz del abandono de la Presidencia por parte del general Ignacio Andrade, según narra Ramón J. Velázquez[76].

1. *El gobierno del general Cipriano Castro 1900-1908*

El general y otrora diputado Cipriano Castro, a quien también se le conoce como el "Capitán Tricófero" o el "Mono Trágico", el "hombre de la levita gris", el "Cabito", " el indio en su cuerito", el "Restaurador", consolidó el poder en sus manos valiéndose, en 1901, de una Asamblea Nacional Constituyente, a la que él mismo calificó como *"el primer cuerpo popular constituyente surgido del Gobierno que aquellos ínclitos patriotas -los Sesenta- han constituido con sus sacrificios"*, que le nombró Presidente interino hasta 1902, eliminó el sufragio universal y encomendó a los concejos municipales la elección sucesiva del Presidente, que recae en el propio Castro para el período 1902-1908, elevándose el período constitucional hasta seis años[77].

De esta manera, Cipriano Castro pasó a ser dueño y señor del poder absoluto, en una sociedad en la cual los poetas le dedican sus libros y los jóvenes ensayistas que constituían la nueva generación de pensadores positivistas, colaboraban en las páginas de El Constitucional, vocero oficial del gobierno[78]. Manuel Díaz Rodríguez, Pedro Emilio Coll, Andrés Mata, José Gil Fortoul rendían loas al autócrata bajo la batuta soez de Gumersindo Rivas[79].

---

[76] Ramón J. Velázquez. Cipriano Castro (1899-1908). Cita de Aguiar en *De la revolución restauradora a la revolución bolivariana*, p. 475.
[77] Aguiar. "Nacimiento y afirmación". En: *De la revolución restauradora...*, pp. 23-24.
[78] Velázquez. *Ob. cit.*, pp. 496-497.
[79] Pedro Díaz Seijas. *Semprum*. En *Críticas...*, p. LVII.

De la irrupción explosiva de Castro en la vida pública venezolana, el escritor colombiano José María Vargas Vila[80] se expresa así:

> La historia de Cipriano Castro, es rápida, como la ascensión de una ave de presa, desde el valle hasta la cima; es, como un relámpago en la selva; llegado de un solo golpe á la celebridad, se vengó de no tener Historia, entrando estrepitosamente en ella […].

A. Cipriano Castro y su camarilla

Dentro de esa paz impuesta a la fuerza, la débil salud de Castro dio paso a que una camarilla regentada por el doctor José Rafael Revenga controlara el país y obtuviera la adhesión de algunos jefes militares de las guarniciones de Caracas, Valencia, Los Teques y Puerto Cabello adversos al Vicepresidente de la República, el general Juan Vicente Gómez, por lo que se intentó la liquidación política de éste a través de la históricamente conocida Conjura en 1907, que agrupaba, además de a Revenga, a los civiles Torres Cárdenas, Eduardo Celis y Ramón Tello Mendoza y a los generales Román Delgado Chalbaud, Francisco Linares Alcántara y Eliseo Sarmiento[81], quienes pretendían asumir el poder en caso de que Castro falleciera como consecuencia de la intervención quirúrgica que se le practicaría para mejorar su deteriorada salud.

Fracasada la Conjura, Castro se aferró al poder y cautelosamente se fue deshaciendo de los integrantes de su camarilla enviándolos a distintos destinos dentro y fuera del país.

B. Cipriano Castro y su debacle política

Dentro de la opresión generada por la conducta personal de Cipriano Castro, quien era acusado de "*leprosería moral,*

---

[80] *Los césares de la decadencia*. Disponible en: http://www.archive.org/stream/loscsaresdelad00varg/loscsaresdelad00varg_djvu.txt

[81] Velázquez. *Cipriano Castro*. En: *De la revolución restauradora…*, p. 501. El general Eliseo Sarmiento, luego de ese episodio, pasó a ser Presidente del Estado Sucre y, al cesar en sus funciones, se desempeñó como Senador por el Estado Yaracuy, cuando le sorprende la muerte en 1919.

ladrón, maníaco sexual, usurpador"[82], surgió la necesidad para su rival más fuerte, el Vicepresidente de la República general Juan Vicente Gómez, de consolidarse en el poder que, como Vicepresidente, había asumido al alejarse Castro de las costas venezolanas; y así, el 18 de diciembre de 1908, mientras el tiranuelo se encuentra en Berlín sometiéndose a una operación médica, un cuartelazo lo pone fuera del gobierno, a la par que meses después, el 9 de febrero de 1909, el Procurador General acudió ante la Corte Federal y de Casación para acusar a Castro por los delitos de traición a la patria, atentado contra los poderes nacionales, instigación a delinquir y homicidio, y el máximo tribunal, en acatamiento del principio de economía procesal, el 17 del mismo mes le suspendió de sus funciones y, finalmente, el 18 de marzo de 1909 declaró que había méritos suficientes para el enjuiciamiento de El Cabito, por lo que el 12 de abril de ese año, el juez del Crimen de la Sección Occidental del Distrito Federal ordenó su detención al determinar la existencia de fundados indicios de culpabilidad por el homicidio del general Antonio Paredes, a quien Castro había ordenado fusilar[83].

Fugitivo de la justicia, Cipriano Castro permaneció alejado de las costas venezolanas, viajando sin rumbo preciso por distintos países y, luego de múltiples peripecias y de un carcelazo en los Estados Unidos, falleció despreciado por los gobiernos que él mismo había desafiado hasta el extremo[84].

Vargas Vila[85], al juzgar el gobierno de Castro, dice:

> *Castro, se llama: Ingratitud; une, á la parsimonia de los servicios que presta, el olvido de aquellos que le han prestado [...] vencedor en la Victoria, Castro, entró de lleno en la Tiranía ; al bajar de su corcel de*

---

[82] Aguiar. Nacimiento. En: *De la revolución restauradora...*, p. 28.
[83] Aguiar. Nacimiento. En *De la revolución restauradora* ... p. 31. Luis José Silva Luongo. El Petróleo. En *De la revolución restauradora...*, p. 349. Eduardo Casanova. *El Paraíso burlado (Venezuela desde 1908 hasta 2008) III El Paraíso desperdiciado. El Preludio de La Arbolada.* Disponible en: http://literanova.eduardocasanova.com/
[84] Aguiar. "Nacimiento". En: *De la revolución restauradora* ..., p. 27.
[85] Vargas Vila. *Los césares...*

guerra, adquirió como Páez, su talla natural; no tuvo un solo rayo de grandeza; permaneció en el Poder, violento y bárbaro; hizo del Capitolio una tienda de campaña, y, agrupó en ella, sus esclavos y sus queridas; forzó á Venezuela á adorarlo; y, reinó sobre el desprecio de los hombres, ya que no pudo reinar sobre su Admiración [...] su obra, no fué sino una ficción de su espada; pasará, con el torbellino que la engendró: Non tam vilis quam nulla.

Años después, Cipriano Castro fue objeto de un reconocimiento: el traslado al Panteón Nacional de sus restos mortales, el 14 de febrero de 2003, en indignante ceremonia que se inició con la entrada del féretro acompañado de una Guardia de Honor conformada por diversos cadetes y, una vez entonado el Himno Nacional, se dio lectura al acuerdo de la Asamblea Nacional, mediante el cual se decidió conceder estos honores al general Castro y al decreto del Ejecutivo para exhumar e inhumar los restos, registrado en Gaceta Oficial en el que se decidió el traslado, fundamentándose en una dudosa versión histórica: *"Considerando que el general dirigió la revolución restauradora, que cerró el ciclo histórico del caudillismo guerrero, que rescató la unidad nacional, que rescató la estabilidad política, la independencia y la seguridad del país, se conceden los honores del Panteón Nacional al general Cipriano Castro"*[86]. Previamente, los restos mortales del difunto habían recibido los honores correspondientes de jefe de Estado en el Salón Elíptico de la Asamblea Nacional.

2. *La economía y el petróleo*

Sumido el país en la miseria, las deudas con las potencias extranjeras precipitaron el bloqueo de las costas venezolanas por parte de las naves de guerra de Alemania, Italia e Inglaterra, pues los banqueros querían cobrar los empréstitos en los cuales se había embarcado la nación. Ante esto, Castro, en un acto de soberbia y de fingido patriotismo lanza el 9 de diciembre de 1902 su famosa proclama que encabezaba así: *"La planta insolente del extranjero ha profanado el sagrado suelo de la patria [...]"*.

---

[86] Fuente: http://www.efemeridesvenezolanas.com/html/castro.htm

El bloqueo naval tuvo su fin con el *Protocolo de Washington* el cual fue firmado en ese mismo lugar ya que Estados Unidos fungió como mediador al ser un partido neutral en la situación. En este Protocolo, se acordó que Venezuela pagaría poco a poco sus deudas con el 30% de sus ingresos de aduana y, ante la necesidad de recursos fiscales, Cipriano Castro, en 1902, otorgó una concesión a la firma United States & Venezuela Company, pero sus planes se vieron frustrados porque si bien el negocio había dado importantes rendimientos a los inversionistas extranjeros, éstos no habían cumplido con el contrato de concesión, lo que originó que Venezuela demandara judicialmente a la concesionaria resultando condenada a pagar una indemnización de Bs. 24.198.138,47, como informa Rómulo Betancourt[87].

No obstante esta apertura petrolera, en el período del gobierno de Castro no se generaron los ingresos esperados como contraprestación de las concesiones otorgadas, como indica Silva Luongo[88].

3. *El sistema judicial entre 1900 y 1908*

En cuanto a la administración de justicia, la Corte Federal y de Casación, designada en 1904, estaba integrada por notables juristas, los doctores José Ignacio Arnal, quien la presidiría, José de Jesús Paúl, Emilio Constantino Guerrero, Alejandro Urbaneja, Tomás Mármol, E. Enrique Tejera y Carlos Léon[89]. El doctor Guerrero ejercía la Presidencia de la Corte para 1910 y, encargado interinamente de la Presidencia de la República, presidirá las celebraciones del centenario del 19 de

---

[87] Rómulo Betancourt. *Venezuela: Política y Petróleo*. Monteávila editores, Caracas, 1985, p. 32. Cita de Silva Luongo, *op. cit.*, pp. 346-347.

[88] "El Petróleo". En: *De la revolución restauradora...*, p. 350.

[89] José Román Duque Sánchez. *Centenario del Recurso de Casación*. Discurso de Orden pronunciado el 30 de junio de 1976 en el acto solemne conmemorativo del centenario de la Ley de 13 de junio de 1876 que creó el recurso de casación en Venezuela. Disponible en:
http://www.msinfo.info/default/acienpol/bases/biblio/texto/boletin/1976/BolACPS_1976_66-67_35_221-230.pdf

abril de 1810[90]. El doctor Lorenzo Herrera Mendoza, quien casi cuarenta años después sería vocal de la Corte Federal y de Casación en 1945 y magistrado de la Corte Suprema de Justicia en 1947, hizo las veces de Juez del Departamento Libertador en 1903 y luego, de miembro de la Corte Superior Civil y Mercantil del Distrito Federal en 1906[91].

No obstante, para el doctor Pedro María Morantes, conocido en la literatura como Pío Gil, enemigo acérrimo de los regímenes de Cipriano Castro[92] y Juan Vicente Gómez, el sórdido panorama del sistema judicial en los setenta años anteriores del siglo XIX perduró a partir de la Revolución Restauradora. Al efecto, Morantes, Juez de Primera Instancia en lo Civil de Caracas, al describir un intento de soborno, aprovechó para dejar asentado el estado del Poder Judicial para junio de 1906, en pleno auge del despotismo de Cipriano Castro[93]:

> *Es época de infamias corrientes; un despotismo sin grandeza ninguna nos ha corrompido hasta la médula. La prevaricación, el peculado, el desfalco, el saqueo, son actos frecuentes de nuestros magistrados en el*

---

[90] *Pequeña biografía del doctor Emilio Constantino Guerrero*. Disponible en: http://venciclopedia.com/index.php?title=Emilio_Constantino_Guerrero_Guerrero

[91] Francisco Manuel Mármol. *Palabras en homenaje al doctor Lorenzo Herrera Mendoza*. Disponible en:
http://docs.google.com/viewer?a=v&q=cache:Uz5mKEqHO8YJ:www.msinfo.info/default/acienpol/bases/biblo/texto/boletin/1970/BolACPS_1970_32_42_7-14.pdf+lorenzo+herrera+mendoza&hl=es&gl=ve&pid=bl&srcid=ADGEESj5ISf9swt8Imnf5BI1qaSVe9ay4OBywCOsjFPQxe6q0Nwk5g3WjLA8fADMO21ecU5uQE2ngl2yUiR0BZP3rBjFOg3HA2LdyWncSsdzG51GlapbRRiuqUY2KL404Um1La0j-TcJ&sig=AHIEtbQ90W4VF7-QggaPRlig4eo-kVWX0w

[92] La crítica más ácida que se hace de su gobierno fue realizada por Pío Gil, en El Cabito, apodo con el que se conoció a este autócrata tropical cuyos restos ilícitamente reposan en el Panteón Nacional, el cementerio de los próceres patrios. Dicen que cuando Castro, dando tumbos por Europa perseguido por Gómez y sus agentes internacionales, leyó El Cabito, exclamó: "*Qué vaina le habré echado a este señor para que me trate así?* Fuente: El Nacional, 7° Día, edición del 25 de mayo de 1975.

[93] Pío Gil. *Propuesta de cohecho*. En *Cuatro años de mi cartera*. Tipografía Garrido, Caracas, 1952, p. 120. Pío Gil fue autor de "*El Cabito*", "*Cuatro Años de mi Cartera*", "*Los Felicitadores*" y otras obras costumbristas en un estilo característicamente panfletario.

orden de la justicia, de la política y de la administración. Las talegas del cohecho, que se amontonan en las mesas de los tribunales, sorprenden tan poco como las talegas que de las oficinas de recaudación se trasladan a las cajas particulares. Los abogados son explotadores, no defensores de sus clientes, y los jueces son vendedores, no distribuidores de la justicia.

Con el párrafo transcrito, se pone de relieve la corrupción judicial en dos aspectos: el de los jueces y el de los abogados, al calificar Pío Gil a los primeros como vendedores de la justicia y a los segundos como explotadores de sus clientes.

V
EL ESCENARIO INSTITUCIONAL BAJO EL LEMA DE "ORDEN, PAZ Y TRABAJO"

El general Juan Vicente Gómez fue recibido con alborozo unánime real y sincero, no tanto por la adulación y la propaganda, sino porque se salía de un detestado Castro, detrás de cuyo dominio despótico se proyectaba, casi sin esconderse, la larga y pavorosa sombra de la guerra y, porque se inauguraba una tradición rota apenas en el siglo XX dos veces (1945 y 1958): cambiar de gobierno sin derramar sangre, como comenta Caballero[94].

1. *El general Juan Vicente Gómez 1908-1935*

El general Gómez, a quien Domingo Alberto Rangel[95] califica como el "amo del poder", asumió en sus manos a un país que no había podido salir del atraso en el que lo habían sumido las frecuentes caudillistas revueltas intestinas sucedidas a lo largo de la segunda mitad del siglo XIX, sin industrias, sin desarrollo de la agricultura y de la cría, con una población en su mayor parte analfabeta[96], en extrema pobreza y bajo un gobierno cuya característica era la abolición de todo

---

[94] Manuel Caballero. "El gomecismo nació en El Universal". En: Asdrúbal Aguiar. *De la revolución restauradora...*, p. 508.
[95] Gómez. *El amo del poder*. Vadell Hermanos editores, Caracas.
[96] Díaz Seijas, *op. cit.*, p. LXIX.

derecho, la supresión definitiva de toda garantía, como narra Eduardo Michelena[97].

Un editorial de El Universal del 12 de julio de 1913 describió coloquialmente la vida caraqueña, al comentar un accidente de automóvil ocurrido en el centro de Caracas –el ombligo de la ciudad, dice el texto original–, calificado como un espectáculo casi terrorífico nunca visto en la capital y con motivo del cual toda la ciudad desfiló por la esquina de Las Gradillas a mirar el estado en que por justo y merecido castigo quedaron los dos coches; pero además el coloquial relato agrega que *"a tal punto llegó la marejada humana que el gobierno del Benemérito General Juan Vicente Gómez, caudillo de Diciembre, siempre vigilante de la tranquilidad colectiva, tuvo que sacar la caballería y ocupar las cuatro bocacalles de la plaza Bolívar"*. Esa es Venezuela, y particularmente su capital, guiada por el lema de "orden, paz y trabajo" en la cual, y pese a la dura represión que privó en ese cuadro de atraso y miseria, inesperadamente surgió la gran fuente de la renta venezolana –el petróleo– y, al cobijo de la esperanza de su posible distribución equitativa, se amasaron grandes fortunas y comenzaron a desarrollarse las clases medias, según opina Torres[98].

La ficticia paz imperante, producto del terror, fue alterada por los jóvenes estudiantes quienes, el año de 1928, iniciaron una serie de protestas con motivo de las celebraciones del carnaval, terminando muchos de ellos en las tristemente recordadas prisiones de La Rotunda y del castillo de Puerto Cabello donde algunos dejaron años de su juventud bajo la crueldad de sus carceleros, por lo que años después, pasaron a reconocerse históricamente como la generación de 1928. De ellos, Rómulo Betancourt, Jóvito Villalba y Raúl Leoni, tendrán importante participación años después en la instauración de la democracia en Venezuela.

A raíz de ese incidente, precedido en 1923 por el asesinato del Vicepresidente de la República, el general Juan Crisósto-

---

[97] Eduardo Michelena. *Vida caraqueña*, Barcelona, 1967.
[98] Torres. *La Herencia…*, p. 113.

mo Gómez, en una extraña conspiración familiar, la institucionalidad gomecista endureció su postura frente a la ciudadanía hasta que el 17 de diciembre de 1936, muere el autócrata tranquilamente en su cama, en la ciudad de Maracay.

Sobre el régimen del general Juan Vicente Gómez y su quehacer institucional, Rogelio Pérez Perdomo[99] ha expresado:

En resumen, la legislación de la época de Gómez fue suficientemente liberal para haber sobrevivido la etapa de liberalización posterior, incluida la democracia de partidos de 1958-1998. Por supuesto, también puede interpretarse que la sociedad venezolana es tan represiva como para haber permanecido bajo la legislación de Gómez, e incluso, haber hecho más represivo su Código Penal. Nuestra interpretación es que la legislación de Gómez puede considerarse liberal, en términos generales, y que los distintos cambios constitucionales y legales muestran una sociedad regida por reglas considerablemente liberales, para los patrones de la época. Las constituciones distribuyeron el Poder Público entre el poder central o federal, estadal y municipal. Existió también la distribución funcional entre Legislativo, Ejecutivo y Judicial. Los cambios constitucionales y legislativos mantuvieron incólume la lista de derechos fundamentales de los ciudadanos. La libertad personal, la de expresión, la de reunión, el derecho a ser juzgado sólo por sus jueces naturales, la prohibición de la prisión por deudas, de la incomunicación de los detenidos, los apremios y demás reglas que consideramos centrales para la existencia del Estado de derecho están allí.

Desde 1908, hasta su deceso el 17 de diciembre de 1935, transcurrieron veintisiete largos años en los que Gómez tuvo el poder bajo su control. El doctor José Gil Fortoul se encargó de la Presidencia desde agosto de 1913 a enero de 1914, mientras que los doctores Victorino Márquez Bustillos y Juan Bautista Pérez la ejercieron sometidos a la tutela del hombre de La Mulera como Comandante en Jefe del Ejército, el primero, desde 1914 hasta 1922 y el segundo, desde 1929 a 1931.

El editorial de El Universal[100] del 18 de diciembre de 1935, al día siguiente del fallecimiento del autócrata, reflejó elo-

---

[99] Pérez Perdomo. *Estado y Justicia…*

cuentemente en algunos de sus párrafos la visión que al menos en ciertos círculos ilustrados, como el prestigioso medio comunicacional, se tenía para ese momento del gobierno que se extinguía:

> *Anoche, a las once y cuarenta y cinco, rindió la jornada de la vida en la ciudad de Maracay el Benemérito General Juan Vicente Gómez, Magistrado Supremo de la República, después de una larga enfermedad, contra la cual resultaron infructuosos los cuidados de los familiares y amigos, y los esfuerzos de la ciencia, en medio de una dolorosa expectativa, que pesó gravemente sobre los ánimos, en toda la extensión de la República.*
>
> *Hora de duelo para la Patria venezolana, que se pone de pie para dar la despedida al varón que se destacó con lineamientos inequívocos en la etapa de su actuación como el primero de sus hijos y como la alta y firme garantía de sus aspiraciones de orden, de paz y de trabajo.*
>
> *No es esta la ocasión de exaltar una vez más la personalidad del General Juan Vicente Gómez, en este minuto infausto en que Venezuela no puede menos que valorar, en toda su magnitud, la obra patriótica por él realizada.*
>
> *Un solo hecho de honda significación en el orden del espíritu bastaría para dar idea de la gloria de Juan Vicente Gómez y para asegurarse la gratitud de los venezolanos: el de destacarse como acreedor al título de Pacificador de la Patria, Fundador de la Paz, es decir, del basamento para el levantamiento de cualquier obra, ya material, ya espiritual.*
>
> *La vida del varón benemérito que acaba de morir constituye un ejemplo y un legado de valor inapreciable. El mismo llegó a pensar de sí que no era sino un instrumento de la Providencia, a pesar de que siempre tuvo la conciencia de su energía y del rumbo por el que la había orientado. De permanente acción fue su vida en las etapas heroicas; y en la trayectoria se compenetró con el país y sus hombres, y por ello les pudo señalar los derroteros a seguirse y, más tarde, pudo llevar a cabo su perdurable obra política y administrativa, conjunto de realizaciones de imponente amplitud. Y así aparece con caracteres indelebles, en la vida nacional, en su triple significación: Gómez luchador, Gómez orientador, Gómez constructor.*

---

[100] Disponible en:
http://www.analitica.com/bitblio/el_universal/editorial1935.asp

El historiador José Alberto Olivar[101], a la par de recordar la importancia de conocer el pasado para no repetir malas experiencias, refiere lo que él denomina apoyo ciego a nuevos líderes políticos que luego conducen a una dictadura; narra que la sociedad venezolana, a pesar de estar clara en no querer el continuismo en el poder y prohibir la reelección, aceptó a Juan Vicente Gómez sin reparos ni exigencias, dado el desespero de iniciar un mejor período, lo que fue aprovechado por éste, quien se lanzó sin oposición, rodeado de lo mejor de la clase intelectual de aquella época, llegando a reunir un gran consenso, pues muchos venezolanos aplaudieron la llegada de Gómez al poder, incluso el escritor Rómulo Gallegos lo calificó como el 'milagro político'; y en un diario de la época, que describió ese sentimiento de apoyo se refirió lo siguiente: *"La nación amaba de antemano al General Gómez, porque había descubierto en él un fondo sano, una voluntad hecha para el bien, un temperamento austero y justo; lo amaba así, de lejos, en aquellos días de prueba, envolviéndolo silenciosamente en un manto de cariño general"*.

2. *La economía y el petróleo*

El interés del capital foráneo y del nacional por la exploración petrolera se mantuvo a través de las concesiones otorgadas en 1909 a *The Venezuelan Development Company*, cuyos derechos de explotación fueron adquiridos posteriormente por el doctor Rafael Max Valladares a la *Caribbean Petroleum Company*, comenzando la explotación en 1912. Sin embargo, con la activación del pozo El Zumaque I el 31 de julio de 1914, fue cuando se dio el inicio exitoso de la producción petrolera del campo "Mene Grande" con 264 barriles diarios de producción de un crudo de 18 API, en flujo natural.

---

[101] José Alberto Olivar. *Exposición ante el Instituto de Altos Estudios de América Latina y el Centro de Estudios Estratégicos*, ambos de la USB, en conjunto con la Gobernación de Miranda y Venezuela Positiva, con el apoyo del Decanato de Estudios Generales. 28 al 29 de abril de 2010.

Este descubrimiento transformó a Venezuela. En efecto, empezó la industrialización del país que, hasta entonces, se había nutrido de productos del campo y de las divisas producidas por las exportaciones de cacao y café, transformándose el modo de vida de la población y convirtiéndose el Estado en el más importante capitalista debido a los ingresos que el petróleo le proveerá. Conviene traer a colación las palabras que años después, en el 2000, pronunciara Arturo Uslar Pietri[102]:

La situación en el siglo XX venezolano ha sido extraordinariamente inusual y corruptora, la situación de un país pobre, muy atrasado y muy ignorante que de repente, de pronto tiene un estado inmensamente rico, y que esa riqueza no se debe al trabajo nacional. El gobierno se convirtió en el principal agente de enriquecimiento y no hubo clase dirigente, esa es la verdad...

A partir del hito que significó el "reventón" del pozo Zumaque I, cambiaron los ingresos fiscales de Venezuela, el gobierno empezó a percibir mejores ingresos que le obligaron a considerar un claro entendimiento con las petroleras, pese a que hubo momentos de tensión debido a la enérgica actitud del doctor Gumersindo Torres, ministro de Fomento, que causó serias molestias a esas empresas[103] dada su baja contribución tributaria. No obstante, para 1930, siendo Presidente de la República el doctor Juan Bautista Pérez, el gobierno saldó la deuda externa que se arrastraba desde la independencia y que se había incrementado con los empréstitos obtenidos por el general Antonio Guzmán Blanco, con lo cual se equilibró el presupuesto estatal.

De esta manera, Venezuela se convirtió en país rentístico, dependiente de los ingresos de su materia prima más importante, el petróleo. Sobre esto, cuando Rafael Arráiz Lucca

---

[102] Arturo Uslar Pietri. Entrevista con Rafael Arráiz Lucca. Disponible en: http://prodavinci.com/2010/02/26/arturo-uslar-pietri-ajuste-de-cuentas/
[103] *Cfr.* Silva Luongo, *op. cit.*, p. 351.

preguntó a Uslar Pietri si El Dorado se encontró siglos después con el petróleo, el entrevistado le contestó[104]:

Ah bueno, claro, pero bajo otra forma distinta, y ha traído como consecuencia que este país no se desarrollara, no se formara, se hizo un país subsidiado, un país rentista, esa cosa horrible que es ser un país rentista. Venezuela es un país que no vive de su trabajo, vive de la renta petrolera, que la maneja el Estado, que le cayó al Estado como un don del cielo, y los venezolanos no hemos sido capaces de hacer eso que yo dije hace 60 años, y que me he cansado de repetir sin que nadie me haga caso, hay que sembrar el petróleo.

La visión de Uslar Pietri se corroboró años después por estudios realizados sobre la *"maldición"* de los recursos naturales y, al respecto, Palacios y Niculescu[105] reportan que la tesis empíricamente tiene relación con la constatación de que la dotación abundante de recursos naturales (como los mineros y el petróleo) por un grupo de países en desarrollo no ha asegurado un éxito económico, sino que pudiera ser más bien fuente de limitación y estancamiento. No obstante, en contraposición a esta tesis, Palacios y Niculescu adversan esa tesis y sostienen que dependiendo de las características institucionales y las políticas que se implementen, la dotación amplia de recursos naturales puede tener un efecto positivo o negativo sobre el crecimiento. Con ello, la tesis original de la "maldición" se habría transformado en lo que podría llamarse una "maldición condicionada" por las características del contexto institucional.

Es mundialmente célebre que Juan Pablo Pérez Alfonzo, el que sería considerado como el *"padre"* de la Organización de Países Exportadores de Petróleo (OPEP) se había anticipado varias décadas al calificar el petróleo como el *"excremento del diablo"*, para reflejar su preocupación por utilización improductiva y despilfarro de la riqueza proveniente de este hidrocarburo.

---

[104] Uslar Pietri. *Entrevista...*
[105] Palacios y Niculescu. *Crecimiento en Venezuela.*

3. *El sistema judicial entre 1909 y 1936*

Dentro de ese panorama social e institucional, el sistema de justicia era marginal durante esos largos veintisiete años de poder férreo y, al decir de Pérez Perdomo[106], sólo un número limitado de conflictos era llevando ante los tribunales y no necesariamente implicaba que esos fueran los conflictos más importantes. Al efecto, afirma:

"Esa falta de importancia o marginalidad del sistema judicial probablemente no era sentida como tal por jueces y abogados que seguramente se sentían social y políticamente apreciados. Los jueces, especialmente los jueces supremos, seguramente pensaban que sus cargos eran muy importantes. Podían mantener una apariencia de independencia siempre y cuanto no entraran al dominio de la política. Seguramente, los otros abogados también los consideraban muy importantes. La afirmación no se refiere a la calidad de las personas, sino de los asuntos que eran tramitados por el sistema judicial".

De esta manera, los cargos de jueces eran ejercidos por personas de prestigio que cumplían con la función de administrar justicia con vocación y honradez, los que les permitió completar a muchos de ellos una carrera judicial ampliamente reconocida, como los doctores Pedro Manuel Arcaya, Julio Horacio Rosales, Félix S. Angulo Ariza, Tulio Chiossone y Alejandro Urbaneja Achelpohl.

Simón Alberto Consalvi[107], al referirse a la conducta de los funcionarios judiciales durante el gobierno del general Gómez, se expresó así:

Había magistrados de cierta categoría intelectual que guardaban las apariencias, y es meritorio guardar las apariencias en un momento dado.

---

[106] Rogelio Pérez Perdomo. "Estado y Justicia en tiempos de Gómez (Venezuela 1909-1925)". *Revista Politeia*, N° 39, vol. 30, Instituto de Estudios Políticos UCV, pp. 121-150. Disponible en: http://74.125.45.132/search?q=cache:e7UkrcS1pPQJ:www2.scielo.org.ve/pdf/poli/v30n39/art06.pdf+%22rogelio+p%C3%A9rez+perdomo%22&hl=es&ct=clnk&cd=39&gl=ve

[107] *Contra el olvido*. Conversaciones con Simón Alberto Consalvi. Autor: Ramón Hernández. Editorial Alfa, Caracas, 2011, p. 177.

A. El doctor Pedro Manuel Arcaya

El doctor Pedro Manuel Arcaya, abogado, jurista, sociólogo, historiador y político, figuró entre la elite civil ilustrada que rodeó a Juan Vicente Gómez. Ministro de la Corte Federal y de Casación entre 1909 y 1913, el doctor Arcaya[108] contó en sus memorias que los funcionarios del Gobierno respetaban absolutamente la investidura de los jueces; y señaló que el Procurador General de la época, *"el honorable e inteligente jurista que ejercía entonces ese cargo, doctor G.T.Villegas"*, nunca pretendió imponer su criterio a los ministros de la Corte ni éstos lo hubieran permitido. Luego, el doctor Arcaya, quien también fue Procurador, informó que *"jamás pretendí como Procurador General imponerle mi opinión a los jueces"* ni utilizar el sistema judicial con fines políticos.

Es importante destacar la figura del doctor Arcaya porque si bien su actividad no circunscribió solamente a la judicatura en los primeros años del 1900, podría decirse, con Rogelio Pérez Perdomo[109], que él junto con los doctores José Gil Fortoul y Laureano Vallenilla Lanz fueron *"seguramente los autores más representativos del derecho y las ciencias políticas y sociales de comienzos del siglo XX"*.

B. El doctor Julio Horacio Rosales

El doctor Julio Horacio Rosales[110] comenzó su actividad profesional en 1911, primero en Caracas hasta 1924, como Juez de Parroquia y luego, en Los Teques, Estado Miranda, desde 1927 a 1937. En reconocimiento a su servicio, el doctor Rosales, en 1942 y hasta 1948, cumplió como Juez de Primera Instancia del Distrito Federal y luego, como magistrado de la Corte Suprema de Justicia, a la que renunció con motivo del

---

[108] Cita de: Pérez Perdomo. *Estado y Justicia…*

[109] Rogelio Pérez Perdomo. *La Academia de Ciencias Políticas y Sociales y los Juristas Académicos en Venezuela contemporánea*. Academia Unimet. Disponible en: http://ares.unimet.edu.ve/academic/VII-congreso/libro-vii/ponencias/perez-perdomo.pdf

[110] *Biografía*. Disponible en: http://juliohoraciorosales.tripod.com/id6.html.

golpe de estado que derrocó al Presidente Rómulo Gallegos, siendo acompañado en la dimisión por el entonces magistrado doctor Rafael Pizani. Más adelante, volveré sobre el doctor Rosales.

C. *El doctor Félix S. Angulo Ariza*

De la biografía que hace el doctor Carlos Siso Maury[111] del doctor Félix S. Angulo Ariza, se observa que éste se desempeñó en la Corte Suprema del Distrito Federal desde 1926; y salvo muy breves interrupciones, continuó en el Poder Judicial hasta 1959, cuando se le jubiló en atención a sus valiosos servicios, luego de haberse desempeñado como miembro de la Alta Corte Federal y de Casación y de la Corte Suprema de Justicia, y quien, por su trayectoria como juez fue símbolo de *Justicia*, como dice su biógrafo.

El doctor Angulo Ariza publicó su Cátedra de Enjuiciamiento Criminal, una vivencia del antiguo Código de Enjuiciamiento Criminal, que sirve de estudio a numerosas promociones de abogados y mantiene su vigencia hasta que el citado código es derogado por el Código Orgánico Procesal Penal en la década final del siglo XX.

La obra de este magistrado insigne se sintetiza en la divulgación colectiva *Temas de Derecho Procesal: Libro Homenaje a Félix S. Angulo Ariza*, publicada por el Tribunal Supremo de Justicia de Venezuela[112].

D. *El doctor Tulio Chiossone*

Jurista y penalista, humanista, académico, magistrado, legislador, político, historiador, literato y escritor. También, el

---

[111] Carlos Siso Maury. Discurso pronunciado en homenaje al Doctor Félix S. Angulo Ariza, Venezolano Ilustre. En: *Temas de Derecho Procesal Penal*, vol. I. Libro Homenaje a Félix S. Angulo Ariza. Fernando Parra Aranguren, Editor. Tribunal Supremo de Justicia. Colección Libros Homenaje, N° 10, Caracas/Venezuela/2003.

[112] http://www.bookfinder.com/dir/i/Temas_De_Derecho_Procesal-Libro_Homenaje_a_Felix_S._Angulo_Ariza/9806487419/

doctor Chiossone[113] ejerció como Juez de Primera Instancia en lo Civil y Mercantil del Estado Mérida, desde 1930 hasta 1934; para años después desempeñarse como Vocal de la Corte de Casación entre 1953 y 1958, y conjuez de la Corte Suprema de Justicia, en la Sala Penal, desde 1959 hasta 1975.

Al igual que el doctor Angulo Ariza, la obra de Chiossone ha sido reconocida en la divulgación colectiva *Temas De Derecho Penal: Libro Homenaje a Tulio Chiossone*, publicada por el Tribunal Supremo de Justicia de Venezuela[114].

E. *El doctor Alejandro Urbaneja Achelpohl*

El doctor Alejandro Urbaneja Achelpohl cumplió como juez en la época del gomecismo y llegó a ejercer la magistratura de la Sala de Casación Civil de la Corte Suprema de Justicia a partir de 1959, siempre con una actitud digna de un juez imparcial e independiente, como lo reflejó el doctor Luis Felipe Urbaneja[115]:

> *Bajo el régimen del General Juan Vicente Gómez, el Dr. Alejandro Urbaneja-Achelpohl fue Juez de Primera Instancia en lo Civil, durante dos períodos. En el primer período ocurrió en el Tribunal a su cargo que el General Eustoquio Gómez demandó a la Compañía inglesa que hacía el tráfico colectivo entre Macuto y Maiquetía, un automóvil Lincoln nuevo, porque un autobús de esa Compañía había causado una abolladura al parafango del Lincoln de dicho General. Un personaje político le preguntó al Dr. Urbaneja-Achelpohl cómo iba a sentenciar ese asunto, y la respuesta fue: "con ajustamiento a la Ley". Posteriormente el mismo personaje político insistió en hacerle la misma pregunta, dándole el Dr. Urbaneja la misma respuesta. Entonces*

---

[113] *Biografía*. Disponible en: http://es.wikipedia.org/wiki/Tulio_Chiossone.
[114] http://www.bookfinder.com/dir/i/Temas_De_Derecho_Penal-Libro_Home naje_a_Tulio_Chiossone/9806487427/
[115] Luis Felipe Urbaneja. Discurso pronunciado en homenaje al Doctor Alejandro Urbaneja Achelpolh en la Academia de Ciencias Políticas y Sociales. Disponible en: Disponible en:
http://74.125.45.132/search?q=cache:qvo_mOMpnzoJ:www.msinfo.info/def ault/acienpol/bases/biblo/texto/boletin/1985/BolACPS_1985_41_99_100_1 25-140.pdf+%22luis+felipe+urbaneja%22&hl=es&ct=clnk&cd=3&gl=ve

el personaje político añadió: "organice el Tribunal para entregarlo, pues existen muchas quejas contra usted". En tales circunstancias, pensó el Dr. Urbaneja-Achelpohl, que era ineludible informar al Jefe del Estado lo ocurrido con ese personaje, y se encaminó a Miraflores. Al entrar encontró a su condiscípulo el Dr. Enrique Urdaneta Carrillo, quien lo condujo donde el Dr. Requena, Secretario del General Gómez, y a quien informó todo lo ocurrido. De inmediato el Dr. Requena le respondió: "aguarde unos momentos", retirándose del salón. No tardó en regresar y en forma directa le comunicó al Dr. Urbaneja-Achelpohl: "el Gobierno Nacional está satisfecho de su actuación, proceda siempre con ajustamiento a la Ley". De inmediato el Dr. Urbaneja-Achelpohl regresó a su Tribunal y solicitó en el expediente papel para proveer con la sentencia. No se proporcionó papel. Después se supo que al General Eustoquio Gómez le había sido regalado un Lincoln nuevo y la Compañía inglesa se había declarado en quiebra.

F. Otros jueces de prestigio

Otros conocidos y reputados jueces profesaron la magistratura en la difícil época autocrática del general Gómez a que se refiere este capítulo y, solamente para nombrar algunos, los doctores Lorenzo Herrera Mendoza, Arminio Borjas Pérez, Pedro Miguel Reyes, Juan Bautista Bance, Martín Osorio y el doctor Luis Crespo Fléjel, tradicionalmente reconocidos por su prestigio e imparcial desempeño judicial. El doctor Herrera Mendoza, que de juez de Departamento de Caracas, en 1945, fue designado Vocal de la Corte Federal y de Casación, cargo que mantuvo como magistrado de la Corte Suprema de Justicia creada conforme a la Constitución de 1947. El doctor Juan Bautista Pérez, antes de ascender a la Presidencia de la República en 1929, se había desempeñado como Presidente de la Corte Federal y de Casación. El doctor Borjas, fungía de juez en el Estado Carabobo para posteriormente cumplir como Presidente de la Corte Federal y de Casación en 1935 correspondiéndole encargarse temporalmente de la Presidencia de la República a la muerte del dictador; y el doctor Arturo Uslar Pietri, recién llegado al país luego de cumplir funciones diplomáticas en Europa, se desempeñó por poco tiempo como Presidente de la Corte Suprema de Justicia del Estado Aragua.

En fin, en el período analizado, la función judicial daba respetabilidad y relevancia social y cumplía con las exigencias constitucionales de las 9 Constituciones[116] que rigieron durante ese periodo, incluyendo la de 1936. Sobre la institucionalidad en esos aciagos tiempos, Pérez Perdomo[117] afirma:

La separación de competencias permitió a los doctores construir un sistema judicial y jurídico que sobrevivió a la dictadura y pudo convertirse en una pieza fundamental de la liberalización del país a la muerte de Gómez. Los jueces, en particular, aparecieron con las manos y la conciencia limpias, como si no hubieran colaborado con el dictador.

En realidad, el mandatario de La Mulera supo distinguir entre el uso de la vía de facto y abuso de poder para reprimir acciones opositoras como las que llevaron a cabo los jóvenes de la Generación del 28, y la crueldad carcelaria y la tortura, defendidas so pretexto de que "*en guerra no se cobran muertes*"[118], con lo cual la actividad judicial se mantenía alejada de decisiones de carácter político. Por supuesto, al igual que sucede en todo régimen que conculca las libertades, los jueces no tenían la posibilidad de acudir a las cárceles gomecistas para preguntar por la salud de algún preso político y menos por hombres como Andrés Eloy Blanco, Leoncio Martínez o Francisco Pimentel, el famoso Job Pim, ni tampoco verificar si, en efecto, sus piernas estaban sujetas a los degradantes "grillos" que se utilizaban para inmovilizar a los detenidos.

---

[116] Las Constituciones fueron: 1901, 1904, 1909, 1914, 1922, 1925, 1929, 1931 y 1936.

[117] Pérez Perdomo. *Una Evaluación…*

[118] *Cfr.* Manuel Caballero. "El gomecismo nació" en El Universal. En *De la revolución restauradora…*, p. 513. Para explicar la frase, Caballero añade: "Y Venezuela vivía en una guerra permanente contra la guerra".

VI
EL INICIO DE LA MODERNIZACIÓN DEL ESTADO Y LA APERTURA POLÍTICA

Al fallecer el general Juan Vicente Gómez, el proceso de transición se fue desarrollando paulatinamente, sin traumas, con el apoyo de una institución armada que bajo su batuta e inspiración fue consolidándose a lo largo de sus 27 años de gobierno, puesto que las bases del estado de derecho y de la separación de poderes estaban arraigadas en el Estado, lo que facilitó la asunción pacífica al poder del general Eleazar López Contreras quien recibió el mandato de manos del doctor Arminio Borjas Pérez, Presidente de la Alta Corte Federal y de Casación. De igual manera, al finalizar su período, el proceso de sucesión constitucional opera normalmente y el general López Contreras pasa la máxima autoridad ejecutiva al Presidente electo, el general Isaías Medina Angarita.

1. *El fin hegemonía andina*

Históricamente se ha cultivado la leyenda de que la hegemonía andina se inició con la llamada *"entrada de los andinos en Caracas"*, con Cipriano Castro a la cabeza, y que ello fue la avasalladora conquista del poder por un grupo de venezolanos nativos del Táchira, que finalizó con la toma de Caracas por las huestes castristas, representando la primera participación masiva de los andinos en la política nacional y la finalización de la hegemonía del Liberalismo Amarillo, nombre que suele darse al período histórico comprendido desde 1870-1899; aunque asienta Jorge Olavarría[119] que la verdad histórica reside en que, iniciada en el Estado Táchira la "revolución liberal restauradora", ésta fue derrotada y Castro y sus seguidores abandonaron la región hasta la población de Tocuyito, cercana a Valencia, donde un centenar de andinos, con el apoyo de desertores del ejército del general José Manuel "El mocho" Hernández, se enfrentó a las pocas fuerzas leales al gobierno las cuales resultaron fácilmente derrotadas por lo que, a los pocos días, entraron en una evacuada Valencia por orden del Presidente Andrade, sin disparar un solo tiro; y, triunfalmente, a los 37 días siguientes, Castro y sus acompañantes abordaron en Valencia un tren que los trajo a Caracas en compañía de los jefes militares que habían traicionado al gobierno que debían defender. A su llegada, 6.000 soldados del gobierno presentaron armas a Castro mientras recibía el gobierno de Venezuela de manos del general Víctor Rodríguez, el vicepresidente de la República quien, ante la fuga al exterior del Presidente Ignacio Andrade, había asumido la Presidencia de la República.

A los efectos de este estudio, se resalta en importancia el origen tachirense de los gobernantes desde Cipriano Castro hasta Isaías Medina Angarita, lo que de por sí constituye la hegemonía pues en un período de 35 años el poder fue ejercido por oriundos del Estado Táchira que se rodeaban de coterráneos y familiares del mismo origen aunque, como afirma Olavarría[120], *"ni un solo andino estará en el primer gabinete de Castro"*.

La diferencia en el estilo de gobierno, aun siendo integrantes del predominio de los Andes, estriba en que los dos primeros gobernaron autocráticamente, mientras que los últimos abrieron nuevos horizontes que permitieron iniciar la modernización del estado y la apertura política. Con el últi-

---

[119] Jorge Olavarría. *La falacia de la conquista tachirense*. Disponible en http://www.analitica.com/bitblioteca/jolavarria/falacia.asp
[120] Olavarría. *La falacia de la conquista tachirense*.

mo andino en la sucesión, finalizó esta preponderancia que se repetirá posteriormente aunque de forma aislada con las presidencias de Marcos Pérez Jiménez y Carlos Andrés Pérez, ambos oriundos del Táchira.

A. *El general Eleazar López Contreras 1936-1941*

El general Eleazar López Contreras, bajo el recordado lema de *"calma y cordura"*, y promoviendo las asociaciones cívicas bolivarianas para continuar en el proceso de mitificación de El Libertador, se condujo con habilidad al incorporar a su gabinete ministerial a ilustres venezolanos como Rómulo Gallegos -quien luego sería Presidente- como ministro de Instrucción Pública. Otros, como los doctores Arturo Uslar Pietri, Alejandro Lara, Enrique Tejera y Tulio Chiossone, fueron piezas importantes en su tren ejecutivo.

Durante su período constitucional, López tuvo que hacer frente a la familia del fallecido general Gómez, a la que invitó a salir al exilio, y así facilitar que el Congreso acordara la confiscación de los bienes del extinto gobernante, sumamente cuantiosos en propiedades a lo largo de todo el territorio nacional. Igualmente, dio la cara a las fuerzas democráticas reprimiéndolas severamente, lo que originó muertes y lesiones personales de numerosos manifestantes. El estudiante Eutimio Rivas cayó gravemente herido y murió poco después de una numerosa protesta popular estudiantil del 14 de febrero de 1936, que dirigió Jóvito Villalba como Presidente de la Federación de Estudiantes de Venezuela. Más tarde, fue promulgada la llamada ley Lara, en honor a su promotor el ministro Alejandro Lara, destinada a controlar el orden público.

Asimismo, en 1937 el gobierno expulsó del país a un grupo de dirigentes democráticos, entre ellos a Rómulo Betancourt, el mismo Villalba, Miguel Otero Silva, Miguel Acosta Saignes, Gustavo Machado, Gonzalo Barrios y otros importantes dirigentes de izquierda.

A pesar de estos hechos, el gobierno de López se encontró ante la necesidad de abordar otros problemas nacionales y, de ahí, dio los pasos requeridos para que se sintiera la seguridad jurídica para las inversiones, dictó actuaciones administrativas a favor de áreas deprimidas como la educación y el campo, estabilizó los estudios universitarios y generó un clima de institucionalidad que le permitió concluir su mandato constitucional. Se dictó la primera Ley del Trabajo en 1936, y se crearon el Instituto Pedagógico de Caracas para la formación de maestros, la Sociedad Bolivariana de Venezuela, el Cuerpo de Bomberos de Caracas y la Guardia Nacional esta última para servir de cooperación a las fuerzas armadas y la policía, el Banco Central de Venezuela para centralizar la emisión de monedas y billetes, el Ministerio de Agricultura y Cría, el Ministerio de Comunicaciones, el Consejo Venezolano del Niño, el Banco Industrial, la Oficina Nacional de Cambio y la de Control de Exportaciones, y se firmó el discutido Tratado de Delimitación de Fronteras con Colombia.

Pese a las circunstancias políticas adversas con las que tuvo que lidiar el viejo general en jefe, con títulos ganados en los campos de batalla, la constitución de 1961, veinticinco años después le designó senador vitalicio, reconociendo a su gobierno la condición de régimen democrático y, a su fallecimiento en 1973, se le rindieron honores de Jefe de Estado. Paradójicamente, en el Senado compartió curul con sus antiguos adversarios, Rómulo Gallegos, Rómulo Betancourt y Raúl Leoni, todos ex Presidentes que con excepción del primero, cumplieron sus respectivos mandatos constitucionales.

B. *El general Isaías Medina Angarita 1941-1945*

En 1941, asumió el poder el general Isaías Medina Angarita, quien desarrolla un gobierno de paz, de tranquilidad, de conciliación, de genuina democracia en la cual no se registró un preso político, de grandes realizaciones hasta que fue derrocado[121].

Durante ese período, las grandes potencias estaban sumidas en la segunda conflagración mundial del siglo XX, lo que evidentemente afectaba la economía nacional, alineando el

---

[121] Bottaro. *El surrealismo…*, p. 91.

gobierno con los "aliados" contra las fuerzas del "Eje". Al mismo tiempo, se abrió un compás absolutamente democrático dando cabida al libre juego del Partido Comunista de Venezuela y de Acción Democrática, y organizó su propio partido, el Partido Democrático Venezolano (PDV). Un régimen de absoluta libertad de prensa imperaba mientras el general aglutinaba a su alrededor a brillantes ministros como Estaban Gil Borges, Caracciolo Parra Pérez, Gustavo Herrera Grau y hasta el mismo Uslar Pietri, perennemente con su acertada prédica de la siembra petrolera, cayendo siempre en el vacío.

El problema de la sucesión presidencial comenzó a enturbiar el panorama político del país. De un lado, López Contreras dejó entrever posibles aspiraciones presidenciales y, ante su fracaso, optó por apoyar al doctor Diógenes Escalante, un abogado, diplomático y político de convicciones democráticas que había transcurrido cuatro décadas (1905-1945) de su vida al servicio de la diplomacia de los gobiernos de Castro y Gómez. Sin embargo, por su larga permanencia en el exterior, se decía que *"era un extraño, que no conocía al país, que era un lord inglés que nada tenía que ver con Venezuela, que hablaba español con acento extranjero [...] (cuando en realidad) [...] El era un político de largo ejercicio, aunque de la alta política, de la civilizada, no de la carnicería que hemos tenido aquí por política"*, como narra Francisco Suniaga[122].

Mayé Primera[123], en un estudio reciente, revela que Escalante fue el candidato de mayor consenso en nuestra historia al contar con el respaldo de todos los sectores políticos del país, afirmando que *"la historia no habla de lo que pudo ser, pero llama la atención cómo este personaje fue visto como el mesías por todas las tendencias políticas"*, al punto de que el desenlace fatal de una enfermedad imprevista que le impidió asumir el reto

---

[122] Francisco Suniaga. *El pasajero de Truman.* Editorial Mondadori, Caracas, 2008.
[123] Mayé Primera. *Exposición ante el Instituto de Altos Estudios de América Latina y el Centro de Estudios Estratégicos*, ambos de la USB, en conjunto con la Gobernación de Miranda y Venezuela Positiva, con el apoyo del Decanato de Estudios Generales. 28 al 29 de abril de 2010.

de dirigir a Venezuela durante un período de transición después de las dictaduras vividas, dejó un vacío político, debido a que la mayoría veían en él un hombre de principios que podía honrar el acuerdo de llamar a elecciones libres a los 2 años del inicio del proceso de cambio. Fue, continúa la investigación, *"una figura mesiánica y su ocaso fue el de todos...una figura política que no arrastraba masas, sin embargo, fue quien recibió el voto de confianza de todos los partidos políticos"*[124].

En el siglo XX venezolano se dieron pocos personajes como Escalante, y, sin duda, ninguno como él con el signo de la buena fortuna y, al propio tiempo, de la adversidad, como ha expresado Consalvi[125]. El hombre de las circunstancias que había logrado el consenso político alrededor de su personalidad para suceder a Medina, cayó víctima de una sorpresiva demencia senil -*"la peripecia más infortunada vivida por Venezuela en el siglo XX"*, dice Suniaga[126]- lo que obligó a considerar a otros candidatos, resultando seleccionado el doctor Angel Biaggini. La historia es conocida: la candidatura de éste fue rechazada por los grupos de oposición que se habían acordado acerca de la personalidad de Escalante y una conspiración cívico militar dio al traste con el gobierno del general Isaías Medina Angarita un 18 de octubre de 1945.

Años después, el general Medina, al justificar su aceptación del triunfo del golpe de estado que lo derrocara, exclamó para las generaciones ulteriores[127]:

> *Este sacrificio lo hice por honda convicción y no con miras a que se me reconociera algún día. Pero algún día, vivo o muerto, la conciencia de Venezuela habrá de decir que Isaías Medina, puesto en la tremenda disyuntiva de sacrificar a su persona o ensangrentar su tierra, no vaciló en sacrificar a su persona.*

---

[124] Primera. *Exposición...*
[125] Simón Alberto Consalvi. *El pasajero de Truman.* Disponible en: http://informe21.com/blog/simon-consalvi/pasajero-truman
[126] Suniaga. *El pasajero...*, p. 16
[127] Isaías Medina Angarita. *Cuatro años de democracia.* Editorial Ex Libris. Caracas, 1992. El general Medina Angarita falleció en 1953.

La sentencia de la historia al juzgar a Medina le ha reconocido a su gobierno numerosos éxitos. Silva Luongo[128], más de medio siglo después lo sentencia así:

En materia de derechos humanos y, sobre todo, respecto al ejercicio de las libertades públicas, es difícil que alguno de los presidentes que ha tenido el país después de Medina, pueda exhibir el limpio historial que caracterizo a su gobierno...La sana convivencia de entonces, en un país sin el acoso del hampa, los servicios públicos funcionando y una nación para creer, parecen hoy día pertenecer a un pasado muy remoto.

2. *La economía y el petróleo entre 1936 y 1945*

Desde la muerte del general Gómez, los sectores políticos emergentes consideraban que había que lograr que el Estado resultara más favorecido en el negocio petrolero. Para ello, el general Medina promulgó una nueva Ley de Hidrocarburos en 1943, la cual aumentó a 16,67% la regalía, aplicable a todas las concesiones, valiéndose de la situación internacional marcada por la Segunda Guerra Mundial, 1939-1945 y la urgente necesidad que tienen los países aliados -Estados Unidos y Gran Bretaña, principalmente- de suplirse del petróleo venezolano. Hasta entonces, cada concesión pagaba una regalía distinta, porque cada una se regía de acuerdo con el contrato o la ley vigentes en el momento en que fue otorgada. El promedio de las regalías pagadas en 1943 era de 9%, por lo que el aumento a 16,67 era sustancial[129].

Además, todas las concesiones entonces vigentes fueron derogadas y otorgadas nuevamente por cuarenta años. Las compañías aceptaron que el Estado estableciera unilateralmente los impuestos que debían pagar. Entre ellos, el más importante fue el recién creado impuesto sobre la renta a

---

[128] Aguiar. "El Petróleo". En: *De la revolución restauradora...*, p. 363.
[129] *Un quinquenio de reformas petroleras. La Ley de Hidrocarburos de 1943*. Disponible en:
http://www.kalipedia.com/historia-venezuela/tema/venezuela-entra-siglo-xx/ley-hidrocarburos-1943.html?x=20080803klphishve_4.Kes&ap=1

través de la Ley de Impuesto sobre la Renta de 1942, que pechó con un máximo de 12% las ganancias de las empresas petroleras. Por último, las compañías quedaron obligadas a construir refinerías en Venezuela. En esos días, Arturo Uslar Pietri lanzó por primera vez su conocida frase: *Sembremos el petróleo!*.

También fue promulgada la Ley de Reforma Agraria (1945); y en lo social, la Ley del Seguro Social Obligatorio con la creación del Instituto Central de los Seguros Sociales en 1940, se reglamentó la Ley de Sociedades Cooperativas, se reformó la Ley del Trabajo y se oficializó el reglamento del trabajo en el campo. Antes de su derrocamiento, suscribió el primer contrato colectivo en la industria petrolera, el mayor logro del Presidente Medina en materia laboral.

Durante su gobierno, Medina también realizó la reurbanización de El Silencio, el primer paso hacia la modernización de Caracas y proveyó de viviendas a familias de clase media. En educación, se expropió la Hacienda Ibarra para construir la Universidad Central de Venezuela.

3. *El sistema judicial entre 1936 y 1945*

En el período que transcurrió desde 1935 a 1945, la cúspide del Poder Judicial fue ocupada por honorables abogados que se desempeñaron eficaz y eficientemente en los años anteriores y, por esa razón, se observa como el doctor Arminio Borjas Pérez continúa en la Presidencia de la Corte Federal y de Casación, y se integraron en ese alto Tribunal con otros distinguidos juristas de la talla de los doctores José Ramón Ayala, Pedro Arismendi Lairet, Héctor Montero, Alonso Calatrava. El doctor Arismendi Lairet se incorporó a la Academia de Ciencias Políticas y Sociales con su trabajo denominado *Irretroactividad de la Ley en materia contractual,* siendo también conocida doctrinalmente su obra *Autonomía de la Acción de Daños y Perjuicios"*[130]. También el doctor Calatrava, quien

---

[130] *Boletín de la Academia de Ciencias Políticas y Sociales,* octubre-diciembre N° 4, Caracas 1939.

fuera Jefe de la Oficina Nacional del Trabajo y decidido promotor de la Ley del Trabajo de 1936, fue miembro de la Academia de Ciencias Políticas y Sociales.

En los tribunales de instancia de distintas circunscripciones judiciales del entonces Distrito Federal ostentaron cargo de jueces los doctores Antonio Landaeta Payares, Manuel Casas Briceño, Juan Bautista Machado, Guillermo Ramírez Álvarez, Fernando Martínez Aristeguieta, Mario Cordido Miralles, Martín Osorio, Diego Godoy Troconis y Miguel Salazar Yánez, quienes permanecieron en sus cargos hasta sus jubilaciones en 1962, como se verá *infra*. Son jueces que solucionaron seriamente, como simples componedores, los conflictos que llegaban a sus despachos en busca de justicia, sin alardes de grandes doctrinas ni expresiones de sabiduría jurídica, pero que entendían a cabalidad la misión de dar a cada uno lo suyo.

VII
EL ESCENARIO INSTITUCIONAL ENTRE 1945 Y 1948

El derrocamiento del general Medina Angarita el 18 de octubre de 1945 lo dirigió una alianza cívico militar que instauró una Junta de Gobierno presidida por Rómulo Betancourt e integrada por los civiles Luis Beltrán Prieto Figueroa, Gonzalo Barrios y Edmundo Fernández, y los mayores Carlos Delgado Chalbaud y Mario Vargas. Un amanecer democrático nacido de un golpe de estado con el nombre de Revolución de Octubre contra un gobierno constitucional, que luego se conocerá como el trienio adeco.

1. *La Junta Revolucionaria de Gobierno*

Con la Junta de Gobierno se dio inicio a una política destinada a cambiar las viejas estructuras por otras novedosas que, en criterio de los promotores, eran verdaderamente democráticas, procediendo a designarse una Asamblea Nacional Constituyente que dio a luz a la Constitución de 1947, con dos de sus conquistas, el voto de la mujer y el sufragio popular, directo y secreto para la elección del Presidente de la República y los miembros del Congreso.

Oclocráticamente, para ganarse el fervor de las masas, del hombre mediocre que dibuja el escritor argentino José Ingenieros, la Junta Revolucionaria en sus primeras actuaciones -el 27 de noviembre de 1945- creó el Jurado de Responsabilidad Civil y Administrativa, una parodia jacobina disfrazada de tribunal administrativo que decidía conforme a su leal saber y entender, destinada a enjuiciar y condenar sin fórmula de juicio a 166 personeros, familiares y terceros seleccionados para el dictamen de la Justicia moralizadora[131]. Numerosos ex funcionarios de los gobiernos anteriores fueron víctimas de la depredación justiciera y revolucionaria, tales como Vincencio Pérez Soto, Juan B. Celis Paredes, Ignacio Andrade, Pedro Manuel Arcaya, Félix Galavís, Arturo Uslar Pietri, Luis Gerónimo Pietri, Rafael Simón Urbina, entre otros, además de los ex Presidentes López Contreras y Medina Angarita. Irónicamente, los bienes del fallecido general Juan Vicente Gómez fueron expropiados nuevamente.

La cuestionada innovación en el sector educación, la reforma agraria, la apertura a la inmigración europea y otras medidas, más de corte efectista que de seria acción de gobierno, fueron ejecutadas con el deliberado propósito de que el proceso revolucionario se enclavara en el poder dentro del marco de la Constitución de 1947 aprobada por la Asamblea Constituyente. Los civiles que conjuntamente con los militares promovieron el alzamiento contra el gobierno constitucional del general Medina Angarita, entre ellos los más conspicuos dirigentes de Acción Democrática, estaban convencidos de que, al asirse del poder, estaban dando los pasos correctos hacia el establecimiento de una democracia representativa. Tenían firmes convicciones civilistas y rechazaban toda clase de intervención militar en la vida política del país al aspirar tener el control de los instrumentos políticos y administrativos requeridos para celebrar elecciones libres y para iniciar un programa de audaces reformas sociales, para justificar la alianza cívico militar que generó el golpe de estado de 1945.

Acerca del trienio adeco, Bottaro[132] se expresa así:

[...] *sectario, perseguidor de ciudadanos honestos, soberbio, autoritario, que pretendió encallejonar a la sociedad venezolana en un mar de contradicciones y de permanente zozobra y descontento.*

---

[131] Aguiar. "La larga transición". En *De la revolución restauradora...*, pp. 91-92.
[132] Bottaro. *El surrealismo...*, p. 92.

Pese a la transcrita opinión, la historia registra que los primeros meses de la llamada "revolución de octubre" se caracterizaron por la relativa tranquilidad entre militares y civiles y entre el gobierno y los partidos políticos de oposición. El apoyo popular al gobierno, y por ende a AD, era mayoritario, en especial entre trabajadores, campesinos y jóvenes universitarios. En poco tiempo, Acción Democrática se convirtió en un gran movimiento de masas, en la primera fuerza política del país. Consalvi[133] consideró ese proceso político desde una perspectiva muy favorable porque promovió y aplicó por primera vez en Venezuela el ejercicio del voto popular directo y secreto como sistema para la elección del Presidente de la República y los miembros de los cuerpos legislativos y, al respecto, afirmó:

> *Abundan las razones para considerar que la Revolución de Octubre sea el suceso de mayor significación política en la historia venezolana desde la fundación de la República en 1830.*

2. *El escritor Don Rómulo Gallegos*

Aprobada la Constitución de 1947, y convocadas las primeras elecciones populares del siglo XX, resultó electo para la Presidencia de la República el afamado escritor don Rómulo Gallegos, obteniendo el partido Acción Democrática el mayor número de sufragios, con lo cual adquirió el control parlamentario del Congreso y le dio base para instaurar una autosuficiente y soberbia política sectaria, con marcados signos oclocráticos. Pensaban los dirigentes adecos que, con la legitimidad que le otorgaba el voto popular, con el prestigio intelectual del autor de Doña Bárbara y con el aval de la inteligencia continental, la tranquilidad del país estaba asegurada, con lo cual de un Rómulo pugnaz y detestado por sus enemigos -Betancourt-, sucedía otro Rómulo conciliador y respetado por sus adversarios, Gallegos.

---

[133] Simón Alberto Consalvi. *El voto popular en Venezuela*. Disponible en: http://www.analitica.com/va/politica/opinion/9798863.asp

Sin embargo, Gallegos, al igual como había sucedido mientras gobernaba la Junta Revolucionaria, tuvo que enfrentar varios alzamientos y conspiraciones.

Esas oposiciones, y los elementos más extremos de la derecha, estaban combinadas; y el sectarismo de los adecos, que prefería golpear por igual a unos y otros, impedía un pacto para poner fin al canibalismo político y en nada ayudaba la soberbia, la jaquetonería de AD y del propio Betancourt, como ha señalado Bottaro en su citada obra.

Esta situación originó una crisis que se apoderó del clima político. Los medios atacaban constantemente a Betancourt y se le acusaba de ser quien verdaderamente gobernaba a través de Gallegos, lo que generó un gran malestar en éste último. Esto causó roces en la relación de los dirigentes, al punto que Gallegos invitó a aquél a que se marchara al exterior, aunque se especuló que la salida del país del dirigente adeco fue una exigencia del alto mando militar que conllevaba, además, un pedido del desmantelamiento y desarme de las milicias de AD y el reemplazo de ministros afiliados a ese partido para sustituirlos por independientes.

Fatalmente cuando, negado Gallegos a negociar con los militares, el gobierno dio al traste el 24 de noviembre de 1948, sin un tiro, sin resistencia de ninguna clase, a través de un golpe de estado presidido por el propio ministro de la Defensa, teniente coronel Carlos Delgado Chalbaud, con lo cual mueren los sueños de los promotores de la gloriosa revolución de octubre, símil de opereta de la revolución rusa de 1917.

El doctor Ramón J. Velázquez[134] ha expuesto positivamente los logros del trienio adeco y el gobierno del Presidente Gallegos, tomando en cuenta que muchas de las metas cumplidas antes del 24 de noviembre de 1948 se habían iniciado durante la Revolución de Octubre, haciendo alusión a la funda-

---

[134] Ramón J. Velázquez. *Aspectos de la evolución política de Venezuela en el último medio siglo.* "Venezuela moderna (1926-1976). Fundación Eugenio Mendoza, Caracas, 1976, p. 99.

ción de nuevos partidos políticos, la captación de la masa estudiantil, la creación de más de 500 sindicatos más la posibilidad de sus dirigentes de tratar frente a frente a sus patronos, y la posibilidad de que, por primera vez en la historia patria, comerciantes, agricultores, hombres de clase media y dirigentes sindicales descubran las ventajas de vivir en un régimen de derecho donde pudieran defender sus intereses. Al efecto, al dar al trienio adeco una dimensión futurista de sus actuaciones, concluyó Velázquez:

> [...] *en los tres años transcurridos entre 1945-1948 habían ocurrido en el país grandes acontecimientos políticos y sociales que determinarían el rumbo del futuro de Venezuela.*

Por su parte, Arráiz Lucca[135] comparte la opinión de Velázquez sobre la ampliación de los espacios de participación política durante el trienio adeco y al efecto sostiene:

> *Quien afirme que la política venezolana se democratizó entonces, no exagera, ya que el escenario supuso rostros nuevos en la arena pública: obreros, dirigentes regionales, estudiantes, mujeres alzaron sus voces para opinar sobre asuntos que antes estaban reservados para una élite militar, empresarial, tecnocrática en algunos casos, intelectual en otros.*

3. *La economía y el petróleo*

Durante el período revolucionario se firmaron los primeros contratos colectivos a los obreros venezolanos, se dio libre cabida a los sindicatos de trabajadores, y se constituyó la central única de trabajadores bajo la denominación de Confederación de Trabajadores de Venezuela (CTV), organización que mantuvo importante predominio en la escena de las relaciones obrero patronales, especialmente en las actividades de hidrocarburos, hasta finales del siglo XX.

---

[135] Rafael Arráiz Lucca. *El "trienio adeco" (1945-1948) y las conquistas de la ciudadanía.* Biblioteca Rafael Arráiz Lucca 05, Editorial Alfa, pp. 93-94.

Al instaurarse en el poder, la Junta, por decreto del 31 de diciembre de 1945, dispuso que las empresas operadoras petroleras debían pagar un impuesto extraordinario que pasó de 12% hasta 20% por las ganancias obtenidas y que el año siguiente se aumentó hasta el 28,5%, y luego hasta un 50%, conocido coloquialmente como el *fifty-fifty*, lo que ocasionó una favorable situación económica nacional al haberse incrementado también la producción petrolera.

Como siempre, el petróleo sirviendo de financiamiento de la actividad estatal.

4. El sistema judicial entre 1945 y 1948

A pesar del manifiesto sectarismo adeco, durante los tres años que transcurrieron a partir de 1945, pocos cambios se observaron en el Poder Judicial. Se recuerda que ingresaron como jueces de los Juzgados de Primera Instancia del Distrito Federal los doctores René De Sola y César Naranjo Ostty; y, a raíz de la instauración de la Corte Suprema de Justicia en la Constitución de 1947, juristas como Luis Loreto, Rafael Pizani, Lorenzo Herrera Mendoza, Alejandro Urbaneja Achelpohl pasaron a formar parte de la institución judicial, junto con el doctor Julio Horacio Rosales quien, a raíz del derrocamiento de Gallegos, presentó su renuncia a la magistratura en protesta por la acción golpista que puso fin a ese régimen democrático. Por supuesto, como las Constituciones que la precedieron, la de 1947 también reconocía la independencia judicial, sobre la cual el abogado y académico de la Lengua, Alexis Márquez Rodríguez[136] se ha manifestado así:

> En cuanto al Poder Judicial, fue asimismo bastante independiente de los otros poderes, aunque hubo algunos hechos de presión política sobre jueces en determinados casos.

---

[136] *Rómulo Betancourt y la década de los sesenta*. Conferencia dictada en la Universidad Católica Andrés Bello, de Caracas.
Disponible en:
http://74.125.113.132/search?q=cache:W0M1uEo0zf4J:www.conlalengua.com/betancourt.pdf+jueces+perezjimenistas&hl=es&ct=clnk&cd=22&gl=ve

De los magistrados de ese período, el doctor Luis Loreto ha sido reconocido por sus *Estudios de Derecho Procesal Civil*, dentro de los cuales vale la pena mencionar *Contribución al Estudio de la Excepción de Inadmisibilidad por Falta de Cualidad*. El doctor Rafael Pizani por su larga trayectoria como profesor de Filosofía del Derecho en la Universidad Central de Venezuela; así como el doctor José Ramón Ayala, miembros de la Academia de Ciencias Políticas y Sociales; y el doctor Lorenzo Herrera Mendoza, también académico y autor de numerosas monografías sobre asuntos relativos al *Derecho Internacional Privado*, es objeto de un tributo con el Libro Homenaje al doctor Lorenzo Herrera Mendoza[137].

---

[137] Universidad Central de Venezuela. Facultad de Derecho. 1970.

VIII
EL ESCENARIO INSTITUCIONAL
ENTRE 1948 Y 1958

Con el inicio de la década militarista que presidió la Junta de Gobierno que derrocó a Gallegos, conocida popularmente como los "tres cochinitos" e integrada por los tenientes coroneles Carlos Delgado Chalbaud -quien la preside-, Marcos Pérez Jiménez y Luis Felipe Llovera Páez, antiguos socios de los dirigentes adecos que promovieron el golpe de 1945, comenzó una nueva etapa política caracterizada por una autocracia que Andres Stambouli[138] denomina militarismo desarrollista.

1. *La Junta Militar de Gobierno*

Caído el Presidente Gallegos, la Junta Militar procedió a la designación del gabinete ministerial integrado por destacadas personalidades: Luis Emilio Gómez Ruiz, en el Ministerio de Relaciones Exteriores; Augusto Mijares, en el Ministerio de Educación; Gerardo Sansón, en el Ministerio de Obras Públicas; Aurelio Arreaza Arreaza, en el Ministerio de Hacienda; Antonio Martín Araujo, en el Ministerio de Sanidad; Pedro Ignacio Aguerrevere, en el Ministerio de Fomento; Rubén Corredor, en el Ministerio del Trabajo; el coronel Jorge Marcano, en el Ministerio de Comunicaciones; y el general

---

[138] Andrés Stambouli. *La política extraviada. Una historia de Medina a Chávez* (Fundación para la Cultura Urbana, Caracas: 2005).

Juan de Dios Celis Paredes, en la Gobernación del Distrito Federal.

Políticamente, con la Junta Militar se dio inicio a una era de represión y sojuzgamiento de las fuerzas democráticas, resultando ilegalizados Acción Democrática y el Partido Comunista de Venezuela; y en 1950, inesperadamente un grupo de facinerosos dirigidos por un longevo caudillo regional, Rafael Simón Urbina, puso fin a la vida del teniente coronel Carlos Delgado Chalbaud en una emboscada que aún se discute si el mismo Pérez Jiménez estuvo involucrado en ello. El mayor Santiago Ochoa Briceño, uno de los pocos militares que se había mantenido fiel al general Medina Angarita al producirse el derrocamiento de éste en 1945, fue enviado a prisión por dos años al denunciar, en 1951, en carta pública dirigida al coronel Pérez Jiménez, el asesinato de Delgado Chalbaud y la tendencia del régimen militar a transformarse en una dictadura personal[139].

A raíz de este trágico y absurdo episodio, porque Delgado Chalbaud se perfilaba como una posible salida hacia la democracia, creencia que se fundamentaba en su formación francesa, los usurpadores del poder incorporaron a un prestigioso abogado y profesor universitario que en su juventud había participado en las revueltas del año 28 contra el régimen de Gómez, el doctor Germán Suárez Flamerich, quien pasó a desempeñar el papel de "tonto útil" pues las riendas del mando las conservaba Pérez Jiménez. La represión política estaba a la orden del día y cualquier disenso del régimen era perseguido y sancionado al arbitrio de la Seguridad Nacional. La cárcel y el exilio fueron destinos seguros para los disidentes del régimen.

---

[139] Santiago Ochoa Antich. *Aves de rapiña sobre Venezuela*. Diario El Universal edición del 1 de noviembre de 2010. Disponible en:
http://www.eluniversal.com/2010/10/31/opi_art_aves-de-rapina-sobre_ 31 A4670211.shtml

2. El general Marcos Pérez Jiménez

Convocado el país a la elección de una Asamblea Nacional Constituyente en 1952, en el cual participaron los seguidores de Pérez Jiménez a través del Frente Electoral Independiente (FEI), resultó ganadora la fórmula democrática representada por Unión Republicana Democrática (URD), lo cual creó una efímera esperanza a los venezolanos que se encontraban en la prisión y el destierro; pero los sueños de libertad resultaron frustrados cuando los líderes de la organización triunfadora en los comicios fueron expulsados del país, entre ellos Jóvito Villalba e Ignacio Luis Arcaya. Así, se consumó un fraude electoral que consolidó al coronel Marcos Pérez Jiménez como Presidente de la República al resultar elegido como Presidente por la Asamblea Constituyente que diera a luz a la Constitución de 1953, galardonado más tarde con el grado de general de la República.

En ejercicio del gobierno, el dictador se rodeó de un sector importante de las clases intelectual y social. Laureano Vallenilla Lanz (Planchart), José Loreto Arismendi, Aureliano Otáñez, Armando Tamayo Suárez, Luis Felipe Urbaneja, Silvio Gutiérrez, Pedro Guzmán, Edmundo Luongo Cabello, Carlos Tinoco Rodil, entre otros, integraron el gabinete ministerial, todos fieles a la política de desarrollismo militarista que, bajo el lema del *"nuevo ideal nacional"* propugnaba Pérez Jiménez, mientras el doctor Luis Cova García[140] le daba justificación jurídica al régimen.

En lo político, la acción represiva iniciada a partir de la caída del gobierno de Gallegos se incrementó a medida que el régimen se aferraba. La tristemente célebre y tenebrosa Seguridad Nacional, a cargo de personajes que parecían sacados del Atlas de Lombroso: Pedro Estrada, un turbio personaje de apariencia fría y educada, Ulises Ortega, el "negro" Miguel Silvio Sanz, el "mocho" Delgado y el "bachiller" Castro,

---

[140] *Fundamento jurídico del Nuevo Ideal Nacional*. Editorial Jaime Villegas, Caracas, 1955.

según informa Carlos Arcaya[141], se encargaban de perseguir a los adversarios, enviarlos a los calabozos de la Seguranal y posteriormente, a una suerte de campo de concentración, la temida Guasina, donde los presos políticos fueron objeto de violaciones de sus derechos humanos, habiéndose caracterizado el perezjimenismo por la persecución, la tortura y hasta el asesinato de líderes y militantes de partidos políticos que le adversaron férreamente en la clandestinidad, y hasta a cielo abierto, como apunta Bottaro[142]. Otros adversarios, para librarse de las garras represivas, se vieron obligados a refugiarse con sus familias en el exilio en Madrid, ciudad de México, La Paz, Montevideo, La Habana y Santiago de Chile, y hasta en Nueva York.

La seguridad personal existía para todo aquel que no contrariara la política implacable del régimen, dando lugar a una aparente paz social, aunque las persecusiones políticas eran conocidas, por lo que frecuentemente se justificaban: *"Eso le pasa por meterse con el gobierno"*.

A. *El plebiscito y la caída del régimen*

La errada política desplegada por personeros del gobierno destinada a la reelección presidencial mediante un fraudulento plebiscito que fue protestado públicamente por una huelga de estudiantes que el 30 de noviembre de 1957 paralizó a la educación media y universitaria, aunado al hecho de que comenzaban a surgir las primeras brechas en las finanzas públicas, facilitó que los partidos democráticos, en la clandestinidad junto con la Junta Patriótica, convocaran a una huelga general que a dos días de ella, originó que el autócrata abandonara el país con tanto miedo que dejó en el aeropuerto la famosa maleta con millones de bolívares y papeles privados, a su madre y al para ese momento su jefe de Seguranal, Régulo Fermín Bermúdez, según narra Carlos Arcaya[143]. El conte-

---

[141] Carlos Arcaya. *Recuerdos de medio siglo*, p. 73.
[142] Bottaro. *El surrealismo...*, p. 94.
[143] Carlos Arcaya. *Recuerdos de medio siglo*. Caracas, 1992, p. 84.

nido de esa olvidada valija sirvió, junto con otros elementos probatorios, para que la Corte Federal solicitara a los Estados Unidos la extradición del ex dictador y para que, años más tarde, la Corte Suprema de Justicia lo condenara a cumplir la pena de prisión.

B. *El ilusorio come back del senador Marcos Pérez Jiménez*

Por ironías del destino, diez años exactamente después, el mismo pueblo de Caracas que le había sacado del poder, eligió a Pérez Jiménez primer senador por el Distrito Federal al alcanzar el mayor número de votos en las elecciones legislativas. Sin embargo, una trapisonda jurídica conectada al interés de los partidos políticos de impedir su presencia en el Hemiciclo del Senado, permitió que su elección fuera anulada, impidiéndole ocupar su curul; y a raíz de esa circunstancia, la Constitución de 1961 fue objeto de una enmienda de dudosa esencia democrática que preveía que no podrían ser elegidos Presidente de la República, Senador o Diputado al Congreso, ni Magistrado de la Corte Suprema de Justicia, quienes hubieran sido condenados mediante sentencia definitivamente firme, dictada por Tribunales Ordinarios, a pena de presidio o prisión superior a tres años, por delitos cometidos en el desempeño de funciones públicas, o con ocasión de éstas.

3. *La economía y el petróleo*

En el aspecto del desarrollo económico, Caracas recibió todas las caricias del régimen lo que permitió su crecimiento desde aquella bucólica ciudad que describiera José A. Pérez Bonalde como la sultana del Ávila, para pasar a ser una moderna capital a la altura de las ciudades norteñas ajustadas al *American dream*, mientras se expandía la clase media. La autopista que une a Caracas con La Guaira facilitó el acceso de bienes y servicios importados que entraban por el puerto marítimo de esta última, facilitando el aumento del consumo en la capital de la República, la cual vio incrementar el tránsito automotor con la incorporación de los últimos modelos de automóviles importados de los Estados Unidos y Europa, los cuales disfrutaban de las modernas vías de comunicación inauguradas por el régimen. La industria de la construcción adquirió un papel predominante en el mundo de las inversiones a través del apoyo oficial en las áreas de infraestructura, desarrollo urbano y viviendas.

La guerra de Corea de 1951 y el cierre del canal de Suez en 1956, favorecieron el aumento de los ingresos por concepto del petróleo y se otorgaron nuevas concesiones a las compañías petroleras extranjeras, que incorporaron más de 800 mil hectáreas adicionales de exploración. Con los ingresos petroleros se creó el Instituto Venezolano de Petroquímica en Morón con capital del estado, y se financiaron otras obras de construcción. Nuevamente, el petróleo como arma de financiamiento del Estado venezolano; y Venezuela nadaba en la abundancia, convertida en el primer país exportador de petróleo del mundo.

4. *El sistema judicial entre 1948 y 1958*

El 4 de diciembre de 1948, o sea, 10 días después del asalto al poder por parte de los militares golpistas, la Junta resolvió remover a los magistrados de la Corte Suprema de Justicia y designar a quienes les sustituirían con el título de Vocales de la Corte Federal y de Casación, por haber sido anulada la Constitución de 1947 y puesta en vigencia la derogada de 1936. Como vocales titulares, fueron designados reconocidos abogados, como Principales: Alberto Díaz, Héctor Parra Márquez, Rafael Ángel Camejo, Ramón Massino Valén, Carlos Montiel Molero, Francisco Ruiz Rodríguez, Esteban Agudo Freites, Antonio Gordils y Julio César Leáñez Recao. Como Suplentes: F. S. Angulo Ariza, Luis Villalba Villalba, Carlos Tinoco Rodil, Eudoro Sánchez Lanz, Edmundo Luongo Cabello, Luis Eduardo Moncada, J. M. Gómez Mora, René Lepervanche Parpacén, Julio Díez y Alberto Arvelo Torrealba. *"De nuevo, varios personajes vinculados al lopecismo y el medinismo que regresan a la palestra pública"*, afirma Arráiz Lucca[144].

---

[144] Arráiz Lucca. *El "trienio adeco"*, p. 136.

A raíz de la promulgación de la Constitución de 1953, la Corte Federal y Corte de Casación mantuvo a varios de los vocales designados en 1948, incorporándose para cubrir las vacantes a los doctores Gustavo Manrique Pacanins, Darío Parra, Ibrahim García y Tulio Chiossone. También esta Constitución contenía normas que determinaban la independencia judicial. El doctor Manrique Pacanins, miembro de la Academia de Ciencias Políticas y Sociales, era conocido por su importante recopilación jurisprudencial y por su desempeño como Procurador General de la Nación.

Con respecto al Poder Judicial durante este decenio, Pérez Jiménez contó con un honorable ministro de Justicia, el doctor Luis Felipe Urbaneja, quien creó un sistema judicial regido por magistrados honrados e imparciales al amparo de la Ley Orgánica del Poder Judicial promulgada por el régimen y, como afirma Carlos Ball[145], si bien en el campo político se cometieron detestables injusticias, no ocurría lo mismo en los tribunales, lo que no significa que ese grado de autonomía podía permitir a un juez que acudiera a la Seguridad Nacional a verificar si había algún detenido o si éste había sido maltratado, o realizar una inspección ocular en el campo de concentración de Guasina o en la horrenda cárcel de Ciudad Bolívar para constatar las infrahumanas condiciones de vida de los presos políticos. Ball, esta vez con Carlos Sabino, ha insistido en el buen desempeño del sistema judicial durante el perezjimenato en estos términos[146]:

> *En tiempos de la dictadura del general Marcos Pérez Jiménez había lamentablemente ciertos sectores, como la Seguridad Nacional y el Departamento de Compras del Ministerio de Defensa, que se situaban por encima de la justicia ordinaria. Pero, apartando esas irregularida-*

---

[145] Carlos Ball. "Por qué América Latina no progresa". La Ilustración Liberal. *Revista española y americana.* N°. 33, Otoño 2007. Disponible en: http://www.libertaddigital.com/ilustracion_liberal/articulo.php/775

[146] Carlos Ball y Carlos Sabino. *El caso Venezuela.* Disponible en: http://74.125.45.132/search?q=cache:jnYG7RunGg0J:paginas.ufm.edu/sabino/word/Articulos_sobre_temas_economico_sociales/el_caso_venezuela.pdf+%22luis+felipe+urbaneja%22&hl=es&ct=clnk&cd=42&gl=ve

des, los profesionales más honorables y respetados eran seleccionados como jueces por el Dr. Luis Felipe Urbaneja, ministro de Justicia, y confirmados por el presidente de la República, quien entonces asumía la responsabilidad personal del nombramiento de jueces idóneos.

Como afirman Ball y Sabino, la estructura judicial estaba bajo la dependencia del doctor Luis Felipe Urbaneja, primer Ministro de Justicia a raíz de la fundación de esta cartera ministerial en 1952 y, durante su loable gestión, se dictaron numerosas normas destinadas al mejor funcionamiento del sistema judicial y otros aspectos, como el régimen del notariado y la creación del Registro Mercantil en Venezuela. Asimismo, a iniciativa del doctor Urbaneja, se reformó parcialmente el Código de Comercio en 1955 y se promulgó la primera Ley de Fideicomisos, aún vigente.

De acuerdo a las ideas del Ministro de Justicia, la designación de los jueces estaba a cargo de la Corte Federal en cada período constitucional, quien les nombraba de una lista elaborada por el Ministerio de Justicia, con excepción de los entonces denominados jueces de instrucción con competencia en lo penal, los cuales eran investidos directamente por el citado Ministerio.

Para completar una lista de candidatos, el Ministerio de Justicia, a través de la Dirección de Justicia[147], evaluaba la gestión de los jueces que venían ejerciendo sus funciones y a la vez estudiaba el *curriculum vitae* de cada aspirante. De esta manera, la Corte Federal podía fácilmente estudiar la lista que le era sometida a su consideración y hacer los nombramientos para el siguiente período constitucional, o rechazar-

---

[147] A raíz del inicio de la etapa democrática, el nombramiento de los jueces continuó haciéndose a través de este proceso, es decir, el Ministerio de Justicia preparaba las ternas de candidatos y las sometía a la Corte Federal (y luego a la Sala Político Administrativa de la Corte Suprema de Justicia) para que efectuara los nombramientos. Durante años, la Dirección de Justicia estuvo a cargo del doctor Rafael Moreno, experimentado profesional del derecho quien luego pasaría a desempeñarse como Magistrado del Consejo de la Judicatura.

los mediante solicitud al Ministro de Justicia para que elaborara una nueva lista, como informa Pérez Perdomo[148].

Para 1955, el Ministro de Justicia Luis Felipe Urbaneja[149], en su Memoria y Cuenta al Congreso, expresaba:

El funcionamiento de los tribunales ha sido excepcionalmente satisfactorio. Se ha evitado la paralización de procesos y el número de decisiones ha señalado una actividad superior a otros años, y muy especialmente en materia penal la celeridad de las causas se ha ajustado en lo posible a los términos legales evitando demoras injustificadas.

---

[148] Rogelio Pérez Perdomo. *Medio siglo de historia judicial (1952-2005)*. Cuadernos Unimetanos 11/ septiembre 2007, p. 5. Disponible en: http://www.ulpiano.org.ve/revistas/bases/artic/texto/RDUNIMET/11/RDUNIMET_2007_11_3-24.pdf

[149] Cita de Pérez Perdomo, *Medio siglo...*, p. 7.

IX
EL ESCENARIO INSTITUCIONAL ENTRE 1958 Y 1968. LOS PRIMEROS DIEZ AÑOS DE UNA DEMOCRACIA DE CONSENSO

El 23 de enero de 1958 surgió un nuevo amanecer democrático, fecha inolvidable para la democracia venezolana, cuando el golpe de estado desplazó al déspota de turno, luego de mantenerse en el poder por un período de diez años, desde el derrocamiento del Presidente Rómulo Gallegos.

1. *La Junta de Gobierno*

Escapado el general Marcos Pérez Jiménez del país, una Junta de Gobierno asumió el control del gobierno, la cual, en su Acta constitutiva del 23 de enero de 1958, mantuvo en plena vigencia el ordenamiento jurídico nacional en cuanto no colidiera con dicha acta y con la realización de los fines del nuevo gobierno, a cuyo efecto la Junta dictaría las normas generales y particulares que aconseje el interés de la República inclusive las referentes a nueva organización de las ramas del Poder Público, limitándose a asumir todos los poderes del Estado y especialmente el Poder Ejecutivo, y disolviendo el Congreso Nacional mediante el Decreto N° 11 del 29 de enero de 1958.

El breve mandato de la Junta de Gobierno, presidida inicialmente por el contralmirante Larrazábal y luego por el doctor Edgar Sanabria, obedecía al interés general de institucionalizar la democracia mediante un proceso electoral del cual surgiera un gobernante que contara con el apoyo de los tres principales partidos políticos: Acción Democrática, Copei y Unión Republicana Democrática, partidos que se habían aglutinado bajo el Pacto de Punto Fijo, un acuerdo de gobernabilidad suscrito el 31 de octubre de 1958 en el que se fijaban unos principios generales de actuación política, aceptados incluso por el Partido Comunista de Venezuela, a los cuales se comprometían con el objeto de mantener la vigencia del sistema democrático en el país.

Entretanto, la Junta de Gobierno enfrentaba y controlaba pequeñas asonadas militares promovidas por ambiciones personales de sus cabecillas, incurriendo en materia económica y social en el garrafal error de instaurar el llamado Plan de Emergencia, mediante el cual se pretendió dar limosnas a manos llenas a los pobres del valle de Caracas[150]. También, la Junta de gobierno dictó un decreto mediante el cual aumentaba la participación del Estado en las regalías petroleras hasta un 60%.

El Poder Judicial no fue sujeto a disolución ni hubo purga de jueces lo que confirma la respetabilidad de éstos y su marginalidad política, como dice Pérez Perdomo[151]. A este respecto, Ball y Sabino[152] reafirman en el decenio 1948-1958 esa rama del Poder Público mantuvo su independencia:

La prueba del buen funcionamiento de la justicia venezolana de esos tiempos es que ningún juez fue destituido después del 23 de enero de 1958, cuando cayó el régimen perezjimenista y comenzó la nueva era democrática.

---

[150] Bottaro. *El surrealismo...*, p. 97.
[151] Pérez Perdomo. *Medio siglo...*, p. 7.
[152] Ball y Sabino. *El caso Venezuela*.
http://74.125.45.132/search?q=cache:jnYG7RunGg0J:paginas.ufm.edu/sabino/word/Artilossobretemaseconomicosociales/elcasovenezuela.pdf+%22luis+felipe+urbaneja%22&hl=es&ct=clnk&cd=42&gl=ve

2. Presidencia de don Rómulo Betancourt 1959-1964

Celebradas unas elecciones libres, Rómulo Betancourt, el otrora combativo dirigente izquierdista que catorce años antes se había aliado a los militares para derribar el gobierno democrático del general Medina Angarita, fue electo Presidente de la República, en un país lleno de esperanzas democráticas y ansias de libertad, en medio de una potencial crisis financiera como consecuencia del mal manejo de la deuda externa de la dictadura. Sin embargo, el viejo zorro político que a la postre sería llamado el "padre" de la democracia, se mantuvo fiel al Pacto de Puntofijo, cuyos principios el investigador Andrés Stambouli[153] resume así:

-. La tesis petrolera de Acción Democrática (o mejor decir de Juan Pablo Pérez Alfonzo y que algunos señalan a Rómulo Betancourt como su autor) que tenía como objetivo: el incremento de los ingresos petroleros del Estado por medio de un creciente control estatal de la industria, que no es otro que el llamado "Pentágono Petrolero" formado por: 1. No más concesiones, 2. Creación de la Corporación Venezolana del Petróleo (CVP), 3. Aumento del control del Estado sobre la industria a través de una mayor fiscalización sobre precios y volúmenes de producción, 4. La participación de las compañías petroleras en los beneficios del negocio no debía exceder de "límites razonables" y por tanto el Estado debía incrementar su participación para poder cumplir con el principio del "petróleo como servicio público", y 5. La política internacional de defensa de los precios del petróleo por medio de la creación de la OPEP; el objetivo final era la nacionalización;

-. Masificación de la educación con la participación de la Iglesia, con el abandono de la tesis educativa de Acción Democrática que planteaba el "Estado docente"; ahora se aceptaría una gran inversión para lograr la matriculación de por

---

[153] Andrés Stambouli. *El "puntofijismo" (Pacto de Puntofijo, 31 de octubre de 1958) como proyecto de país (y III)*. Disponible en:
http://venezuelaysuhistoria.blogspot.com/2008/06/el-puntofijismo-pacto-de-punto-fijo-31_12.html

lo menos de todos los niños en la educación básica, y gradualmente de los otros niveles del sistema educativo. En esta inversión y esfuerzo participaría la Iglesia;

-. Política económica de "sustitución de importaciones" (o CEPALISTA), con la que se lograría la industrialización del país, mayores empleos y atender las exigencias y demandas del empresariado por medio de una política crediticia;

-. Política de obras públicas, con especial énfasis en lo social: escuelas, hospitales y viviendas;

-. Política de pleno empleo sustentada en las anteriores políticas citadas (industrialización y obras públicas) y muy especialmente el burocratismo;

-. Política de reforma agraria, siguiendo la tesis agraria de Acción Democrática y las propuestas de dicha política en el gobierno del general Medina Angarita.

Por el lado político, tan pronto Betancourt asumió la primera magistratura, grupos políticos afectos a lo que se conocía en la época como la "extrema derecha" por sus convicciones militaristas y ultraconservadores, comenzaron a conspirar contra la democracia y se organizó un atentado personal el 24 de junio de 1960, a poco más de un año de su asunción al poder, sufriendo serias lesiones físicas que le marcarán para el resto de sus días.

Por otra parte, la influencia castrista sobre la juventud venezolana ocasionó que el Partido Comunista de Venezuela y el Movimiento de Izquierda Revolucionaria, una escisión de Acción Democrática, el partido del propio Betancourt, comenzaran a alterar el orden público e, incluso, a vincularse con militares desafectos al régimen y también a adictos a la tragedia autocrática que se adelantaba en la isla caribeña.

Entre esos dos frentes, Betancourt se movía ágilmente para salvar la democracia, incluso a costa de sacrificar derechos constitucionales. Una surrealista arenga pública a las fuerzas armadas y policiales, atribuida al mandatario, hizo historia: *Dispare primero y averigüe después!*, al igual que su enérgica respuesta a sus violentos adversarios ultraizquierdistas: *Ni renuncio ni me renuncian*! La población vivía en constante zozobra y con frecuentes suspensiones de garantías constitucionales que tuvo Betancourt que implementar.

3. *Presidencia del doctor Raúl Leoni 1964-1969*

Finalizado el período de Betancourt, el Consejo Supremo Electoral convocó a elecciones generales, en las cuales resultó ganador el senador Raúl Leoni, un hombre bueno, amigo de luchas de su predecesor y con quien había cumplido funciones de gobierno durante el trienio adeco como miembro de la Junta Revolucionaria de Gobierno, y servido como ministro del Trabajo del presidente Gallegos.

Al presidente Leoni le correspondió continuar el enfrentamiento desatado por la ultra izquierda, agrupada bajo el nombre de Fuerzas Armadas de Liberación Nacional (FALN), organización que se dedicaba a provocar estallidos violentos que generaban bajas y heridos. Gracias a las fuerzas armadas y al rechazo que la población tenía contra la ultraizquierda, el segundo período constitucional llegó a su conclusión. Cabe citar que en esos años el PCV admitió su fracaso insurreccional al constituirse como partido legal a través de "Unión para Avanzar" (UPA) para participar en las elecciones de 1968, y algunos dirigentes del MIR optaron por aceptar la conmutación de la prisión por el exilio, uno de los primeros pasos a favor de la pacificación del país.

Caracas celebró el 400° aniversario de su fundación por el conquistador Diego de Losada seguido, a los pocos días, por un trágico terremoto que causó numerosa víctimas y pérdidas de bienes materiales, pero la ciudad continuó con su ritmo de expansión cosmopolita particularmente en la zona del Este, donde florecieron distintas urbanizaciones para la clase media, a través de financiamiento bancario a bajas tasas de interés. El boulevard Raúl Leoni, en la urbanización El Cafetal de Caracas, por donde fueran conducidos sus restos mortales a su última morada, es recuerdo permanente de su benévola personalidad.

4. *La economía y el petróleo entre 1959 y 1969*

Al asumir el poder, Betancourt se encontró con una grave crisis financiera derivada de la deuda externa heredada de la dictadura y con un importante problema de desempleo que se subsidiaba a través del Plan de Emergencia decretado por la Junta de Gobierno presidida por el contraalmirante Wolfgang Larrazábal, en 1958.

A. *La economía y el petróleo durante la presidencia de don Rómulo Betancourt*

Como pasos para la solución de las dificultades económicas, Betancourt impuso una austeridad en los gastos públicos y acordó la reducción de los salarios de los funcionarios públicos. Además, derogó el Plan de Emergencia, lo que originó una serie de disturbios públicos que controló mediante la represión de los manifestantes.

Para 1961, a raíz de la promulgación de la Constitución, Betancourt suspendió la garantía económica que preveía el derecho de todo ciudadano de dedicarse a la actividad económica de su preferencia, de forma de poder continuar con la política proteccionista que su partido y su gobierno habían planificado, en la cual el control y dirección de la economía por el gobierno tenía papel preponderante. Esta suspensión de la garantía económica se mantendrá por más de 25 años, hasta que la restituyera Carlos Andrés Pérez al inicio de su segundo mandato.

No obstante las dificultades financieras, se invirtió una gran cantidad del dinero de la nación en la construcción de nuevas escuelas y liceos públicos y la matrícula escolar pasó de 847 mil alumnos en 1958, a 1.6 millones en 1963, más del 90% de la población estudiantil total asistía a las aulas de clase.

En obra pública, se inauguraron el Puente General Rafael Urdaneta sobre el Lago de Maracaibo y el Distribuidor El Pulpo en la actual autopista Francisco Fajardo, en Caracas, así como otra varias obras de infraestructura vial en todo el país.

Se comenzó la construcción de la Represa del Guri y del primer puente colgante sobre el río Orinoco, el Puente de Angostura.

Se instituyeron la Corporación Venezolana de Guayana (CVG) el Instituto Venezolano de Investigaciones Científicas (IVIC).

En el aspecto petrolero, el ministro de Minas e Hidrocarburos de Venezuela, Juan Pablo Pérez Alfonzo -reconocido luego como el "padre de la OPEP"- logró que el 14 de septiembre de 1960, Irak, Irán, Kuwait, Arabia Saudita y Venezuela acuerden formar un organismo permanente que se denominaría *Organización de los Países Exportadores de Petróleo*, bajo las siguientes premisas:

- Que los miembros tenían en marcha muchos programas necesarios de desarrollo, financiados principalmente por las entradas provenientes de sus exportaciones petroleras.

- Que los miembros tenían que contar en alto grado con las entradas petroleras para equilibrar el presupuesto anual nacional.

- Que el petróleo es una riqueza perecedera y en la medida en que se va agotando debe ser reemplazado por otras riquezas.

- Que todas las naciones del mundo, para mantener y mejorar sus niveles de vida, tienen que contar casi por completo con el petróleo como fuente primaria, de generación de energía.

- Que cualquier fluctuación en el precio del petróleo afectaba necesariamente la marcha de los "Programas de los Miembros", y resultaba una dislocación perjudicial, no solamente para sus propias economías, sino también para las de todas las naciones consumidoras.

La OPEP fue registrada en la Secretaría de Naciones Unidas el 6 de noviembre de 1962 y sus primeros pasos no fueron fáciles en el mundo petrolero porque su creación provocó el rechazo de los países industrializados y de las grandes compañías petroleras que atendían el negocio del crudo y sus derivados. Al principio, no fue tomada en cuenta, pero continuó en su proceso de consolidación lento y tenaz, con el apoyo del gobierno de Betancourt y principalmente de su ministro Pérez Alfonzo. Había nacido la institución internacional que pronto pasaría a convertirse en el gran cartel destinado a unificar las políticas del petróleo y regular los precios y los volúmenes de producción; y en ratificación del apoyo de Venezuela a la OPEP, fue designado como ministro de Minas e Hidrocarburos un experimentado economista y diplomático, el doctor Manuel Pérez Guerrero, quien ejerció el cargo durante todo el período constitucional del Presidente Leoni, distinguiéndose por crear la modalidad de los "contratos de servicio" para permitir una mayor participación del Estado venezolano, a través de la recién establecida Corporación Venezolana del Petróleo (CVP), en las distintas fases de la explotación y comercialización de los hidrocarburos.

B. *La economía y el petróleo durante la presidencia del doctor Raúl Leoni*

Durante el quinquenio, la economía se movió favorablemente. El crecimiento interanual del PTB fue de 5.6%, logrado a pesar del descenso en la producción petrolera y la reacción negativa de los sectores económicos a las reformas fiscales de 1966, año en el que el crecimiento fue de sólo el 3.1%. El IPC tuvo una variación de 7.1% durante el período o lo que es lo mismo, la inflación fue de apenas 1.4% interanual[154].

En el año 1966 el FMI reconoció al bolívar como moneda internacional de reserva y de pagos e inclusive autorizó a países como Chile y España para utilizarlo como moneda dura.

La tasa de desempleo en 1962 se ubicaba en el 14.2% de la población activa, para el año 1968 la misma se redujo a 6.4%

---

[154] Fuente: ingeniero José Tomás Milano. Consultada en original facilitado por el licenciado Alvaro Leoni Fernández.

Durante los cinco años del período presidencial, se logró un superávit en la ejecución del presupuesto cumpliendo de ésta manera con la política de equilibrio presupuestario mantenida por el gobierno. Con este superávit, se redujo la deuda pública, se incrementaron las reservas de la Nación y se sufragaron los gastos causados por el terremoto de 1967. Esta y otras políticas fiscales permitieron lograr crecimiento sin inflación.

El pago de capital e intereses absorbió el 4.95% del total de los gastos del período. La relación media entre el servicio de la deuda externa y los ingresos de divisas en cuenta corriente fueron de 2.2 % durante el período, y si se toma en cuenta que una relación del 15% se estima como el limite a partir del cual deben tomarse precauciones, entonces se puede inferir que aquel gobierno hizo uso prudente de sus disponibilidades de crédito.

En cuanto a energía, la generación eléctrica registró un incremento de 3.699 millones de KWH al situarse en 8.293 millones de KWH, esto significó un incremento interanual del 12.5% (no se incluye la energía propia generada por las industrias petrolera, minera e industrial).

La producción petrolera se situó para 1968 en 3.604.759 b/día lo que representó un incremento de 2.15% en el periodo; y la participación del estado en los beneficios de la industria aumentó apreciablemente al pasar de una relación 67/33 a una 69/31. Es decir, por cada barril de petróleo producido, Venezuela pasó de recibir 89 centavos de dólar a recibir 93.4 centavos, cuando el precio del crudo para la fecha era US$ 1.35 el barril. La capacidad de refinación aumentó 3% interanual durante el quinquenio, pasándose 1.041.992 a 1.208.123 bls/día y quedaron en construcción facilidades para refinar 325.000 bls/día adicionales.

5. *El poder judicial entre 1958 y 1968*

En cuanto al sistema judicial, la mera circunstancia de que en el Pacto de Punto Fijo se conviniera en la elaboración de una nueva constitución en la cual se contemplara la trilogía de los Poderes Públicos, la autonomía e independencia judicial así como la estabilidad de los jueces, hacía prever que la democracia de partidos daría un pleno respeto al sistema judicial. Así, se deduce cuando se observa que la elección de los integrantes de la Corte Federal y de la Corte de Casación para el período 1959-1964 se rigió por la constitución de 1953 y, al entrar en vigencia la de 1961, el Congreso Nacional ratificó a algunos de los vocales que habían sido designados y los denominó magistrados, quedando la Corte Suprema de Justicia integrada por los doctores José Manuel Padilla Hernández, Hugo Ardila Bustamante, José Gabriel Sarmiento Núñez, Jonás Barrios E., Eloy Lares Martínez, Carlos Acedo Toro, Julio César Leáñez Recao, Joaquín Gabaldón Márquez, Héctor Serpa Arcas, Julio Horacio Rosales, José Román Duque Sánchez, Ezequiel Monsalve Casado, Alejandro Urbaneja Achelpohl, José Ramón Medina y Rafael Rodríguez Méndez. Algunos de ellos habían servido en el Poder Judicial como jueces de instancia, lo que confirmaba la voluntad democrática de respetar la estabilidad judicial que, por cierto, la dictadura también había convalidado. Otros, eran al momento prestigiosos profesores universitarios o venían de su ejercicio privado de la abogacía, o de prestar servicios en corporaciones privadas y otros, como Sarmiento Núñez, de seis años de exilio madrileño que aprovechó para perfeccionar su cultura jurídica. Leáñez Recao había cumplido como vocal de la Corte Federal y de Casación designada por la Junta de gobierno que derrocara a Gallegos.

Los magistrados habían sido electos por cinco años y, por tanto, al vencerse el primer período constitucional en 1964, era procedente que el Congreso efectuara nuevas designaciones. Pues bien, al hacerlo, y en acatamiento al principio de estabilidad judicial, el Poder Legislativo ratificó a los magistrados de acuerdo a la Constitución de 1961 que preveía una duración en los cargos por nueve años.

A. *Las relaciones entre el Poder Ejecutivo y el Poder Judicial*

Las relaciones entre el Poder Ejecutivo y el Poder Judicial se llevaban dentro de un clima de respeto y ponderación.

a) *La extradición del general Marcos Pérez Jiménez*

El 13 agosto de 1959 la Corte Federal, libre de injerencia política, acordó solicitar la extradición del general Pérez Jiménez por presumir el alto tribunal que éste se encontraba implicado en los delitos de malversación de fondos públicos y peculado. La extradición había sido solicitada por el Procurador General de la Nación, doctor Pablo Ruggieri Parra, y la Corte Federal estaba integrada por sus vocales, los doctores J. M. Padilla Hernández, Joaquín Gabaldón Márquez, Julio César Leáñez Recao, Jonás Barrios E. y José Gabriel Sarmiento Núñez.

Una vez extraditado por el gobierno del Presidente John F. Kennedy, el antiguo dictador se sometió a la jurisdicción de la Corte Suprema de Justicia en Pleno, y habiendo ejercido el derecho de defensa con toda libertad a través de los doctores Rafael Naranjo Ostty, Morris Sierraalta y Rafael Pérez Perdomo[155], resultó condenado en 1963 a cuatro años de prisión, sin que Betancourt y sus ministros se involucraran en el proceso o en el resultado del fallo.

b) *La inhabilitación del Partido Comunista de Venezuela y el Movimiento de Izquierda Revolucionaria*

El otro plano que hizo que los poderes públicos mantuvieran la colaboración de poderes fue cuando Betancourt se vio precisado a asumir una enérgica defensa de la naciente democracia. En efecto, ante el abominable crimen del asalto al tren de El Encanto, ordenado por Guillermo García Ponce, al que Héctor Pérez Marcano[156] califica de aventurero, Betancourt ordenó la detención de los congresantes de izquierda y, solicitó ante la Sala Político Administrativa de la Corte Suprema de Justicia la inhabilitación de los Movimiento de Izquierda Revolucionaria y el Partido Comunista de Venezuela,

---

[155] Años después el doctor Rafael Pérez Perdomo se desempeñaría como magistrado del Tribunal Supremo de Justicia, a partir de la Constitución de 1999.
[156] Aguiar. *La lucha armada en Venezuela* .... En: *De la revolución restauradora...*, p. 429.

lo cual fue acordado -adoptado o inventado dice Pérez Marcano[157]- en sentencia del 3 de octubre de 1961 al declarar que los actos de inscripción de dichos partidos no estaban viciados de nulidad pero carecían de valor o vigencia para producir efectos, por lo que ninguna autoridad podría conceder autorizaciones para que esas organizaciones realizaran actividades políticas hasta que fueran rehabilitados.

Salvaron sus votos los magistrados Sarmiento Núñez y Saúl Ron Troconis y, tres años después, cuando se producía la renovación de los magistrados, ambos resultaron reelectos pese a la postura asumida en la sentencia antes referida, con el apoyo de todas las fuerzas políticas que integraban el Congreso de la República. Es más, con motivo del inicio del período constitucional 1969-1974 que presidiría el Presidente Rafael Caldera, el para ese momento ex magistrado Sarmiento Núñez, fue designado Primer Suplente del Fiscal General de la República por el citado Congreso, correspondiéndole el ejercicio del cargo en distintas oportunidades en que fuera convocado para suplir las ausencias temporales del Fiscal General, doctor César Naranjo Ostty[158]; y años después, el ex magistrado Saúl Ron Troconis, fue investido magistrado del Consejo de la Judicatura.

B. *Estabilidad judicial*

Todo ese clima de respeto al sistema judicial redundó en beneficio de la estabilidad de los jueces. La crónica del Colegio de Abogados del Distrito Federal da cuenta de que, en octubre de 1962 se rindió homenaje al Poder Judicial del Distrito Federal y se otorgaron diplomas de reconocimiento a nueve (9) jueces con más de veinte años en la judicatura: los doctores Antonio Landaeta Payares, Manuel Casas Briceño, Juan Bautista Machado, Guillermo Ramírez Álvarez, Fernan-

---

[157] Aguiar. *La lucha armada en Venezuela* .... En: *De la revolución restauradora...*, p. 430.
[158] Carlos J. Sarmiento Sosa. *Vida y pensamiento jurídico del doctor José Gabriel Sarmiento Núñez*. Livrosca, Caracas, Venezuela, 2000.

do Martínez Aristeguieta, Mario Cordido Miralles, Martín Osorio, Diego Godoy Troconis y Miguel Salazar Yánez. Del doctor Martín Osorio, quien estuvo por más de treinta años como funcionario judicial, Sarmiento Núñez[159], con motivo de su fallecimiento en 1966, se expresó así:

> Ojalá el vacío que en la judicatura nacional ha dejado Martín Osorio, pueda ser llenado por un mayor estímulo en todos los funcionarios judiciales para perfeccionar cada vez más la Administración de Justicia. Que su ejemplo sea seguido por los jóvenes profesionales que se propongan consagrar su vida al servicio de los Tribunales. Que los Jueces incapaces de imitar esa labor por falta de condiciones intelectuales o de autoridad moral, no persistan en mancillar con su presencia en la judicatura, una actividad a la que sólo están llamados hombres de la talla del gran Juez que se nos fue.

Si estos calificados funcionarios judiciales fueron homenajeados por cumplir más de 20 años en la judicatura, una elemental operación cronológica revela que fueron designados para sus funciones durante el período constitucional del general Isaías Medina Angarita y que se mantuvieron en sus cargos a través del trienio de facto iniciado con la Revolución de Octubre, el gobierno constitucional de don Rómulo Gallegos, la dictadura del general Marcos Pérez Jiménez y el gobierno constitucional de don Rómulo Betancourt y posteriormente, jubilados.

C. La elección de jueces para el período constitucional 1964-1969

La elección de jueces para el período constitucional 1964-1969 se efectuó conforme a la normativa vigente desde la época de la dictadura de Pérez Jiménez, por lo que pocos cambios se observaron a nivel de jueces en todo el país. Debió ser la *época dorada* del sistema judicial como se desprende de la defensa que en noviembre de 1965, ante un ataque generalizado contra el Poder Judicial, Sarmiento Núñez, a la sazón

---

[159] Sarmiento Núñez. *Martín Osorio, Juez ejemplar*. En *Temas Jurídicos*. Editada por la Fiscalía General de la República, Caracas, 1972, p. 110.

magistrado y Presidente de la Sala Político Administrativa de la Corte Suprema de Justicia, y quien para la fecha se desempeñaba también como Presidente del Consejo Judicial de la República[160], hizo un análisis de la gestión alcanzada por los tribunales en el año 1964, la cual presentaba un rendimiento del 87,88%, según las estadísticas llevadas por el Ministerio de Justicia. Al respecto, defendía la labor judicial así[161]:

> *Con esas cifras no puede hablarse de lenidad, deficiencia o complacencia de los jueces al contrario, ello demuestra en forma irrebatible, que éstos han dado el más cabal rendimiento en el ejercicio de sus funciones. Con la circunstancia favorable de que, en la última oportunidad en que por finalización del precedente período constitucional, se realizaron nombramientos en todos los tribunales del país, se dio la debida preferencia a quienes ya venían actuando en la Judicatura, resultando así reelectos en más de un ochenta por ciento los funcionarios judiciales. Tal forma de estabilidad favorece la función de juzgar, porque otorga mayor oportunidad de práctica, conocimientos y oportunidades de estudio y especialización.*

D. *La crítica judicial*

Las críticas que se hacían en aquella época al Poder Judicial venían de varios sectores de la sociedad. De una parte, quienes adversaban la estabilidad judicial acusaban a los funcionarios judiciales de ser "jueces perezjimenistas", mientras que sectores empresariales acusaban de deficientes a los jueces, y la extrema izquierda castro comunista les imputaba estar al servicio del régimen democrático, o simplemente, por intereses creados de rábulas cegados por el resentimiento de haber sucumbido en procesos que iniciaron o combatido sin

---

[160] El Consejo Judicial fue un. organismo transitorio instituido por la Constitución de 1961 con el fin de observar la conducta de los jueces mientras se creaba el Consejo de la Judicatura. El Consejo Judicial estaba integrado por tres representantes del Poder Judicial, designados por la Sala Político Administrativa de la Corte Suprema de Justicia, un representante del Poder Ejecutivo y un representante del Poder Legislativo. El primer Presidente fue el doctor José Gabriel Sarmiento Núñez y su secretario el doctor José R. Gómez Istúriz. El doctor Julio Horacio Rosales también formó parte del Consejo Judicial.

[161] Sarmiento Núñez. *Balance judicial*. En *Temas Jurídicos*, p. 63.

tener derecho alguno, o por inconformidad con la pérdida de oscuros privilegios e inmerecidos honores de que gozaron en épocas de oprobio[162].

En otra oportunidad, y como las críticas continuaron, en marzo de 1966, Sarmiento Núñez salió nuevamente a la palestra para defender a los jueces, expresando[163]:

> *La imparcialidad e independencia de criterio de todos los jueces de la República es en la actualidad la más marcada característica de la Judicatura nacional, desde los jueces de Municipio hasta los magistrados del Supremo Tribunal. La razón se le confiere siempre a quienes en el curso de cada proceso hayan demostrado tenerla de su parte. Todos los litigantes son tratados a un mismo nivel, sin preferencias ni desigualdades, y con severa sujeción a lo que cada uno haya alegado y probado en autos. El propio Estado y las entidades públicas, están sometidas a esas estrictas normas de igualdad procesal, y han ganado y perdido litigios según que el derecho les haya asistido o no en la controversia. Y cuando el Juez ha dictaminado en sentido adverso a una pretensión estatal, jamás ha sido objeto de represalias por parte de las autoridades respectivas.*
>
> *Es este el verdadero y auténtico sistema que está rigiendo las actividades del Poder Judicial de la República. Quien afirme lo contrario está falseando la realidad. Prueba de ello es que los detractores de la judicatura jamás señalan casos concretos, ni acuden a plantearlos ante los correspondientes organismos disciplinarios. Su crítica, como se ha dicho, es generalizada y falsa, mezcla de ignorancia con resentimiento, pero siempre inspirada en la mala fe y en el recóndito anhelo de dar al traste con las instituciones.*

Tan cierta fue esta afirmación que Sarmiento Núñez, con ocasión del fallecimiento del doctor Julio Horacio Rosales en 1970, mientras le rendía homenaje al difunto magistrado, cumplía con patrocinar la actuación de los jueces en los siguientes términos[164]:

---

[162] Sarmiento Núñez. *La crítica judicial*. En: *Temas jurídicos*, p. 82.
[163] *Ibidem*, p. 81.
[164] Sarmiento Núñez. *Julio Horacio Rosales*, En *Temas Jurídicos*, 195.

Hemos visto con inusitada frecuencia cómo se arremete contra la judicatura nacional, cuando un funcionario equivoca el recto y estricto camino de la Ley o de la moral. Voces en coro se alzan entonces para hacer partícipes del pecado a todo el conjunto de profesionales que cotidianamente cumple con la difícil cuán delicada tarea de administrar justicia. Se olvida en esos casos que todo gremio tiene sus 'ovejas negras', y que la actuación incorrecta de un juez no puede arrojar sombras sobre todos los que vienen cumpliendo con dedicación y lealtad esa alta misión.

En cambio, cuando una figura del foro se agiganta y vierte su luz de doctrina y sus resplandores de ciencia a través de numerosos fallos cuando tras largos años de sacrificio en la función judicial, se llega al final de la jornada con la frente en alto y la conciencia plenamente satisfecha del deber cumplido, parece como si el más indiferente silencio quisiera escamotear a la judicatura patria el honor de haber contado entre sus miembros a un juez ejemplar: la villanía del juez malo ensombrece y perturba, la gloria del juez bueno no dignifica ni engrandece.

E. *La independencia judicial*

En cuanto a la independencia judicial en el período que se comenta, los gobiernos de Rómulo Betancourt y Raúl Leoni mostraron, en general, el debido respeto hacia jueces y magistrados, aunque la situación política presionaba a que los funcionarios judiciales se alinearan en defensa de la democracia, particularmente porque, como dice Héctor Pérez Marcano[165], a Betancourt le indignaba, y con razón, que los partidos de izquierda -Partido Comunista de Venezuela y Movimiento de Izquierda Revolucionaria- al mismo tiempo que realizaban acciones armadas, tuvieran periódicos y parlamentarios que las justificaban.

Para el comisario general Rafael Rivero Muñoz[166], a partir del primer gobierno emergido de elecciones libres, o sea, el

---

[165] Aguiar. *La lucha armada en Venezuela ....* En: *De la revolución restauradora...,* p. 429.

[166] Rafael Rivero Muñoz. Disponible en: http://home.earthlink.net/~accioncivica/Articulos/podejudi.htm

del Presidente Rómulo Betancourt, se impuso la necesidad de someter a estricto control las decisiones judiciales, visto que, en función de las operaciones materiales necesarias a la ejecución de esa decisión política, mantenimiento de la iniciativa, la capacidad para la maniobra política y militar y la libertad de acción estaban potencialmente limitadas por la vigencia y aplicación de la norma constitucional y cuerpo de leyes de la República porque ello significaba un severo riesgo para el Ejecutivo en su interés por garantizar a las fuerzas de choque –lealtad versus lealtad–, una pertinente impunidad en caso de investigaciones jurisdiccionales y de los inevitables excesos.

La visión que antecede tiene que ver con la aparente necesidad de los gobiernos de Betancourt y de Leoni de evitar, o al menos controlar, la acción del sistema judicial para evitar que funcionarios que pudieran haber cometido excesos en la represión de la subversión fueran objeto de condenas por parte de los órganos jurisdicciones, por lo que Rivero[167], con su experiencia en las ciencias policiales, sostiene que, en ese momento, las decisiones jurisdiccionales sobre los casos criminales importantes, relevantes o escandalosos, pasaron a ser de hecho y por sobre el derecho, del dominio del Ejecutivo Nacional.

En este sentido, hay que recordar que, en aquel tiempo, era público y notorio que el juez de instrucción doctor Francisco Villarte expedía órdenes de allanamiento en blanco que eran entregadas a la policía política -la Digepol- para que las utilizara a su leal saber y entender.

F. *La previsible decadencia judicial*

Para 1968, o sea, a diez años del amanecer democrático del 23 de enero de 1958, Sarmiento Núñez[168] profetizó la de-

---

[167] Rivero Muñoz. Disponible en: http://home.earthlink.net/~accioncivica/Articulos/podejudi.htm
[168] Sarmiento Núñez. ¿*Y el Poder Judicial?* En *Temas Jurídicos*, p. 169.

cadencia del sistema judicial que se avecinaba y para exaltar la necesidad de fortalecer la institución judicial, expresaba:

> *Al próximo gobierno que tendrá la responsabilidad de dirigir al país en el período constitucional que se avecina, corresponde dedicar gran parte de su atención y actividad al Poder Judicial de la República, a fin de que los jueces superen la encomiable labor que hasta ahora han venido realizando; y que no se olvide, ni por un momento, que una judicatura vigorosa, independiente y digna, es requisito indispensable y consustancial para la existencia misma de una sociedad respetuosa del régimen democrático de derecho.*

Para cerrar este capítulo, hay que recordar que eminentes juristas ocuparon cargos de jueces de instancia en la Circunscripción Judicial del Distrito Federal y Estado Miranda. Para nombrar algunos, los doctores Gonzalo Parra Aranguren[169], Gonzalo Pérez Luciani, Rafael Clemente Arráiz, Pedro Alid Zoppi[170], Oscar Monagas Echeverría, Juan B. Saume Carreño, Luis Maury Crespo[171], Héctor Humpiérrez, Bruce Gibbon Isava.

---

[169] Posteriormente Magistrado de la Corte Internacional de Justicia.
[170] Posteriormente magistrado de la Sala Político Administrativa de la Corte Suprema de Justicia.
[171] Posteriormente magistrado del Consejo de la Judicatura.

X
EL ESCENARIO INSTITUCIONAL 1969-1999. UNA DEMOCRACIA ADULTA

Para 1969, la democracia había alcanzado la adultez y caminaba sin muletas. Atrás habían quedado las asonadas de la derecha castrense y sus escasos aliados, y se consideraba derrotada a la extrema izquierda.

1. *Presidencia del doctor Rafael Caldera 1969-1973*

En los comicios de 1968, Rafael Caldera, del partido Copei, resulta electo Presidente. Distinguido catedrático del derecho del trabajo y de sociología jurídica, curtido político de inspiración social cristiana y ferviente defensor de los principios que habían inspirado el Pacto de Punto Fijo, encaminó el país hacia la pacificación definitiva, dando la puntilla final a la lucha armada[172], salvo pequeños grupos de insurrectos que prefirieron mantenerse en rebeldía en las montañas de ciertas regiones del oriente y occidente.

Otros aspectos relevantes se cumplieron en el quinquenio de Caldera, como la suscripción con Guyana del discutido Protocolo de Puerto España que congeló la reclamación territorial entre ambos países por 12 años.

En materia política, ante una alteración continua del orden público, se clausura la Escuela Técnica Industrial y se cie-

---

[172] Pérez Marcano, *op. cit.*, p. 436.

rra a la Universidad Central de Venezuela por dos años, debido a que los extremistas de izquierda fomentaban disturbios y se refugiaban en el *campus* al amparo de la autonomía universitaria, adonde las fuerzas del orden público no los podían alcanzar.

2. *Presidencia del señor Carlos Andrés Pérez 1974-1979*

Vencido el período constitucional de Caldera, en el llamado a elecciones resulta ganador el señor Carlos Andrés Pérez, con amplio apoyo tanto popular como de las capas sociales más elevadas que veían en el antiguo ministro de policía de Betancourt al hombre que le daría un giro al país para ponerlo al día en materia de seguridad personal, progreso e inversiones extranjeras.

Sin embargo, esta democracia cuasi perfecta tenía sus pequeños lunares que, con el tiempo, se convirtieron en feas manchas pues los partidos políticos eran internamente poco democráticos y, al inicio de la década del 60, giraban en torno de sus figuras fundadoras -Rómulo Betancourt, Raúl Leoni, Gonzalo Barrios, Luis Beltrán Prieto Figueroa, Rafael Caldera, Pedro Del Corral, Jóvito Villalba- y en la mitad de los 70 se convirtieron en federaciones de grupos en lucha antagónica[173] en la cual cada uno intentaba prevalecer sobre el otro para disfrutar de mejores cuotas de poder implicando a sectores económicos como aquel a quien en 1975, lo que ocasionó que Luis Piñerúa Ordaz, un dirigente político perteneciente al partido Acción Democrática, conceptuara como los "doce apóstoles", a quienes resultaron mejor beneficiados por la acción de gobierno, calificativo equivalente al de "boliburgueses", un término aplicado en la primera década del siglo XXI a quienes se han enriquecido al amparo del poder.

En lo político, Pérez recibió de Caldera un país en calma, con algunas excepciones en puntos determinados de la geografía nacional donde algunos rezagos de la ultra izquierda aún se resistían a aceptar la realidad.

---

[173] Rogelio Pérez Perdomo. *Políticas judiciales en Venezuela*. Ediciones IESA, Caracas, 1995, p. 8.

La descomposición administrativa alcanzaba niveles de escándalos públicos constantes que culminaron, vencido el período constitucional de Pérez, con su enjuiciamiento a raíz de la cuestionada negociación de un barco frigorífico, el "Sierra Nevada", que puso al ex Presidente al borde de una decisión judicial condenatoria que, a última hora, le favoreció, al excluírsele del veredicto por no haber prueba de su vinculación directa con los hechos. De igual manera, el voto favorable del entonces diputado José Vicente Rangel[174], salvó a Pérez de la condena administrativa que en el Congreso se perseguía en su contra.

3. *Presidencia del doctor Luis Herrera Campíns 1979-1984*

Luis Herrera Campíns, un viejo militante social cristiano llegó al poder tras el ciclo de Pérez y, en su discurso de toma de posesión declaró públicamente que recibía un país "hipotecado", con lo cual la política de buena vecindad que llevaban Acción Democrática y Copei se interrumpió por considerar los primeros que la declaración del nuevo mandatario constituía una afrenta para el gobierno que acababa de cesar.

En materia social, Herrera Campíns adelantó un programa de animación cultural, reformó el programa de educación, materia que consideraba prioritaria, implantando el ciclo básico común de nueve años corridos.

En política, el país se encontraba en paz pero los ánimos populares daban muestras de gran descontento que se ponía de relieve en el abstencionismo electoral, aunque el pueblo caraqueño veía con agrado la construcción e inauguración de la línea 1 del Metro de Caracas.

Herrera Campíns también apoyó la reforma parcial del Código Civil de 1942 para ampliar los derechos de la mujer, fundamentalmente en lo que atiene a la sociedad de gananciales.

---

[174] Con el transcurso de más de 20 años de ese juzgamiento político, José Vicente Rangel pasó a desempeñarse como Vicepresidente de la República, Ministerio de la Defensa y Ministro de Relaciones Exteriores en el gobierno de Hugo Rafael Chávez Frías.

El gobierno de Herrera Campíns se caracterizó por el aumento de la corrupción administrativa. Varios de sus altos funcionarios fueron acusados delitos contra la cosa pública. Tres de sus ministros de Defensa huyeron del país señalados como reos de enriquecimiento ilícito y su ministro de Comunicaciones se refugió en el exterior para evitar ser encarcelado.

4. *Presidencia del doctor Jaime Lusinchi 1984-1989*

Jaime Lusinchi, un antiguo militante social demócrata y miembro del cenáculo de Acción Democrática alcanzó la Presidencia de la República con un importante margen sobre su principal opositor, el ex Presidente Rafael Caldera, del partido Social Cristiano COPEI.

En lo político, y ante la presión de la opinión pública que exigía reformas con miras a preservar el sistema democrático, Lusinchi constituyó la Comisión para la Reforma del Estado (COPRE), organismo que recomendó reformar la Ley Electoral para permitir la elección directa de gobernadores y alcaldes, excepción del gobernador del Distrito Federal y que formuló una serie de propuestas que, tristemente para la sociedad venezolana, jamás vieron la luz.

En materia internacional, las relaciones entre Venezuela y Colombia se vieron enturbiadas por varios incidentes en el golfo de Venezuela y en otras áreas fronterizas, particularmente el caso de la fragata Caldas, que había violado la soberanía nacional, originando una airada protesta de Lusinchi y un alerta roja de las fuerzas armadas.

La corrupción administrativa seguía en ascenso y llegó a involucrar a numerosos funcionarios, entre ellos al ministro de Relaciones Interiores José Angel Ciliberto y a la propia secretaria privada de Lusinchi y posterior esposa, Blanca Ibáñez, acusada de detentar un excesivo poder que administraba caprichosamente y en beneficio propio y de su círculo íntimo de amistades, lo que no impidió que fuera condecorada por el propio Presidente Lusinchi con la Orden de El Libertador.

Esta denuncia desembocó en agosto de 1993, en la decisión de la Corte Suprema de Justicia de encontrar méritos para enjuiciar al ex presidente y la aprobación del Congreso del levantamiento de su inmunidad parlamentaria, pero el proceso se extinguió por prescripción.

5. *Segunda Presidencia del señor Carlos Andrés Pérez 1989-1993. La democracia se debilita*

Carlos Andrés Pérez, al asumir su segunda presidencia el 2 de febrero de 1989, emprendió políticas de reformas estructurales y de ajustes económicos en una dirección totalmente diferente de las que caracterizaron a su primer gobierno. Al respecto, el ex Presidente del gobierno del Reino de España, Felipe González[175], recuerda que "[...] *lo que hacía me parecía necesario y se parecía mucho más a las políticas que habíamos hecho nosotros y que* [...] *él* [Pérez] *criticó con dureza en 1983, 1984 y 1985*".

Está en el programa de gobierno desarrollar la economía y crear valor para mantener la cohesión social para lo cual, Pérez, bajo la asesoría de los llamados *IESA Boys* entre los que figuran los economistas Miguel Rodríguez, Moisés Naím, Gerver Torres, Eduardo Quintero Núñez, Fernando Martínez Mottola, Gerver Torres, Ricardo Haussmann, Miguel Rodríguez Mendoza, bajo la coordinación del doctor Pedro R. Tinoco en su condición de Presidente del Banco Central de Venezuela, propone un plan de ajustes macroeconómicos con el visto bueno del Fondo Monetario Internacional (FMI), conocido como "Paquete Económico" o el Gran Viraje, concebido para generar cambios estructurales en la economía del país, en el que sobresalían dos impopulares medidas: el alza de combustible para vehículos y el incremento del costo del transporte público urbano e interurbano.

---

[175] *Felipe González hace un homenaje a su amigo CAP.* Disponible en: http://www.eluniversal.com/2010/12/28/pol_ava_felipe-gonzalez-hace 28A4904011. shtml

Pérez, un socialdemócrata a carta cabal, se percató del derrotero por el cual transcurre la vida venezolana y, como dice, Alvaro Vargas Llosa[176], percibió "[...] *que para 1989 Venezuela no sólo estaba, otra vez, económicamente atrasada: también, institucionalmente anémica, por lo que decide, en un giro valiente y fatal, desmontar el armazón del nacionalismo económico y abrazar el mercado, pues las reglas del juego político en Venezuela eran ya las de una república moribunda en la que la venganza personal, la violencia verbal y física y el poder de la turba pesaban más que la ley*".

Sin embargo, las medidas económicas y sociales anunciadas el 16 del mismo mes de febrero y la ola de violencia acreditada triste y mundialmente como el "*Caracazo*" se dio una vez que el gabinete ejecutivo -uno de los gobiernos más aptos y honorables de nuestra historia, dice Carlos Raúl Hernández[177]- decretara ambas medidas el día 26, con las terribles consecuencias que se mostraron pocos días después.

A. *El 27 de febrero de 1989*

En esa fecha, se iniciaron una serie de protestas en Guarenas, en la periferia de Caracas. Al correrse la voz, en zonas populares de la capital se desataron actos de saqueo y de violencia, que se apoderan de las principales calles de la ciudad, incrementándose paulatinamente, al punto que, en horas de la tarde de ese día, los comercios habían cerrado sus puertas y el transporte público brillaba por su ausencia, mientras que en otras ciudades comenzaban a generarse protestas marcadas por la agresividad.

Ante estas circunstancias, el presidente Pérez ordenó el toque de queda, suspendió las garantías constitucionales y militarizó las ciudades afectadas, decretando el aplacamiento

---

[176] Alvaro Vargas Llosa. La predicción de Carlos Andrés Pérez. Disponible en: http://www.lapatilla.com/site/2011/01/12/alvaro-vargas-llosa-la-predic cion-de-carlos-andres-perez/

[177] Carlos Raúl Hernández. ¡*Feliz Navidad, Carlos Andrés!*. Disponible en: http://www.eluniversal.com/2010/12/18/opi_art_feliz-navidad,-carl_2135818.shtl. Una semana después de la publicación de este artículo en el que se le desea felicidad navideña al ex Presidente, éste falleció en Miami, Florida, el 25 de diciembre.

de las protestas lo que, sin dudas e históricamente quedó demostrado, se realizó con fuerza desmesurada a través del uso de las armas contra los manifestantes, lo que ocasionó en algunos casos cruce de fuego entre las fuerzas de orden público y grupos armados violentos. Durante esos días, el país, y especialmente Caracas, estuvieron inmersos en un profundo caos, donde el miedo, la escasez de alimentos, la militarización, los allanamientos, la persecución política y el asesinato de personas inocentes estuvo a la orden del día.

Sobre esta trágica aventura, el sociólogo Tulio Hernández[178] ha escrito:

> *El 27 de febrero, conocido fuera de nuestro país como "El caracazo", exhibió con tal crudeza un conjunto de fuerzas destructivas, de actitudes potenciales hacia la violencia extrema -tanto en las fuerzas del orden como en las turbas saqueadoras-, de riesgo y subestimación de la propia vida, de desafuero y entusiasmos frente a la obtención gratuita de bienes -incluso dentro de sectores medios de la población- que no alcanza a ser explicado atendiendo sólo a razones económicas y políticas.*

Sea lo que sea, en los anales de la conculcación de los derechos humanos aparece escrito el Caracazo como una demostración de la brutalidad represiva, condenada hasta por la Comisión Interamericana de Derechos Humanos y la Corte Interamericana de Derechos Humanos; pero, a la par, se ha tejido una interesada falacia histórica -*miente, miente, miente que algo quedará, mientras más grande sea una mentira más gente la creerá*[179]- destinada a hacer ver que la acción violenta de aquellos días fue una rebelión de los pobres con la conciencia de lucha, de batalla, que encarnó en las seculares víctimas de la desigualdad y la exclusión, contra el "paquete" económico y el FMI, lo que no es cierto.

---

[178] Tulio Hernández. *Celebración de estar vivos y otros escritos*. Cita de Torres en *La Herencia...*, p. 137.

[179] Frase popularmente atribuida a Joseph Goebbels, el sanguinario y tenebroso ministro encargado de la propaganda del gobierno de Hitler en la Alemania nazi.

En efecto, el presidente Pérez había tomado posesión el 2 de febrero de 1989, anunciando las medidas el 16 de ese mes y sólo fue el día 26 cuando dictó dos de las providencias, el aumento del combustible para vehículos automotores y el alza en el precio de los pasajes de transporte urbano e interurbano. Por tanto, la verdad radica, en cuanto a este trágico suceso, en que el comportamiento económico excepcionalmente negativo de Venezuela que venía inhibiendo el desarrollo social y el fracaso en la reducción de la pobreza, dio origen a una eclosión social; y no podía ser de otra forma, cuando la tasa anual de crecimiento del producto total *per capita* promedio en el período que se inició en 1978 hasta 2009 había sido negativa, de 0.2%, como informan Palacios y Niculescu[180].

Por consiguiente, es inverosímil que, en tan corto plazo, los bolsillos de los venezolanos se hubieran visto afectados por la aplicación del "programa neoliberal". Bien afirma el escritor Ibsen Martínez[181]:

> *Mirando hacia atrás, y sin ánimo de ofrecer una zanjadora explicación de aquellos acontecimientos, creo que lo justo sería decir que el Caracazo fue ni más ni menos que una espontánea jacquerie, muy sangrienta en verdad, pero en modo alguno una insurrección popular contra el FMI, el Consenso de Washington y la globalización.*

No obstante, hay que hacer constar que la espiral inflacionaria continuaba su acelerada carrera y, para finales de 1989, se encontraba en el orden del 80,5% anual[182], producto de las medidas económicas que aplicara Lusinchi, el predecesor de Pérez, al pretender contrarrestar la crisis económica con controles y regulaciones de la economía y, a la vez, implantar su inviable Plan Trienal de Inversiones.

---

[180] Palacios y Niculescu. *Crecimiento en Venezuela*.
[181] Ibsen Martínez. *Muerte de un populista*. Disponible en: http://www.elmundo.com.ve/Default.aspx?id_portal=1&id_page=15&Id_Noticia=41786
[182] Aguiar. "La última transición". En: *De la Revolución*...p. 247.

B. *El 4 de febrero de 1992 y el 27 de noviembre de 1992*

Para el inicio de la década de los noventa, la democracia de consenso había perdurado más de 40 años; pero, soterradamente, mientras Pérez mostraba al mundo su política de privatización y en los foros económicos internacionales se presentaba dando la imagen de seguridad jurídica para las inversiones, un grupo de oficiales de las Fuerzas Armadas contaba con un plan distinto: acceder al poder mediante un golpe de estado para cambiar lo que consideraban corruptas instituciones democráticas. Así, para noviembre de 1989, a menos de un año de la ascensión de Pérez al poder, el Ministerio de la Defensa develaba una supuesta conspiración militar que estallaría antes de los comicios regionales que se celebrarían de acuerdo a la novedosa ley de elección de gobernadores y alcaldes, recientemente aprobada con miras a desconcentrar el poder que se acumulaba en la capital de la República.

Se trataba de un grupo de oficiales de baja graduación -la noche de los mayores" califica la licenciada Mirtha Rivero[183] el incidente- a cuya cabeza se hallaba el ayudante personal del general Arnoldo Rodríguez Ochoa, Jefe de Secretaría del Consejo de Seguridad y Defensa (SECONASEDE), quien resultó ser el mayor Hugo Rafael Chávez Frías; pero, abierta la averiguación, y ante la ausencia de pruebas, el Presidente Pérez no autorizó la conformación de un Consejo de Investigación, pese a que no le agradaba la figura del asistente del general Rodríguez Ochoa, a quien así se lo ha expresado verbalmente con anterioridad a este incidente.

Inexplicablemente, enfrascada en una lucha por los altos cargos y algunos implicados en negociaciones ilícitas – recuérdese que años antes varios ministros de la Defensa del Presidente Herrera Campíns fueron enjuiciados por corrupción-, la alta jerarquía de la milicia se mantuvo haciendo caso omiso a ese movimiento que se gestaba en la fuerza armada

---

[183] Mirta Rivero. *La rebelión de los náufragos*. Editorial Alfa, colección Hogueras, Caracas, 2010, p. 151.

mientras que el general de división Carlos Julio Peñaloza y el general de brigada Herminio Fuenmayor, en 1991, son pasados a retiro por el propio Pérez por haber referido públicamente la existencia de un descontento militar. Al mismo tiempo, los oficiales que habían participado en la "noche de los mayores" fueron ascendidos en su jerarquía militar hasta alcanzar grados de capitanes, tenientes y tenientes coroneles y que pasaron a conocerse coloquialmente como los "comacates".

Para enero de 1992, el Director de la DISIP, policía política, en reunión con el alto mando militar insistía en los rumores de alzamiento militar, pero Pérez volvió a solicitar pruebas, detalles, fundamentos, confirmaciones, exigiendo que al regreso de su viaje para asistir al foro de Davos, Suiza, se abriera una investigación exhaustiva y precisa, como relata Mirtha Rivero[184]. El tiempo se había agotado y Pérez continuaba ingenuamente creyendo que en la existencia de una conspiración castrense.

Para sorpresa de los venezolanos, el 4 de febrero de 1992, en horas de la madrugada, cundió la alarma en Caracas, Maracaibo, Valencia y Maracay. Se había producido un alzamiento militar.

Pérez, a escasas horas de haber regresado a Venezuela, con una decisión que lo muestra como un hombre que no se amilanaba ante las dificultades, ni le temblaba el pulso como lo había probado cuando comandaba la policía política de Betancourt frente a la guerrilla castro comunista, habló al país desde una televisora e, improvisadamente, alertó a los venezolanos de la gestación de un golpe de estado. De inmediato, las fuerzas leales a la institucionalidad democrática hicieron filas junto al presidente de la República, mientras los partidos políticos rechazaban la sedición. Pérez[185], dijo al país en ese momento:

---

[184] Mirta Rivero. *La rebelión...*, p. 198.
[185] Alocución por el canal televisivo Venevision, el 4 de febrero de 1992, 1:30 am. En *La rebelión...*, p. 209.

> Un grupo de militares traidores a la democracia, liderando un movimiento antipatriota, pretendieron tomar por sorpresa el gobierno. Me dirijo a todos los venezolanos para repudiar ese acto. En Venezuela el pueblo es quien manda. Su Presidente cuenta con el respaldo de las Fuerzas Armadas y de todos los venezolanos. Esperamos a que en las próximas horas quede controlado este movimiento. Cuando sea necesario volveré a hablar.

Fracasada la intentona, saltó por primera vez a la luz pública su cabecilla e ideólogo, el teniente coronel Hugo Rafael Chávez Frías quien, a instancia del general (r) Arnoldo Rodríguez Ochoa[186], se rindió públicamente en lo que se ha llamado la "rendición del museo militar" y, al momento de su humillación, el fallido golpista pronunció la frase que le haría célebre al hacerle ganar adeptos dentro de las masas más desesperanzadas:

> Compañeros: lamentablemente, por ahora, los objetivos que nos planteamos no fueron logrados en la ciudad capital; es decir, nosotros aquí en Caracas no logramos controlar el poder.

Al día siguiente, las fuerzas políticas representadas en el Congreso se reunieron a través de sus senadores y diputados y rechazaron absolutamente la asonada golpista. Antes, el senador David Morales Bello, de Acción Democrática, destempladamente, pidió la muerte para los golpistas, mientras que el senador vitalicio Rafael Caldera, ex Presidente de la República, intervino con unas palabras que *"jesuíticamente"* –así las enjuicia el doctor Eduardo Fernández[187]- elaboró para tan transcendental momento:

---

[186] El general (r) Rodríguez Ochoa, en horas de la madrugada, recibe una llamada del Presidente Pérez. Este, en palabras aproximadas le dice: "*General, yo le había dicho que no me gustaba su asistente y usted lo defendió todo el tiempo. Ahora vaya a controlarlo*".

[187] Declaraciones del 16 de agosto de 2006. Ver: Mirtha Rivero: *La rebelión...*, p. 241. El doctor Fernández no explica la razón por la cual califica de *"jesuíticas"* las palabras del doctor Caldera; pero en aras de la claridad, cabe reproducir las palabras del capitán Simonini, el personaje central de *El Cementerio de Praga*, de Umberto Eco (Editorial Lumen, 2ª edición, Madrid, 2010, p. 88): "*El jesuita pone rigurosamente en práctica el precepto de Maquiavelo por el cual donde se delibera de la salud de la patria, no se debe tener en consideración alguna ni lo justo ni lo injusto, ni lo piadoso, ni lo cruel*".

[...] Es difícil pedirle al pueblo que se inmole por la libertad y la democracia cuando piensa que la libertad y la democracia no son capaces de darle de comer...cuando no [se] ha sido capaz de poner un coto definitivo al morbo terrible de la corrupción...

Esta situación no se puede ocultar. El golpe militar es censurable y condenable en toda forma, pero sería ingenio pensar que se trata solamente de una aventura de unos cuantos ambiciosos que por su cuenta se lanzaron precipitadamente y sin darse cuenta de aquello en que se estaban metiendo. Hay un entorno [...] hay una situación grave en el país [...].

Quiero decir que esto que estamos enfrentando responde a una grave situación que está atravesando Venezuela. Yo quisiera que los señores jefes de Estado de los países ricos que llamaron al presidente Carlos Andrés Pérez para expresarle su solidaridad en defensa de la democracia entendieran que la democracia no puede existir si los pueblos no comen [...].

No podemos afirmar en conciencia que la corrupción se ha detenido...vemos con alarma que el costo de la vida se hace cada vez más difícil de satisfacer para grandes sectores de nuestra población, que los servicios públicos no funcionan y que se busca como una solución el de privatizarlos entregándolos sobre todo a manos extranjeras, porque nos consideramos incapaces de atenderlos. Que el orden público y la seguridad persona tampoco encuentran remedio efectivo.

Esto es lo que está viviendo el país. Y no es que yo diga que los mililures que se alzaron hoy o que intentaron la sublevación, ya felizmente aplastada (por lo menos en sus aspectos fundamentales) se hayan levantado por eso, pero eso les ha servido de base, de motivo, de fundamento, o por lo menos de pretexto.

Paralelamente, y en la misma fecha, Arturo Uslar Pietri, a la sazón la cabeza más preeminente del llamado grupo de Los Notables, una conjunción de destacados intelectuales, profesionales y políticos, alertó sobre un presumible malestar general que se había materializado en el frustrado intento de derribar la constitucionalidad y, al efecto afirmó que no podía pensarse que esos aventureros eran unos locos que habían actuado sin cooperación de otras personas, porque no iban a arriesgar sus carreras de las armas por un simple alzamiento militar. De seguidas, Los Notables comenzaron a exigir cambios institucionales, desde la renuncia de los magistrados de la Corte Suprema de Justicia para acabar con las tribus judiciales y la corrupción en los tribunales, hasta la modificación del Consejo Supremo Electoral con miras a purificar el sistema comicial.

Ante el inquieto panorama político, con una evidente crisis colectiva y sin el apoyo de su propio partido Acción Democrática, Pérez intentó oxigenar las deterioradas instituciones instituyendo el Consejo Consultivo de la Presidencia de la República[188]; y las agrupaciones políticas, aparentando que habían entendido la necesidad de sincerar la situación del sistema judicial, procedieron a renovar a los magistrados de la Corte Suprema de Justicia mediante la designación, por parte del Congreso Nacional, de juristas independientes, aunque algunos de ellos eran simpatizantes de las distintas parcialidades políticas, pero a la vez contaban con una carrera judicial. Sobre esa modificación del alto tribunal, Eduardo Fernández[189], admitiendo, para sorpresa de todos, la necesidad del control político del sistema judicial, reflexionó:

> *Por qué Pérez convino en que se modificara la integración de la Corte Suprema de Justicia? Esa modificación iba a conducir inexorablemente a la salida de Pérez del poder* [...].

Pero el ambiente nacional seguía convulsionado, tanto a nivel político y social, como en el militar. Así, a los nueve meses de la fracasada aventura golpista del 4 de febrero, y de los discursos de los senadores Caldera y Morales Bello, un grupo de militares, principalmente de la Aviación, resolvió intentar

---

[188] El Consejo Consultivo estuvo integrado, entre otros, por Arturo Uslar Pietri, Arturo Luis Berti, Alfredo Boulton, Miguel Angel Burelli Rivas, María Teresa Castillo, Jacinto Convit, Tulio Chiossone, José Román Duque Sánchez, Arnoldo Gabaldón, Ignacio Iribarren, Eloy Lares Martínez, Ernesto Mayz Vallenilla, Domingo F. Maza Zavala, José Melich Orsini, Hernán Méndez Castellanos, Pastor Oropeza, Pedro A. Palma, Rafael Pizani, Carlos Guillermo Rangel, José Vicente Rangel, Rafael Alfonzo Ravard, Elías Rodríguez Azpúrua, Isbelia Sequera Segnini, José Santos Urriola, Martín Vegas.
[189] En: *La rebelión...*, p. 239. Declaraciones del 16 de agosto de 2006.

un nuevo *coup d´etat*, esta vez comandado por oficiales de alta graduación y, así, el 27 de noviembre de 1989, las escasas tropas que les seguían asediaron a sangre y fuego el canal de la televisora estatal masacrando a su indefensa vigilancia y trabajadores hasta tomar sus instalaciones para anunciar sus intenciones de asirse del poder por la fuerza, mientras aviones de la Fuerza Aérea atravesaron el cielo capitalino y algunos de ellos descargando sus mortíferas armas sobre sus indefensos e incrédulos caraqueños. Nuevamente, la tenacidad de Pérez ante los peligros, junto con el apoyo del resto de la institución armada y de la mayoría de la población, frustraron el conato de asalto del poder y los sediciosos huyeron al exterior, dejando una estela de muerte, violencia y dolor, como acredita Mirtha Rivero[190]:

> *El saldo que dejó el segundo golpe contra el gobierno de Carlos Andrés Pérez, según cifras que en su momento manejó el Ministerio de la Defensa, fue de trescientos muertos..., alrededor de mil heridos..., mil cuatrocientos detenidos y noventa fugados a Iquitos, Perú.*

C. El enjuiciamiento del Presidente Pérez

La refacción institucional aceptada por Pérez facilitó que, en 1993, el Fiscal General de la República[191] le acusara del uso ilegal de la partida secreta presupuestaria por el supuesto desvío de fondos estatales para apoyar económicamente a la entonces Presidente de Nicaragua, Violeta Chamorro; y al poco tiempo, la Corte Suprema de Justicia en Pleno, bajo ponencia de su Presidente, doctor Gonzalo Rodríguez Corro[192],

---

[190] Mirta Rivero. *La rebelión...*, p. 348.

[191] Presidía la Fiscalía General de la República el doctor Ramón Escovar Salom, quien se desempeñara como Ministro de Justicia, Ministro de Relaciones Exteriores, Ministro de la Secretaría de la Presidencia de la República, Senador, Diputado y embajador. Años después, en 1994, pasaría a formar parte del gabinete del presidente Caldera como Ministro de Relaciones Interiores y encargado de la Presidencia de la República.

[192] Apoyaron la tesis del ponente los magistrados doctores Roberto Yépez Boscán, Ismael Rodríguez Salazar, Juvenal Salcedo Cárdenas, Alirio Abreu Burelli, Rafael Alfonzo Guzmán, Josefina Calcaño de Temeltas, Hildegard Rondón de Sansó y Carmen Beatriz Romero de Encinoso. Salvaron sus votos

autorizó el enjuiciamiento de Pérez, por lo que el Congreso le separó del ejercicio de la Presidencia para que enfrente el proceso hasta que el 30 de mayo de 1996, cuando el más alto tribunal de la República le condenó al cumplimiento de dos años y cuatro meses de arresto domiciliario por haber incurrido en *"malversación genérica agravada"*, pasando a cumplir cívicamente la condena en un retén judicial y luego, en su residencia particular.

En su última alocución al dejar la Presidencia de la República, en 1993, y rendir cuentas de su gestión y de las circunstancias que llevaron a su enjuiciamiento, Pérez manifestó su respeto por la Corte Suprema de Justicia que le procesara y, al respecto, expresó:

> *Quien como yo, que ha dedicado su vida entera a la conquista, defensa y consolidación de la democracia, no tiene que ratificar que acato esta decisión de la Corte Suprema de Justicia. No la juzgo. Será la historia -implacable en su veredicto- la que lo hará más adelante. Y la acato, porque asumo mi responsabilidad como Presidente, como poder y como venezolano. Del mismo modo que tendrán que asumir la suya quienes han conducido al país a esta encrucijada dramática de su historia.*

Para finalizar su disertación, el Presidente concluyó con unas significativas palabras que, a casi veinte años de distancia, obligan a reflexionar sobre la evolución de Venezuela en los años subsiguientes a la defenestración de Pérez:

> *Quiera Dios que quienes han creado este conflicto absurdo no tengan motivos para arrepentirse.*

---

los magistrados doctores Cecilia Sosa Gómez, Héctor Grisanti Luciani, Aníbal Rueda, Carlos Trejo Padilla, Luis H. Farías Mata y Alfredo Ducharne Alonzo. En los corrillos políticos y judiciales del momento se corrió la especie de que una de las magistradas firmantes, arrepentida, había intentado explicar sus razones al Presidente Pérez y que éste, simplemente, se negó a escucharla aduciendo que lo que le venía a decir tenía que haberlo expuesto en el expediente judicial.

Sobre el proceso judicial -antejuicio de mérito- el doctor Alberto Arteaga Sánchez[193], quien defendiera al ex Presidente, ha expresado:

No se trató de un juicio, sino de un linchamiento político. No funcionaron las instituciones, sino que se puso en práctica la más cruda venganza política bajo la forma o la apariencia de la legalidad…Todo tuvo las características de un golpe judicial.

El procesamiento de Pérez y su salida de la Presidencia de la República fue un acto político de una sociedad en rechazo a un gobierno democráticamente elegido por el voto popular. Un referéndum de facto, ajeno a la Constitución de 1961 que no prevé este tipo de consultas populares, por lo que la sociedad en 1993 se cohesionó para, por la vía de un golpe de estado validado por las instituciones, deshacerse de aquel a quien en 1989 ha elegido para regir los destinos del país.

El ex Presidente del gobierno del Reino de España, Felipe González[194], en sentidas palabras con motivo del fallecimiento del ex Presidente Pérez el 25 de diciembre de 2010, se pronunció así sobre el proceso judicial que se le siguiera a este último:

Ha muerto como un trasterrado sin dejar de mirar a su tierra, Venezuela, a la que dedicó su vida, sus esfuerzos, su pasión. Por ninguna razón merecía ese destino, incluyendo el procesamiento que lo sacó de su segunda presidencia de la República. Cuando se sosieguen las cosas y se vea la perspectiva histórica con cierta objetividad, esto quedará claro.

6. *Presidencia del doctor Ramón J. Velázquez 1992-1993*

Paralelamente, la patológica gerontocracia (del griego *gerontos*, "anciano" y, *kratos*, "poder") -las cúpulas estalinistas las llama Aguiar[195]- que controlaba la dirigencia de los dos

---

[193] En *La rebelión…*, p. 353. Declaraciones del 17 de julio de 2009.
[194] *Felipe González hace un homenaje a su amigo CAP.*
[195] "La última transición". En: *De la Revolución*…p. 248.

partidos políticos mayoritarios[196] impedía que nuevas generaciones de dirigentes asumieran el liderazgo y así se vio que el doctor Rafael Caldera reasumiera la candidatura para hacerse con la Presidencia de la República, con un intermedio provisional del longevo y respetado historiador y político, el doctor Ramón J. Velázquez. Este sustituía a un viejo dirigente de Acción Democrática, el senador Octavio Lepage, a la sazón Presidente del Congreso Nacional, quien solamente permaneció unas horas como encargado de la Presidencia de la República luego de que Pérez fuera separado de su cargo.

El interludio del Presidente Velázquez, designado por el Congreso Nacional para completar el período constitucional, mantuvo por nueve meses una continuidad que aparentaba una calma general detrás de la cual existía una gran crisis política, moral y económica, con el precio del barril de petróleo en caída libre, no tomándose en cuenta para nada las graves dificultades por las que atravesaba el sistema judicial, pese a que Velázquez, casi veinte años antes, se había preguntado[197]:

¿Cómo puede pensarse que en una eficaz reforma del Poder Judicial, si al encontrarnos frente a una demanda o ante la necesidad de pedir justicia, lo primero que inquirimos no es la sabiduría o la honorabilidad de un juez sino su filiación política con el claro propósito de logar

---

[196] Los partidos mayoritarios: Acción Democrática y Copei. El Secretario General del primero para la época era Luis Alfaro Ucero, llamado el "caudillo", un septuagenario y gris dirigente regional que culminó su carrera política 1998 como candidato a la Presidencia de la República y que, días antes de las elecciones, fue expulsado del partido en vista de que ni siquiera los militantes de su partido le apoyaban. Con motivo de su expulsión del partido, el escritor Ibsen Martínez comentó: *"Me pregunto todavía si aquel viejecito de escolaridad incompleta, que llegó a ser discrecional otorgante de contratos y dispensador de cargos en la Judicatura, y en quien llegó a encarnar toda la perversa socarronería de la oligarquía bipartidista, estuvo en condiciones de discernir qué centella lo había fulminado"*. En "El partido del Mago de Oz", disponible en: http://www.geocities.com/callada_manera/sociedad/Martinez.htm. El otro partido, Copei, a cargo de otro anciano venerable con 80 años a su espalda, el doctor Rafael Caldera, se debatía entre dirigentes surgidos a raíz de 1958 a quienes aquél impedía el paso, por lo que en 1993 se autoexcluyó de Copei para candidatearse a la Presidencia de la República.

[197] Alfredo Peña. "Los partidos dominan la justicia como los caudillos del siglo VIX". El Nacional, C-4, 8-5-77. Cita de Quintero, Justicia..., p. 61.

que los dirigentes políticos que lo eligieron presionen sobre su ánimo y determinen el resultado final del juicio? ¿O cuando descartamos a un juez, en el momento de iniciar una acción también en razón de los electores políticos a quien el magistrado debe el cargo?

Sin embargo, Velázquez, contando con su fina intuición de historiador de fuste, sabía de los males que aquejaban a la República de partidos en su tránsito hacia otra etapa que reclamaba la perfectibilidad de la democracia, y con esa convicción avanzó hacia el camino apropiado que exigían las circunstancias que no eran otras que la descentralización política y administrativa, por lo que puso en marcha el Fondo Intergubernamental para la Descentralización, nutriéndolo con los ingresos que generaba el IVA, institucionalizó el Consejo Nacional de Alcaldes y puso en funcionamiento el Consejo Territorial de Gobierno y el Consejo de Gobierno del Área Metropolitana de Caracas[198].

No obstante, sobre el efímero gobierno de Velázquez, un anónimo crítico[199] ha dicho:

"[…] no se hizo absolutamente; se trabajó al mínimo, conscientes que ellos iban a ser cambiados para el 2 de febrero de 1994, vuelvo a repetir que lo importante del político no es gobernar, sino trascender; como hizo Wolfgang Larrazabal en 1958 que presidio un país después de un movimiento revolucionario con un stablishment completamente destruido, y tuvo el tiempo suficiente (9 meses, de finales de enero hasta diciembre) para promulgar la Ley de Autonomía de las Universidades y la Ley donde el estado se reservaba el 60% de las ganancias petroleras. Ese ejemplo de Wolfgang Larrazabal, debió haberlo pensado Ramón J. Velazquez, me perdonara este señor que se que es una persona académicamente un icono de importancia venezolana, pero políticamente no esta a la talla; ese cumplimiento de la 1º Ley de Newton (Ley de la Inercia), la que dominó en su gobierno; no hizo bien, ni hizo mal, pero pienso yo que al no hacer bien esta haciendo mal, el país se encontraba sin un destino, sin un lugar a seguir, sin una política, simplemente esperando las elecciones y el nuevo presidente para que salvara el barco, eso no puede ser".

---

[198] Aguiar. "La última transición". En *De la revolución restauradora...*, p. 266.
[199] Democracia venezolana 1959-1999. Disponible en: http://www.infowarehouse.com.ve/pugoz/venezuela/demo58-3.htm

7. *Segunda Presidencia doctor Rafael Caldera 1994-1999*

El Presidente Caldera, nuevamente en el poder, se percató con su olfato político del deterioro institucional, a pesar de la responsabilidad que a él mismo le incumbe al bloquear el acceso político de la dirigencia joven socialcristiana, a la par de haber renunciado a la paternidad de la organización que años atrás había creado, el partido Social Cristiano COPEI, para fundar Convergencia, una nueva tolda partidista que se hizo responsable de que Caldera llegue a la presidencia, con la ayuda de varios partidos políticos como el MIN, el MAS, el MEP, URD y el PCV quienes le dieron a la contienda electoral un matiz heterogéneo tanto de derecha como de izquierda, ganándose así el despectivo calificativo de "chiripero".

En lo social, se hizo realidad la Ley Orgánica del Trabajo para derogar la vetusta Ley del Trabajo y actualizarla a los nuevos tiempos; y en lo político, Caldera concedió indulto presidencial pleno al teniente coronel (r) Chávez y a otros conspiradores que habían atentado contra el orden constitucional en 1992.

8. *La economía y el petróleo 1969-1999*

Debido a la dinámica de la materia económica y el fenómeno petrolero, hacer la relación de ambos dentro de etapas quinquenales para que coincidieran con los períodos constitucionales que van desde 1969 hasta 1998 podía implicar que la información resultara dispersa a los ojos del lector. Por eso, se tratará en una sección bajo el mismo título de la economía y el petróleo, subdividiéndola conforme a cada ciclo constitucional.

A. *La economía y el petróleo 1969-1974*

En líneas generales, en este quinquenio no hubo cambios bruscos en la política económica que venía siendo aplicada por los gobiernos de Betancourt y Leoni, en la cual la garantía económica se encontraba suspendida, aunque, en el período, el país se vio afectado por la inflación norteamericana que caracterizó a la primera presidencia de Richard Nixon sumada a los bajos precios del barril de petróleo, lo que hizo que el crecimiento de Venezuela fuera relativamente estable aunque progresivo.

Básicamente, en este período, la inversión privada en la industria manufacturera y de sustitución de importaciones adquirió un predominio muy importante hasta 1970 cuando empieza a notarse la alta vulnerabilidad de la economía ante las fluctuaciones del mercado petrolero internacional, acentuada por la volatilidad de los precios[200], y el crecimiento acelerado de éstos como consecuencia del embargo decretado a Occidente con motivo de la guerra del Yom Kipur, para luego descender erráticamente.

B. *La economía y el petróleo 1974-1979*

Si bien en ese período se alcanzaron avances en el campo económico, la tendencia oclocrática de las políticas de Carlos Andrés Pérez, y de su partido, estuvo presente en todas sus actuaciones al adoptar medidas de claro corte populista a la vez que aplicaba un ambicioso programa de inversiones, luego de haber declarado en 1975 la "segunda independencia" al nacionalizar la industria petrolera nacional a través de la constitución de un gran holding energético, Petróleos de Venezuela S. A. (PDVSA), empresa que, al poco tiempo, pasó a ubicarse entre las mejores del mundo petrolero en razón de su eficiencia y rendimientos económicos.

El elevado gasto público en este período, conocido como la "gran Venezuela", estimuló la inversión y el consumo privado, generando una aceleración del crecimiento del PIB no petrolero per capita a una tasa anual del 6% entre 1973 y 1978, iniciándose paralelamente un endeudamiento externo sin precedentes que generará serias consecuencias en la balanza de pagos y las finanzas públicas para los años 80, cuando declinaron las exportaciones petroleras[201].

---

[200] *Cfr.* Palacios y Niculescu. *Crecimiento en Venezuela.*
[201] *Cfr.* Palacios y Niculescu. *Crecimiento en Venezuela.*

C. *La economía y el petróleo 1979-1984*

Con innumerables problemas económicos y una deuda externa que alcanzó en ese período elevados niveles, y las reservas internacionales de Venezuela en declive, el Presidente Herrera Campíns, siguiendo los consejos de su equipo económico encabezado por el economista Leopoldo Díaz Bruzual, procedió a establecer el control de cambios por primera vez en la historia republicana, aquel inolvidable "viernes negro" de febrero de 1983. El valor del bolívar como moneda de curso legal con una paridad cambiaria estable desde los años 60 se esfumó y la inflación siguió en su espiral, dentro de un programa de enfriamiento de la economía.

Paradójicamente, el petróleo comenzó una ascendente y vertiginosa espiral y el nivel de sus precios llegó a superar la barrera US$ 30.00 por barril, cuando se produce el gran auge de los precios petroleros en 1974, demostrando una debilidad estructural de la economía nacional, mediatizada por un nuevo incremento de los precios del hidrocarburo en 1980 para luego dar paso a un decrecimiento de éstos que se mantuvo incluso a precios inferiores a los años 50 y 60 hasta el auge de los años 2000[202].

D. *La economía y el petróleo 1984-1989*

El Presidente Lusinchi, para enfrentar el pago de una deuda pública de dimensiones incalculables, entró en un proceso de negociación que culminó con lo que él mismo había calificado como *"el mejor refinanciamiento del mundo"* cuando, en realidad, la crisis económica le había obligado a aceptar los récipes e imposiciones del Banco Mundial y del Fondo Monetario Internacional, y en condiciones más onerosas que las que tuvieron que aceptar las otras naciones americanas deudoras de estos organismos multilaterales.

---

[202] Cfr. Palacios y Niculescu. *Crecimiento en Venezuela.*

Entretanto, los precios del petróleo continuaban en baja hasta promediar 18 dólares por barril, incrementando la inflación y, por supuesto, haciendo más vulnerable la economía nacional, manteniéndose una crisis financiera general en una economía en la que el papel del Estado era preponderante frente a la iniciativa privada. Esta circunstancia hizo que el gobierno intentara neutralizar con toda suerte de regulaciones, prohibiciones y controles, los entuertos provocados por la reducción de los ingresos petroleros en los últimos tres años del mandato de Lusinchi, mientras aumentaba fuertemente el gasto público a través del Plan Trienal de Inversiones, pero sobre bases económicas e institucionales bastante deterioradas[203].

No obstante, cabe invocar la opinión del doctor Carlos Raúl Hernández[204] quien, sobre la economía en los veinte años que transcurrieron entre 1970 y 1990, dice:

> *Durante los setenta y los ochenta Venezuela llegó a tener la clase media más poderosa del mundo. Era la nación con mayor y mejor distribución de aguas blancas en América Latina (88% de la población), con suficientes cloacas, electricidad, vialidad, construcción de viviendas, gracias a ese portento olvidado de Sucre Figarella. Eso contribuyó a crear un alto nivel de vida para el ciudadano promedio. Era la época en que un profesor de La Sorbona vivía en un pequeñísimo apartamento estudio con un lavabo y baño afuera. Lo mismo un abogado en Milano o un ingeniero madrileño. Profesionales "senior" mexicanos contaban los centavos en un mercado de Florencia, mientras jóvenes venezolanos consideraban que todo era "regalado".*
>
> *Era la época del "tá barato" que revelaba la energía de una sociedad petrolera pujante, que había crecido bajo la mano del modelo democrático y económico de Rómulo Betancourt a las tasas más altas del mundo y que tenía uno de los per cápita más elevados de la región, si no el más. Las peregrinaciones masivas a Miami requerían un puente aéreo. A pesar del viernes negro de 1983, el país tenía ingresos para superar sus efectos y seguir adelante.*

---

[203] *Cfr.* Humberto García Larralde. *Fascismo del siglo XXI*. Colección actualidad, Debate, Caracas, 2008, pp. 112-113.

[204] Carlos Raúl Hernández. *Dame dos. Los más notorios intelectuales de la época se decidieron a convertir a las clases medias en el hazmerreír*. Diario El Universal, en su edición del jueves 9 de diciembre de 2010.

E. *La economía y el petróleo 1989-1994. El "gran viraje"*

El "gran viraje" que propuso Pérez, aparte de los incrementos salariales previstos, conllevó una serie de medidas sociales, tales como subsidios a los productos de la cesta básica alimentaria, el incremento de los hogares de cuidado diario, las transferencias directas a las madres, lactantes y niños hasta 14 años de edad, las becas alimentarias, apoyo a las microempresas, la reforma de la seguridad social, la creación del seguro de paro forzoso y un Plan Nacional de Empleo. Quiérase admitir o no, 1989 fue el año de las reformas cuando Pérez le dio luz verde a las propuestas de la Comisión para la Reforma del Estado (COPRE) y a la promulgación de importantes leyes como la de Elección y Remoción de Gobernadores, de Régimen Municipal y la de Descentralización, Delimitación y Transferencias de Competencias del Poder Público[205].

A la vez, Pérez promovió el programa de privatización de empresas estatales mediante la Ley de Privatización, lo que permitió que el capital extranjero se aventurara nuevamente en Venezuela, de la cual ha estado alejada por varios años. El Fondo de Inversiones de Venezuela, de reciente creación, se encargó de privatizar empresas públicas deficitarias como la Compañía Anónima Nacional de Teléfonos de Venezuela, los Bancos Italo-Venezolano, Occidental de Descuento y República y otra serie de empresas, entre ellas Venezolana Internacional de Aviación (VIASA), son asumidas por el capital privado. Algunas, como la CANTV fueron ejemplo de transferencia del capital público al privado, mientras que VIASA resultó en un estruendosa quiebra que aún mantiene heridas abiertas.

En realidad, Pérez y su equipo técnico intentaron sustituir una economía altamente dirigida por un Estado que concedía protección y privilegios con gran discrecionalidad o que establecía empresas monopólicas o cuasi monopólicas, por una economía orientada al mercado, pero incurriendo en frecuen-

---

[205] Aguiar. "La última transición". En *De la Revolución*...p. 247.

tes vacilaciones y retrocesos. El cambio en el rol del Estado que se propuso no obedecía necesariamente a una convicción liberal o no intervencionista, sino a factores diversos que frecuentemente se denominan crisis según dice Pérez Perdomo[206], como precisamente sucedió con las medidas implementadas por Pérez.

F. *La economía y el petróleo 1994-1999. La "agenda Venezuela"*

La economía venezolana estaba regida por la influencia de las divisas producidas por las exportaciones de petróleo y sus derivados, lo que hace de Venezuela un Petro-Estado. Al efecto, para 1997, informa Luis Carlos Palacios[207]:

> *[...] en aquellos países donde el Estado se conforma bajo el impacto petrolero, se tiende a producir una estructura institucional que la literatura especializada denomina Petro-Estados, que se caracterizaría por que los ingresos externos petroleros se trasmiten a la sociedad vía el Estado y, al mismo tiempo, estos ingresos serían un soporte básico para el funcionamiento del Estado. El Estado, en medida importante, no depende de los ingresos domésticos sino de los ingresos externos que provee el petróleo. Ello tendería a extender las atribuciones del Estado y su rol en la sociedad, sin que ello sea soportado por impuestos domésticos que permitiesen estimular los mecanismos de contrapeso y control al Estado por parte de la sociedad. Como consecuencia de esta asimetría se manifiesta una tendencia importante a la ineficacia, discrecionalidad y falta de transparencia en la asignación de los recursos, subsidios generalizados, comportamiento acentuado de búsqueda de renta (y simple corrupción); así como a acentuar las luchas por el poder político (el control del poder económico y potenciales acceso a la percepción de renta).*

El peso del petróleo sobre la economía de los países dependientes de este hidrocarburo ha hecho que se hagan acreedores del calificativo de *"Petro-Estados"*, y se conocen como tales a los principales países exportadores de petróleo

---

[206] Pérez Perdomo. *Políticas judiciales...*, p. 8.
[207] Luis Carlos Palacios. *Declinación y caída del Petro-Estado venezolano*. Disponible en: http://www.analitica.com/va/economia/opinion/6971997.asp

(excluyendo a Indonesia, los miembros de la OPEP exportaban el 80% del total de las exportaciones netas del mundo), como afirma Palacios[208], quien agrega que por tener por mucho la mayor parte de las reservas naturales de petróleo, bajos costos de producción (con alta capacidad ociosa en forma global) y la conformación del *cartel* de la OPEP; poseían un poder de mercado importante que les permite extraer una renta económica significativa del mercado internacional del petróleo, controlando una parte importante del poder en el mundo. El poder del Petro-Estado había convertido al mismo petróleo en símbolo de soberanías y nacionalismos errados y falsos, sostiene acertadamente José Luis Cordeiro[209].

Políticamente, Caldera, en medio de una vertiginosa inflación y un paralelo descenso de las reservas de divisas, empleadas generosamente para el sostenimiento del bolívar frente al dólar, anunció la suspensión con carácter temporal de algunas garantías constitucionales, fundamentalmente las relacionadas con la propiedad privada y la libre actividad económica, que supuso el control estatal sobre el mercado de cambios, el sistema bancario y los precios. Una serie de entidades financieras, unas con graves dificultades por la fuga de capitales y otras afectadas por prácticas especulativas resultaron intervenidas y el Banco Central de Venezuela (BCV) anuncia la suspensión inmediata de todas sus operaciones de compra-venta de dólares pese a que en la Agenda Venezuela prometía restablecer el equilibrio macroeconómico y apalear la inflación. Por otra parte, se continuó el proceso de privatización de los activos del Estado y se intentó disciplinar el gasto público, medidas que, pese a que se trataba de imposiciones disimuladas de los organismos multilaterales internacionales que así lo han exigido, no surtieron los efectos esperados debido a la crisis económica mundial. Entretanto, la devaluación del bolívar alcanzó el 70% al momento de suspender el control de cambios.

---

[208] Palacios. *Declinación y...*
[209] José Luis Cordeiro. *Materias gris, negra y marrón*. Disponible en: http://www.eluniversal.com/2010/08/09/opi_art_materias-gris,-negra_1992861.shtml

Un aspecto importante de la política económica de Caldera, aunque no preveía resultados inmediatos debido a la crisis mundial de los precios del barril de petróleo, fue la "Apertura petrolera", un proceso destinado a unir esfuerzos del capital nacional e internacional para la explotación, exploración y refinamiento de petróleo y gas natural, programa que hizo que las grandes empresas internacionales del petróleo volcaran nuevamente sus ojos hacia Venezuela, porque con esa agenda se lograba integrar la acción pública y la de los inversionistas en la exploración y explotación petrolera, reservada hasta ese momento al Estado, gracias a la ley de nacionalización decretada por Pérez en 1975.

Entretanto, el precio del barril de petróleo cayó por debajo de los diez dólares americanos (USA$ 10,00), lo que afectó el financiamiento del presupuesto nacional y los programas de inversiones estatales, avistándose a Venezuela al frente de una inminente crisis financiera.

9. *El poder judicial entre 1969 y 1999*

El Presidente Caldera, en su primer gobierno al asumir la Presidencia en 1969, se encontró con un acto legislativo de suma gravedad porque lesionaba al sistema judicial: La Ley Orgánica del Poder Judicial. Como toda ley a la que se dota de la cualidad de orgánica, la del Poder Judicial estaba destinada a la organización de los tribunales de la República.

A. *La Ley Orgánica del Poder Judicial*

La Ley Orgánica del Poder Judicial aprobada por la mayoría parlamentaria afecta al partido Acción Democrática, despojaba al Ejecutivo Nacional de la facultad de postular candidatos a jueces para pasarla al Consejo de la Judicatura.

Caldera, con fundamento en la Constitución de 1961 vetó la ley y la devolvió al Congreso para considerar sus observaciones; pero el Poder Legislativo, en manos del partido Acción Democrática, promulgó la ley tal como la había sancionado, con lo cual el sistema judicial venezolano entró en terapia intensiva, pero sus médicos son los partidos políticos. Así lo comenta Carlos Ball[210]:

> *En 1968 el partido Acción Democrática perdió las presidenciales, pero retuvo la mayoría en el Congreso... y la utilizó para ponerle la mano encima al sistema judicial, a través de una ley que vinculaba el nombramiento de los jueces con los resultados electorales. Así se enterró en Venezuela el Estado de Derecho y la igualdad ante la ley. Se politizó y se corrompió el sistema judicial. Se nombraron magistrados con criterios políticos, a tenor de lo reflejado en los comicios. La consecuencia casi inmediata de ese cambio en la selección de los jueces fue la compraventa de sentencias.*

Ball, al alimón con Sabino[211], insisten en que la politización del sistema judicial deriva de la pérdida de las elecciones en 1968 por el partido Acción Democrática, sosteniendo que esta organización utilizó su mayoría parlamentaria para despojar al Ejecutivo de la facultad de nombrar los jueces, por lo que, desde entonces, se designaron por de acuerdo a la filiación política y al resultado electoral.

En la misma línea de la crítica política, era público y notorio el peso de los partidos políticos en la designación de los jueces y de allí que el doctor Manuel A. Gómez[212] se exprese así:

---

[210] Carlos Ball. *Por qué América Latina no progresa*. En CATO Institute. Disponible en: http://www.elcato.org/node/2686. Refiere Ball una anécdota relativa a su compulsivo despido como ejecutivo del Diario de Caracas: "Dos días después de mi salida del periódico, y mientras el presidente Lusinchi visitaba la redacción de *El Diario de Caracas* para celebrar su victoria –y, sonriente, declaraba: *"Es pecado hablar mal del Gobierno"*; lo cual apareció al día siguiente como titular de primera página–, yo confrontaba falsos cargos en un tribunal penal. Allí, el juez Cristóbal Ramírez Colmenares me informó, sin titubear y apuntando al techo con un dedo, de que él, necesariamente, tenía que seguir *"instrucciones de arriba"*.

[211] Ball y Sabino. *El caso*...Disponible en: http://74.125.45.132/search?q=cache:jnYG7RunGg0J:paginas.ufm.edu/sabino/word/Articulos_sobre_temas_economico_sociales/el_caso_venezuela.pdf+%22luis+felipe+urbaneja%22&hl=es&ct=clnk&cd=42&gl=ve

[212] Manuel A. Gómez. Greasing the Squeaky Wheel of Justice. Network of Venezuelan Lawyers from the Pacted Democracy to the Bolivarianan Revolution. FIU Legal Studies Reaserch Papers. El texto original cuyo párrafo se copia está en inglés en los siguientes términos: "The process of appointing judges

> *El proceso de designación de jueces era objeto de intensas negociaciones entre los actores políticos. Existía una regla no escrita según la cual quien quería entrar en la judicatura necesitaba un padrino, lo cual obviamente producía una relación de subordinación entre el candidato y su promotor en caso de que aquél resultara nombrado.*

Estos comentarios doctrinales revelan que el Presidente Caldera había intentado detener la jugada política de Acción Democrática para adueñarse del Poder Judicial, aunque debe recordarse que este partido se justificaba sosteniendo que la reforma era precisamente para evitar que el Poder Judicial fuera penetrado por las fuerzas socialcristianas que, al tener el monopolio de la postulación de jueces en el Ministerio de Justicia, intentaría tomar las plazas judiciales para miembros de su partido o afectos al nuevo mandatario.

Cumplido el cambio legislativo al desechar el veto presidencial, e instalado el Consejo de la Judicatura, como primer Presidente del Consejo de la Judicatura se eligió al doctor Rafael Pizani, quien se desempeñara como magistrado de la Corte Suprema de Justicia en el corto período constitucional del Presidente Rómulo Gallegos y que dimitiera a su investidura a raíz del golpe de estado que derrocó al afamado escritor. El doctor Pizani, con esa misma entereza que había demostrado ante los militares golpistas de 1948, al poco tiempo de asumir la Presidencia del Consejo de la Judicatura renunció a su posición al sentir que se usaba su figura para legitimar acuerdos políticos para repartirse el Poder Judicial[213].

Es triste recordar el comentario común en la época según el cual a los magistrados de la Corte Suprema de Justicia los designaban a dedo en un juego de dominó el doctor Gonzalo Barrios, por el partido Acción Democrática, y el doctor Rafael

---

was one of intense negotiations among political actors. It was not an unwritten rule that those who wanted to enter into the judicature needs a political sponsor (padrino), which obviously produced a relationship of subordination between the candidate and his o her supporter in the case the first got appointed". Disponible en: http://papers.ssm.com/sol3/papers.cfin?abstract -id=128093 1

[213] *Cfr.* Pérez Perdomo. *Políticas judiciales...*, p. 28.

Caldera, por el partido social cristiano COPEI, mientras que el resto de la nómina de jueces era repartida proporcionalmente entre estas organizaciones, al punto de que el entonces joven abogado Ramón Escovar León[214] planteó la curiosa tesis de la democratización del régimen de cupos abriéndole las puestas a los partidos de izquierda para incorporar el socialismo al sistema de justicia como un sano factor de equilibrio. Como afirma Mariolga Quintero Tirado[215], "[...] *nadie podía poner en duda el imperio visible de los partidos políticos en la designación de magistrados y jueces, el Poder Judicial era una zona avasallada o colonizada por la organización política... una zona de distribución o de acomodación de sus militantes o simpatizantes, esto es, en una forma de incrementar sus utilidades o cuotas de poder*"; y Caldera optó por sacarle beneficios para su gobierno y su partido allanándose a las pretensiones de politización del Poder Judicial.

Pérez Perdomo[216], en distintos estudios relacionados con el Poder Judicial venezolano, también ha puesto énfasis en la influencia política de los partidos en el sistema judicial, apuntando hacia una negativa experiencia en el funcionamiento del Consejo de la Judicatura, que lo obliga a expresarse así:

El Consejo de la Judicatura fue creado en 1969 con el propósito constitucional "de asegurar la eficacia, disciplina y decoro de los tribunales y de garantizar a los jueces los beneficios de la carrera judicial" (artículo 217, Constitución de 1961). En la práctica nació ante el temor de que el Presidente Caldera iniciara una depuración del Poder Judicial, penetrado en la época por el partido Acción Democrática que había pasado a la oposición pero mantenía una amplia fuerza parlamentaria. Para el momento los jueces eran designados por períodos de cinco años y correspondía una nueva designación de jueces.

---

[214] Ramón Escovar León. *La izquierda en el sistema judicial*. Cita de Mariologa Quintero Tirado en: *Justicia y Realidad*. Universidad Central de Venezuela Facultad de Ciencias Jurídicas y Políticas, Caracas, 1988, p. 62.

[215] Quintero. *Justicia...*, p. 59.

[216] Rogelio Pérez Perdomo.*Una evaluación de la reforma judicial en Venezuela*. Disponible en:
http://74.125.45.132/search?q=cache:K8o1rLnluTYJ:www.cejamericas.org/doc/documentos/evaluacionalareformavenezuela_rperdomo.pdf+rogelio+perez+perdomo&hl=es&ct=clnk&cd=7&gl=ve. *Medio siglo...*pp. 10 y sigs.

> *Muy rápidamente el Consejo de la Judicatura se convirtió en un aparato penetrado por los partidos políticos que llegaron a un acuerdo para repartirse los cargos judiciales. La vía que tomó el Consejo provocó, a los pocos meses de su designación, la renuncia de su primer presidente, Rafael Pizani, un profesor de derecho reconocido por su honestidad e independencia. En su carta de renuncia advirtió el rumbo que estaba tomando el Consejo. La distribución de los cargos judiciales en función de los partidos políticos fue el rasgo dominante del sistema judicial venezolano bajo la égida del Consejo.*

Igual opinión mantuvo Pérez Perdomo[217] al sostener que los políticos tomaron el control del Consejo de la Judicatura para convertirlo en una extensión del Pacto de Punto Fijo:

> *Pronto, el Consejo, sin sorpresas, pasó bajo el control de los miembros de los partidos políticos que tenían mayoría en el Congreso y en la Sala Político Administrativa de la Corte Suprema, lo cual obviamente les dio significante apalancamiento.*

Esta situación, por lo demás pública, fue aceptada hasta por los propios integrantes del Poder Judicial, como lo admitió el magistrado Aníbal Rueda, Presidente encargado de la Corte Suprema de Justicia al afirmar que, hasta su propia designación, había sido producto de acuerdos bipartidistas[218].

En fin, con la creación del Consejo de la Judicatura se esperaba contar con una institución y una estructura capaz de garantizar el autogobierno del Poder Judicial y, además, la puesta en marcha de los mecanismos concursales que garantizaran el acceso de los más idóneos, la independencia y estabilidad de los jueces. Pero nada de esto ocurrió pues la composición político-partidista de los órganos de dirección del nuevo organismo impidió toda consideración de carácter técnico y la selección de los jueces continuó complaciendo una clientela que veía en la provisión de cargos judiciales la

---

[217] Pérez Perdomo. *Cincuenta años de historia judicial*. En *Derecho y Democracia* 1.
[218] Diario El Nacional, edición correspondiente al 26 de agosto de 1999.

posibilidad de repartir un botín entre sus amigos e incondicionales, como apunta Marcos Vilera[219].

Por supuesto, para legitimar la intervención política, el Consejo de la Judicatura respetaba a jueces con clara imparcialidad política e independencia judicial y nunca se les removió de sus cargos y que habían ejercido la judicatura durante gran parte de su vida, como los doctores Alirio Abreu Burelli[220], Cecilia Poleo de Báez, Luis Corsi, Antonio J. Pérez Alemán, Bruce Gibbon Isava, Héctor Humpiérrez, Domingo Antonio Coronil[221], Eleazar Martineau Plaz, Edmundo Egui Luna, Asdrúbal Leandro Sánchez, Luis A. Nahim Pachá[222]. En la misma Circunscripción Judicial, en los juzgados con competencia laboral gozaron de estabilidad los doctores Noemí Irausquín de Vargas[223], Pedro Elías Rodríguez[224], Antonio Ramírez Jiménez[225], Alberto Martini Urdaneta[226]; y en los juzgados con competencia penal cumplieron su carrera los doctores Helena Fierro Herrera[227], Jesús Manzaneda Mejía, José Erasmo Pérez España[228], Carmen Beatriz Romero de Encinoso[229], Agustín Andrade Cordero, Héctor Marcano Batistini, Blanca Rosa Mármol de León[230], Carmen Elena Crespo de

---

[219] Marcos Vilera. *El acceso a la función judicial en Venezuela*. En: *Rev. Venezolana de Economía y Ciencias Sociales*, 2009, vol. 15, N° 1 (ener.-abr.), pp. 13-36.
[220] Posteriormente magistrado de la Sala de Casación Civil de la CSJ y de la Corte Interamericana de Derechos Humanos. Había iniciado su carrera como Juez de Municipio en Guanare, Estado Portuguesa.
[221] Posteriormente magistrado de la Sala Político Administrativa de la CSJ.
[222] Posteriormente Juez Superior de la Circunscripción Judicial del Área Metropolitana de Caracas, por ascenso.
[223] Posteriormente magistrada del Consejo de la Judicatura.
[224] Posteriormente magistrado del Consejo de la Judicatura.
[225] Posteriormente magistrado de la Sala de Casación Civil del TSJ.
[226] Posteriormente magistrado de la Sala Electoral del TSJ.
[227] Posteriormente magistrada de la Sala Penal de la CSJ.
[228] Posteriormente magistrado de la Sala Penal de la CSJ.
[229] Posteriormente magistrada del Consejo de la Judicatura y de la Sala Penal del TSJ.
[230] Magistrada de la Sala de Casación Penal del Tribunal Supremo de Justicia.

Hernández[231], Luis Manuel Palís[232], Juvenal Salcedo Cárdenas[233]; y en la competencia en materia inquilinaria, el doctor Francisco de Sales Pérez ejerció la magistratura en el Tribunal de Apelaciones de Inquilinato con plena estabilidad.

En el mismo orden de ideas, Sarmiento Núñez[234], al comentar un editorial de un diario español sobre la politización de la justicia en ese país, expresaba:

> [...] *la causa fundamental de la politización de la justicia en España se atribuye a la intervención de los partidos políticos, a través de sus miembros congresantes, en la designación de los órganos judiciales. En Venezuela la situación es, sin lugar a dudas, evidentemente similar. El propio Presidente de la República ha reconocido públicamente esa grave irregularidad, al expresar: Hemos politizado al Poder Judicial, hemos buscado en el clientelismo político la manera de elegir a los jueces, y ahí están las consecuencias de lo que suceden en el Poder Judicial de Venezuela.*

B. La corrupción judicial

Pero además de esta pública y notoria intervención política en el sistema judicial, se presentó un fenómeno adicional derivado del intrusismo político, que fue la corrupción judicial como lo acredita Pérez Perdomo[235]:

> *En resumen, el sistema judicial hasta la década de 1990 era una parte pequeña y relativamente poco importante del aparato estatal. Era considerablemente corrupto y penetrado por los partidos políticos. Cuando el sistema político colapsó y perdió su capacidad de manejar los conflictos sociales, la población descubrió que necesitaba árbitros y*

---

[231] Magistrada del Consejo de la Judicatura y del Tribunal Andino de Justicia. Justo es reconocer que la doctora Carmen Elena Crespo de Hernández mantuvo su independencia como Magistrada del Consejo de la Judicatura centrándose en la medida de lo posible en los aspectos técnicos del funcionamiento del sistema judicial.

[232] Posteriormente magistrado de la Sala Penal de la CSJ.

[233] Posteriormente magistrado de la Sala Penal de la CSJ.

[234] Sarmiento Núñez. *Temas Jurídicos. Despolitizar la Justicia*. Consultado en original. Junio de 1990.

[235] Pérez Perdomo. *Una evaluación...*, p. 5.

una institución que garantizara los derechos humanos y que no los tenía. La difusión del amparo y el número creciente de abogados que empezaron a usar este recurso, mostró que era un recurso muy eficaz que eventualmente podía ser mal usado. Esto impulsó la idea de que un sistema judicial confiable, eficiente e independiente era indispensable para el funcionamiento adecuado de la sociedad moderna a la que aspirábamos los venezolanos. De allí la necesidad de una reforma judicial.

En similar sentido, Sarmiento Núñez[236] sostenía que la descomposición del sistema judicial era reconocida, admitida y pregonada por altos personeros oficiales y, al respecto reproducía textualmente una declaración pública de un ex Presidente de la Corte Suprema de Justicia que había expresado que "[...] *conoce a los jueces corruptos y que los ha visto crecer*"; y que un ex Presidente del Congreso había afirmado a la prensa que hay tantos jueces adecos como copeyanos, y que "[...] *el porcentaje de* **maulas** *de uno y otro color es más o menos igual*", concluyendo en lo siguiente:

> *Lo alarmante de esa grave circunstancia que así se plantea es que no se le busca ningún tipo de solución favorable, sino todo lo contrario: los altos personeros, con el poder político que ostentan, no obstante que conocen los vicios de que adolece la administración de justicia y sus causas, en lugar de propiciar su corrección, encubren a los funcionarios deshonestos y fomentan la corrupción al no interponer legalmente las correspondientes denuncias que tienen la ineludible obligación de formular. Por esa razón, es grave e inexcusable su evidente responsabilidad en la crisis judicial que cada día se agrava más, sin que nada se haga por remediar tan delicada situación.*

El sistema judicial, entretanto, a la par del desbarajuste interno derivado de la creciente descomposición, recibió numerosas denuncias por hechos de corrupción, ante un tribunal *ad hoc* creado especialmente para juzgar los delitos contra la cosa pública, un elefante blanco llamado Tribunal Superior de Salvaguarda del Patrimonio Público, que adquirió fama por su lenidad en el juzgamiento de los casos sometidos a su

---

[236] Sarmiento Núñez. *Politización de la Justicia...*

conocimiento y la vinculación de sus jueces a los partidos políticos, siendo objeto de burla generalizada por haber condenado solamente a un chivo expiatorio por los hechos de RECADI, conocido públicamente como el caso del "chino", uno de los personajes encarcelados por esos delitos.

C. El resurgimiento de las "tribus" judiciales

Otro de los aspectos más importantes de la decadencia del sistema judicial en el período fue el resurgimiento de grupos de poder que, generalmente, funcionaban dentro de la esfera del área penal, principalmente la denominada Tribu de David -la *madre de todas las tribus*[237], y el Clan Borsalino, aunque en el campo civil se rumoraba de la existencia del Cartel de Damasco, y en el Consejo de la Judicatura de la tribu Reyes Sánchez. Las tribus judiciales, aunque sin portar esa tarjeta de presentación, tenían antecedentes que se remontaban a la época de la autocracia de los Monagas, como se ha visto *supra* conforme a las opiniones vertidas por Núñez de Cáceres, ya comentadas. Pérez Perdomo[238], por su parte, observa que la existencia de esos grupos estaba vinculada al poder y a la influencia de los bufetes de abogados y, al respecto, ha expuesto:

Existía la percepción de que la maquinaria de la justicia era movida por dinero y que los fundamentos de derecho o razonabilidad de un reclamo importaba poco. Tal percepción era alimentada por el conocimiento de cómo se designaba a los jueces y por escándalos de decisiones cuyo fundamento el público no comprendía. Por ejemplo, un narcotraficante aprehendido y sobre el cual se hacía gran alharaca, podía ser liberado pocos días después. Se difundió también la existencia de

---

[237] William Ojeda. *Cuánto vale un juez*. Vadell Hermanos Editores, Valencia-Venezuela-Caracas, p. 114. Para los interesados en mayor información sobre el funcionamiento de las tribus, se recomienda su lectura, aunque personalmente estimo que, debido a la cantidad personas que el autor involucra, muchas que se mencionan allí no tenían vinculación alguna con las llamadas tribus, o no habían sido funcionarios judiciales y que se les calificó de jueces incursos en corrupción, lo que evidentemente vicia el valor científico de ese ensayo.

[238] Pérez Perdomo. *Una evaluación...*

redes informales de jueces y abogados que podían garantizar las decisiones. Estas redes se conocieron con el nombre genérico de "tribus judiciales" seguramente porque la primera y tal vez más conocida era denominaba la tribu de David, debido a que su líder era un abogado y dirigente político con ese nombre. Esta tribu se percibía asociada con el partido Acción Democrática y algunos de sus miembros llegaron a ser magistrados de la Corte Suprema y del Consejo de la Judicatura. Otra tribu, asociada con otro partido, se conoció como el clan Borsalino. El conocimiento de estas tribus era público y sus actuaciones comentadas en la prensa.

No sólo era notoriamente conocida la actuación de las tribus, sino que sus integrantes se vanagloriaban de pertenecer a ellas y se aprovechaban de la publicidad que generaba su actuación para aumentar la clientela, a la que garantizaban el triunfo de los casos que eran atendidos por esos grupos ante el sistema judicial, especialmente en los tribunales con competencia en lo penal, aparte de que, con facilidad, lograban contratos de asesoría legal con el Estado y sus empresas públicas, aumentando exponencialmente sus ingresos económicos.

D. *La independencia judicial*

En el primer quinquenio del Presidente Pérez se encuentran interferencias descaradas en el Poder Judicial y, como ejemplo, la destitución del juez instructor Omar Arenas Candelo por orden presidencial expresa al haber dictado una decisión que no fue del agrado del Presidente de la República.

Durante los quinquenios de Herrera Campíns y Lusinchi, no hay mayores incidentes que relatar vinculados con la designación de los jueces y magistrados, salvo la arraigada y nefasta práctica de repartirse los cargos judiciales de acuerdo a la parcialidad política y que, años después, llevará a la defenestración del Consejo de la Judicatura.

En el quinquenio no finalizado de Carlos Andrés Pérez, se ha afirmado que éste fue objeto de un "*golpe judicial*" pues, así como desde la perspectiva política distintos sectores -Los Notables, los partidos políticos, los empresarios, los medios de comunicación, los ciudadanos comunes- clamaban la separación presidencial, la Corte Suprema de Justicia, sin siquiera valorar las pruebas, se prestó a desbancar a Pérez, lo que podría interpretarse como una actividad política de la máxima autoridad del Poder Judicial, *"...un precedente nefasto que se sentó en la administración de justicia: la politización de la justicia, la judicialización de la política, es decir, resolver asuntos políticos sirviéndose del Poder Judicial, y con apariencia de legalidad"*, como sostiene Arteaga Sánchez[239].

Durante la segunda presidencia de Caldera se tomaron algunas iniciativas durante el quinquenio, relativas al sistema judicial. En efecto, se promulgó la Ley Orgánica de Justicia de Paz, en 1994 la cual tenía por objeto resolver mucho de la inaccesibilidad de la justicia, creando jueces legos que vivirían en las comunidades y que resolverían conflictos vecinales y cotidianos básicamente a través de la mediación.

La idea central era que el sistema judicial formal no estaba equipado para resolver tal tipo de conflictos y que era geográfica y culturalmente distante de la mayoría de los venezolanos, como afirma Pérez Perdomo[240].

Para derogar el viejo Código de Enjuiciamiento Criminal, promulgado en los tiempos del gomecismo, entró en vigencia el Código Orgánico Procesal Penal. Con este instrumento legislativo, se pasó del sistema inquisitivo al acusatorio, con lo cual el poder discrecional del juez en el proceso pasó del funcionario judicial penal al ministerio público. Para Pérez Perdomo[241], *"en 1998, la justicia penal sufrió una revolución copernicana con la adopción del Código Orgánico Procesal Penal"*.

Igualmente, en 1998, se promulgó la Ley Orgánica para la Protección de Niños y Adolescentes en vigencia en el año 2000, mediante la cual se incorporaron normas contenidas en la Convención sobre los Derechos de los Niños aprobada por las Naciones Unidas en 1989, dándose mayor cabida al prin-

---

[239] En la rebelión..., p.358. Declaraciones....
[240] Pérez Perdomo. *Una evaluación...*
[241] Pérez Perdomo. *Una evaluación...*

cipio de inmediación en el proceso, otorgando más competencias a los jueces de menores y adolescentes y facilitando las relaciones con los organismos administrativos.

A pesar de esas iniciativas legislativas, que contaban con el apoyo del Presidente Caldera, el sistema de justicia continuaba en terapia intensiva, lo que exigía una especial atención que resultaba insuficiente con lo obtenido a través de las leyes mencionadas. José Sant Roz[242], así como reconoce las cualidades intelectuales del Presidente Caldera, critica su falta de iniciativa para acometer una reforma judicial:

> *¿Cómo era posible que un hombre, tan ducho en leyes, tan conocedor de la sociedad venezolana, no la emprendió de inmediato con una profunda reforma del poder judicial, donde se encontraba el inmenso cáncer que nos paralizaba y nos envilecía? ¿Cómo fue posible que no procedió de inmediato a promover una limpieza de este antro de perdición, sin el cual es imposible avanzar, y por cuya degeneración el Fiscal de la República, Escovar Salom había declarado que aquí no había estado de derecho?*

Para desilusión de todos y en perjuicio del estado de derecho, para el inicio de la década de los años 90 del siglo XX, en líneas generales el sistema judicial era una rama del Poder Público no solamente disminuida y desacreditada. Bottaro[243], al afirmar que el Poder Judicial, a ningún nivel, era independiente, y que se había politizado cada día más y los inversionistas extranjeros se abstenían de invertir en el país por desconfianza en el sistema judicial, expresa:

> *Se ha insistido en la reestructuración del aparato de la justicia. ¿Qué hemos logrado? Un sistema judicial cada vez menos confiable. Los procesos judiciales son interminables. Los jueces cada vez más improvisados. Las plazas de jueces en números astronómicos son ocupadas por jueces temporales o transitorios. Hemos inventado y desarrollado las normativas y sistemas más complejos para la escogencia de los jueces y resulta que, al final, terminan siendo seleccionados a dedo.*

---

[242] José Sant Roz. Disponible en: http://www.aporrea.org/actualidad/a33528.html. Para conocer la personalidad de Sant Roz, se recomienda leer "*Réplica de Ernesto Villegas a José Sant Roz*", disponible en: http://laclase.info/nacionales/replica-de-ernesto-villegas-jose-sant-roz

[243] Bottaro. *El surrealismo...*, pp. 100-101.

No obstante todas esas carencias que mostraba el sistema judicial en el período que se refiere, debe observarse que existieron personalidades que se mostraron como eminentes juristas y excelentes magistrados y jueces, algunos de los cuales algunos han sido mencionados, como el doctor José Román Duque Sánchez quien desde la cátedra de Derecho Procesal Civil en las Facultades de Derecho de la Universidad Central de Venezuela y de la Universidad Católica Andrés Bello, dio muestras de su preocupación por el sistema judicial; y el doctor José Gabriel Sarmiento Núñez, quien en *Temas Jurídicos*, una recopilación de artículos de difusión publicados en el Diario El Universal, opinó durante más de veinte años acerca de la marcha del Poder Judicial, el rendimiento profesional de los jueces, la independencia judicial, la designación de jueces y magistrados y hasta su alerta sobre el abandono político de la función judicial, previendo la decadencia en que caería años después esta rama del Poder Público.

Allan-R. Brewer Carías también realizó un enjundioso estudio del sistema judicial venezolano en el que analizó la conducta de los dirigentes políticos más resaltantes de los partidos Acción Democrática y Copei frente al Poder Judicial y la doble faceta que mostraban cuando se pronunciaban en defensa de la independencia judicial contrastando con los nombramientos que ambos partidos efectuaban para la Corte Suprema de Justicia y el Consejo de la Judicatura[244].

Como magistrados de la Corte Suprema de Justicia en esta etapa democrática deben citarse: los doctores Arístides Calvani, Martín Pérez Guevara, René De Sola, José S. Núñez Aristimuño, Rafael Alfonzo Guzmán, Jesús María Casal, Al-

---

[244] Allan-R. Brewer Carías. "El problema del Poder Judicial", en sAllan R. Brewer-Carías, *Problemas del Estado de partidos*, Editorial Jurídica Venezolana, Caracas 1988, pp. 219 a 305. En él, el autor hace refiere la actitud ejemplarizante de algunos magistrados del Consejo de la Judicatura, como los doctores Jesús A. Petit Da Costa y Carmen Elena Crespo de Hernández al defender la independencia judicial y rechazar la intromisión política en el Poder Judicial. El texto íntegro de este libro está disponible en:
http://www.allanbrewercarias.com/Content/449725d9-f1cb-474b-8ab2-41ef b849fea5/Content/II.1.57.pdf

fredo Ducharne Alonzo, Carlos Trejo Padilla, René Plaz Bruzual, Héctor Grisanti Luciani, Aníbal Rueda –Decano de Derecho de la Universidad de Carabobo-, Cecilia Sosa Gómez, Román J. Duque Corredor -otro defensor a ultranza de la función judicial-, Josefina Calcaño de Temeltas, Hildegard Rondón de Sansó, Luis H. Farías Mata, Humberto J. La Roche -profesor de la Universidad del Zulia-, Héctor Paradisi, Hermes Harting, José Luis Bonnemaison. También desempeñan la magistratura los doctores Ignacio Luis Arcaya, José Agustín Méndez, Cipriano Heredia Angulo, Otto Marín Gómez, Gonzalo Rodríguez Corro, Antonio Sotillo Arreaza, César Bustamante Pulido, Ismael Rodríguez Salazar, Roberto Yépez Boscán, Iván Rincón Urdaneta. La mayoría de ellos, profesores de derecho de la Universidad Central de Venezuela y de la Universidad Católica Andrés Bello, o miembros de la Academia de Ciencias Políticas y Sociales. Otros, como Pérez Guevara, Monsalve Casado, De Sola, Núñez Aristimuño, Marín Gómez y Alfonzo Guzmán, además de Presidentes de la Corte, habían cumplido funciones como ministros en los gobiernos democráticos, igual que Arcaya, quien fue Ministro de Relaciones Exteriores en el gobierno de Betancourt.

Ello trae a la memoria al maestro de la ciencia procesal, Piero Calamandrei[245], cuando se refería a los juzgadores en su país durante la oscura hora de Mussolini:

Hubo, durante el fascismo, y en número superior al que se podría pensar, magistrados heroicos dispuestos a perder el puesto y aun a afrontar el confinamiento, con tal de defender su independencia; y hubo una gran cantidad de magistrados adictos a las leyes y dispuestos, sin discutir el régimen de que emanaban, a aplicarlas con decorosa imparcialidad. Pero hubo asimismo, desgraciadamente (hay que confesarlo), algunos magistrados indignos, que por escalar las más elevadas posiciones, vendían sin escrúpulos su conciencia.

---

[245] Piero Calamandrei. *Elogio de los jueces escrito por un abogado*. Ediciones Jurídicas Europa-América, Buenos Aires, 1956, pp. 225-226.

XI
EL PANORAMA INSTITUCIONAL 1998-2000.
EL PROCESO CONSTITUYENTE

La democracia de consenso estaba herida de muerte. Los dirigentes políticos no advirtieron la necesidad de enfrentar la realidad para enmendar la Constitución de 1961 incluyendo la doble vuelta electoral, ni se atrevieron a combatir la corrupción de manera sincera por temor a que el *"clientelismo"* del cual se servían los partidos se viera mermado, con lo cual siguieron su política de solidaridades automáticas con aquellos compañeros de tolda que puedan ser enjuiciados, muy al contrario a la actitud de Betancourt en los primeros años de la naciente democracia cuando, al tener conocimiento de los hechos, sigilosamente separó del cargo a un íntimo colaborador suyo a quien se le había detectado una prevaricación en el Banco Obrero, a cambio de una importante suma de dinero. La corrupción se hizo algo tan corriente que hasta se decía coloquialmente que los antiguos perezjimenistas enriquecidos en la década de los cincuenta eran unos "niños de pecho" comparados con los corruptos vinculados directa o indirectamente a los partidos Acción Democrática y Copei, organizaciones que hegemónicamente y cada quinquenio probaban suerte en el ejercicio del poder.

En fin, el *"mareo de altura"*, la superioridad y la soberbia que mostraba la clase política dirigente, lamentablemente para las presentes y futuras generaciones de venezolanos, fue minando paulatinamente las bases populares originando la pérdida de la fe en la democracia. Como relató Bottaro[246]:

> [...] *las organizaciones militantes hundiéndose en el cieno de su propia improvisación, de sus incapacidades y contradicciones y los partidos se convierten, en el mejor de los casos, en pálidas sombras de lo poco que fueron y representaron en el pasado por falta de dogma, de principios, de objetivos concretos y realizables, de sentido de oportunidad, de ética política, de moral, de honestidad, de capacidad de profesionalización y de formación de aptitudes.*

Mientras, cada día era más ineficiente el desenvolvimiento económico, las clases marginales aumentaban en población mermando a la clase media, y las principales ciudades del país se rodeaban de viviendas miserables e inhóspitas ocasionando la *"rancherización"* de Venezuela y convirtiendo en *"ghettos"* ciertos sectores citadinos como el caso del "Este" de Caracas, víctima de la inseguridad personal.

Por su parte, la clase empresarial acostumbrada a la política proteccionista que había aplicado el Estado desde los viejos tiempos del gobierno de Betancourt, pretendía seguir al amparo oficial, negándose a aceptar los cambios que la economía y finanzas del país exigían ante el proceso de globalización que avanzaba en el mundo; y de igual manera, la antipolítica surgida a raíz de la aparición de Los Notables, ayudó a que una matriz de opinión se fuera diseñando desde los medios de comunicación apuntando hacia la necesidad de remover las tambaleantes instituciones democráticas.

Ante ese panorama, el teniente coronel (r) Hugo Rafael Chávez Frías, desde el mismo momento en que asumió la Presidencia de la República, reiteró la necesidad de un proceso constituyente que elaborara una nueva constitución que sustituyera a la vigente desde el 23 de enero de 1961, como él había pregonado durante la campaña electoral de 1998, invocando a Bolívar, ese padre inmortal que vive en la eterna fies-

---

[246] Bottaro. *El surrealismo...*, p. 108.

ta de la Independencia[247], tan mentado por todos los mandatarios que han gobernado la República. Por tanto, se hace obligatoria una referencia a los aspectos jurídico-políticos del momento.

De esta manera, democráticamente, se entronizó en el poder un movimiento que sus alineados denominan la Revolución Bolivariana, calificativo utilizado para designar el cambio ideológico y social comenzado desde el fallido golpe de estado intentado el 4 de Febrero de 1992 por el teniente coronel (r) Chávez y sus adeptos, no fundamentado en principios políticos o filosóficos, sino en función de un programa de gobierno para hacer cumplir la voluntad de Simón Bolívar, Ezequiel Zamora y Simón Rodríguez, Padre, Hijo y Espíritu Santo, como dice Caballero[248]. Así, Venezuela se asomaba al siglo XXI en medio de una convulsionada sociedad que clamaba un cambio social, un estilo transparente en el gobierno y en el sistema judicial, y una mejora en las condiciones de vida de sus habitantes. Se daba inicio al mausoleo donde se daría sepultura a aquella democracia surgida a raíz del 23 de enero de 1958, a manos de una nueva revolución.

1. *El proceso constituyente*

El proceso constituyente no fue un tema discutido durante la campaña electoral de 1998 porque solamente un candidato, el teniente coronel (r) Chávez, lo ofrecía como solución para salir del marasmo en que había caído la República. El doctor Jorge Olavarría[249] dibujó la situación política nacional para aquellos días, así:

---

[247] Torres. *La Herencia…*, p. 142.
[248] Manuel Caballero. *La Independencia como mitología*. Este artículo salió publicado el domingo 12 de diciembre de 2010, en el diario venezolano El Universal, del que era columnista Manuel Caballero, fallecido ese mismo día a las 8 de la mañana.
[249] Jorge Olavarría. *La moribunda y el mamarracho*. Disponible en: http://www.analitica.com/bitblio/jolavarria/moribunda.asp

Para 1998, la mayoría de los venezolanos querían un cambio real, no palabras, ni promesas de cambio. "Constituyente" se hizo sinónimo de cambio. Quienes se le oponían, se vieron arrinconados a defender lo indefendible. Todos los candidatos, desde Alfaro Ucero hasta Muñoz León, hablaban de cambio. Pero el único que ofrecía una Constituyente, capaz de hacer un cambio real y radical, era Chávez. La Constituyente se convirtió en la más polémica y poderosa proposición política de los últimos 40 años, acaso igual a la Federal del siglo pasado. Ríos de tinta, mares de papel y horas de medios audiovisuales se gastaron en rebatir con sutilezas legales algo que no aceptaba sutilezas: la necesidad de cambiar un sistema decrépito, corrupto, parasitario e históricamente fracasado.

Estrenado el recién llegado poder político comenzó a gestar el proceso constituyente y, al efecto, Chávez, el día de su proclamación como Presidente electo por el Consejo Supremo Electoral, retó al Congreso a ejercer su derecho a convocar el referéndum, pues, en caso de no hacerlo, él lo haría el 15 de febrero en Ciudad Bolívar, aniversario del Congreso de Angostura.

A. *El desempeño de la Sala Político Administrativa de la Corte Suprema de Justicia*

Dentro del maremágnum que causó la declaración presidencial, la Sala Político Administrativa de la Corte Suprema de Justicia (SPA-CSJ), en sentencias Nos. 17 y 18 del 19 de enero de 1999, interpretó el Preámbulo y los artículos 4 y 50 de la Constitución de 1961 en relación con el artículo 181 de la Ley del Ley del Sufragio y Participación Política, aprobada en diciembre de 1997, y declaró que se podía consultar al soberano en los términos de la citada Ley, para formar una Asamblea Constituyente. Esto abrió la posibilidad a un hecho histórico sin precedentes: una Asamblea Constituyente en paz, que no fuera la imposición de los vencedores sobre los vencidos.

De acuerdo al criterio de la SPA-CSJ, la convocatoria al referéndum y todo el trabajo de la Asamblea Constituyente, podía y debía hacerse dentro del marco de la normativa legal y constitucional bajo la cual ella sería elegida. La Constitución de 1961 seguiría con plena vigencia mientras la Asamblea no aprobase una nueva Constitución y ésta fuese aprobada en un referéndum. Sin dudas, la nueva Constitución derogaría a la que teniente coronel (r) Chávez había calificado de "moribunda" en los términos que ella estableciera, con las disposiciones transitorias que fueran necesarias para ello. Pero eso sólo sucedería después que la nueva Constitución fuese aprobada por referéndum. Hasta ese momento, todo seguiría igual.

En conclusión, las sentencias sólo se limitaron a decidir que es "[…] *procedente convocar a un referendo en la forma prevista en el artículo 181 de la Ley Orgánica del Sufragio y Participación Política, para consultar la opinión mayoritaria, respecto de la posible convocatoria a una Asamblea Constituyente, en los términos expuestos en este fallo*", pero no que dicha convocatoria e instalación de una Constituyente podía hacerse sin regularla previamente en la Constitución. Es decir, la solicitud de los recurrentes de si "*con fundamento en dicha norma puede convocarse un Referendo que sirva de base para la convocatoria de una Asamblea Constituyente sin que medie una Enmienda o una Reforma de la Constitución*", no fue resuelta expresamente por la Corte Suprema y, como afirma Allan-R. Brewer-Carías[250], se desarrolló el camino para la estructuración de una tercera vía para reformar la Constitución de1961, distinta a la Reforma General y la Enmienda previstas en sus artículos 245 y 246, como consecuencia de una "*consulta*" popular para convocar una Asamblea Constituyente. Las sentencias fueron celebradas y aplaudidas por el recién electo Presidente, teniente coronel (r) Chávez, quien, con orgullo, le entregó copia al Presidente de los Estados Unidos, Bill Clinton[251].

---

[250] Allan-R. Brewer Carías. "La demolición del Estado de Derecho en Venezuela", en *El Cronista del Estado Social y Democrático de Derecho*, N° 6, Editorial Iustel (RI §1036036). Madrid, 2009. pp. 52-61. Disponible en: http://www.allanbrewercarias.com/Content/449725d9-f1cb-474b-8ab2-41ef b849fea8/Content/II,%204,%20591.%20LA%20DEMOLICI%C3%93N%20DE L%20ESTADO%20DE%20DERECHO%20EN%20VENEZUELA.%20REFORM A%20CONSTITUCIONAL%20Y%20FRAUDE%20A%20LA%20CONSTITUTI %C3%93).pdf

[251] *Cfr.* Olavarría. *La moribunda y el mamarracho*.

El teniente coronel (r) Chávez, en vista de que su Decreto Nº 3 había sido objeto de una solicitud de nulidad ante la SPA-CSJ, lo cambió para fijar las bases de la convocatoria de la ANC a ser sometida para la aprobación del pueblo en el referendo; e incorporando otra en la cual se acordaba: "*Una vez instalada la Asamblea Nacional Constituyente, como poder originario que recoge la soberanía popular, deberá dictar sus propios estatutos de funcionamiento, teniendo como límites los valores y principios de nuestra historia republicana, así como el cumplimiento de los tratados internacionales, acuerdos y compromisos válidamente suscritos por la República, el carácter progresivo de los derechos fundamentales del hombre y las garantías democráticas dentro del más absoluto respeto de los compromisos asumidos*".

La SPA-CSJ, en sentencia de 18 de marzo de 1999, anuló la segunda pregunta de la convocatoria al referendo y declaró que la actuación de la Asamblea Constituyente era posible porque lo permitía la Constitución de 1961, con lo cual admitió que ésta no podía perder vigencia alguna durante la actuación de la Asamblea Nacional Constituyente, o sea, que los poderes constituidos conforme a la Constitución de 1961 debían continuar actuando, sin que la Asamblea pudiera disolverlos o asumir sus facultades constitucionales.

Sin embargo, antes de que se produjera el aludido fallo del 18 de marzo de 1999, el Consejo Supremo Electoral convocó a referéndum nuevamente con base a la modificación efectuada por el Presidente de la República, por lo que su convocatoria fue impugnada por estimarse que se apartaba de lo decidido en las sentencias del 19 de enero de 1999, al pretender atribuir "carácter originario" a la futura ANC.

En sentencia de 13 de abril de 1999, la SPA-CSJ aclaró:

[que]...*en la sentencia dictada por esta Sala el 18 de marzo de 1999 se expresó con meridiana claridad que la Asamblea Constituyente a ser convocada, 'no significa, en modo alguno, por estar precisamente vinculada su estructuración al propio espíritu de la Constitución vigente, bajo cuyos términos se producirá su celebración, la alteración de los principios fundamentales del Estado democrático de derecho', y 'en consecuencia, es la Constitución vigente la que permite la preser-*

vación del Estado de derecho y la actuación de la Asamblea Nacional Constituyente, en caso de que la voluntad popular sea expresada en tal sentido en la respectiva consulta.

La diatriba política y la polarización de criterios y opiniones contrarias y contradictorias acerca del proceso constituyente facilitó una confusión general sobre la decisión tomada por la Sala Político Administrativa que tendía a preservar el estado de derecho nacido bajo la Constitución de 1961 y que circunscribía la actuación de la futura Asamblea Nacional Constituyente a ceñirse al entonces vigente texto constitucional lo que facilitaba que las fuerzas que al momento apoyaban el proceso constituyente interpretaran el fallo en la forma que mejor conviniera a sus intereses políticos. Por ello, y en aras de la verdad, comenta Brewer-Carías[252]:

> [que] ...*a los efectos de que no se indujera "a error al electorado y a los propios integrantes de la Asamblea Nacional Constituyente, si el soberano se manifestase afirmativamente acerca de su celebración, en lo atinente a su alcance y límites", la Sala ordenó que se **eliminase** la frase "como poder originario que recoge la soberanía popular", a cuyo efecto corrigió y reformuló expresamente el texto de la base comicial octava, sin dicha frase.*

B. *El referéndum convocatorio de una Asamblea Nacional Constituyente*

Para continuar con el proceso constituyente, el teniente coronel (r) Chávez decretó *"la realización de un referendo para que el pueblo se pronunciase sobre la convocatoria de una Asamblea Nacional Constituyente"* con el propósito de transformar el Estado y crear un nuevo ordenamiento jurídico que permitiera el funcionamiento efectivo de una Democracia Social y Participativa; y, además, que el pueblo lo autorizara para que, mediante un Acto de Gobierno fijara, oída la opinión de los sectores políticos, sociales y económicos, las bases del proceso comicial en el cual se elegirían los integrantes de la Asamblea Nacional Constituyente (ANC).

---

[252] Allan-R. Brewer Carías. *La demolición del Estado de Derecho en Venezuela...*

Sobre ese decreto, Olavarría[253], quien inicialmente había dado un fervoroso apoyo al candidato teniente coronel (r) Chávez, al momento se lamentó amargamente en estos términos:

> [...] *las sentencias no fueron comprendidas por el presidente Chávez. Su espíritu y su letra han sido groseramente violadas por el Decreto que yo he calificado de "mamarracho", con toda la intención de que ese calificativo exprese lo que esa palabra significa en el Diccionario de la Real Academia: "Figura defectuosa y ridícula" [...] "cosa imperfecta, ridícula y extravagante". Lo digo con dolor y con rabia. Lo que pudo haber sido la magnífica culminación de un admirable esfuerzo político, desembocó en ¡un mamarracho! que ha causado alarma y desconcierto. Lo que pudo empezar con un llamado firme pero generoso, abierto, conciliador y positivo como el que hizo Bolívar en 1819, para que todos reconstruyamos la república que es de todos, se convirtió en un artificio de engaño y simulación inaceptable. La "exposición de motivos" del Decreto aparenta ser un agregado indigesto de lugares comunes y clichés demagógicos sin la concatenación lógica del raciocinio que debería fundamentar legalmente y justificar racionalmente un Decreto de tamaña importancia. Sin embargo, lo intelectualmente deleznable de sus cantinfladas no deben hacer a que se les aparte sin un cuidadoso examen, pues con ello, lo que es su verdadera intención pasaría desapercibido. Y esa es su primera intención. Que su verdadera intención pase desapercibida. Que todos se concentren en la segunda pregunta, cuando la verdaderamente importante y la más peligrosa es la primera, encadenada a la "exposición de motivos". El cuidadoso examen del Decreto revela que el propósito de la absurdidez de su disfraz es el ocultamiento de un propósito real muy distinto del aparente de la consulta para convocar una Asamblea Constituyente y la redacción de una Constitución democrática, respetuosa de los Derechos Humanos.*

Como bien expresa el fallecido historiador, la jugada política conllevaba, simple y llanamente, el establecimiento de una nueva Constitución por parte de una Asamblea Nacional Constituyente que rompiera definitivamente con el estado de derecho que regía desde 1961, poniéndose así fin a la democracia de partidos, o democracia de consensos que, entre

---

[253] Olavarría. *La moribunda y el mamarracho*.

marchas y contramarchas, había gobernado el país desde aquel 13 de noviembre de 1959 cuando asumiera Rómulo Betancourt sus funciones como primer mandatario nacional, producto de la voluntad popular.

2. *La Asamblea Nacional Constituyente*

La Asamblea Nacional Constituyente (ANC) resultó electa el 25 de julio de 1999, sometida a las bases aprobadas por la voluntad popular expresada en el referendo consultivo del 25 de abril de 1999 pero, haciendo inconstitucionalmente caso omiso de las consideraciones de la SPA-CSJ, se atribuyó las potestades públicas que la Constitución de 1961 otorgaba a los Poderes Públicos, asumiendo un poder constituyente originario del cual carece, para lo cual aprobó un Estatuto de Funcionamiento en el cual se declaró a sí misma "*depositaria de la voluntad popular y expresión de su Soberanía con las atribuciones del Poder Originario para reorganizar el Estado Venezolano y crear un nuevo ordenamiento jurídico democrático*", arrogándose la potestad para "[...] *limitar o decidir la cesación de las actividades de las autoridades que conforman el Poder Público*".

Como complemento de su declaración y asunción de potestades públicas, la ANC igualmente resolvió que "*todos los organismos del Poder Público quedaban subordinados*" a ella y, por tanto, estaban en la obligación de *cumplir y hacer cumplir* los "*actos jurídicos estatales*" que emitiera. Al respecto, dice Brewer-Carías[254]:

---

[254] Brewer-Carías. *La demolición del Estado de Derecho en Venezuela*...**El desenvolvimiento del proceso constituyente y la emergencia judicial** ha sido analizando y denunciado por Allan-R. Brewer Carías, quien ha relatado sucesivamente el sometimiento del Poder Judicial, lo que el autor considera que ha sido el factor esencial que ha afectado el desempeño **del sistema judicial. Se recomienda: Allan-R. Brewer Carías,** "La progresiva y sistemática demolición institucional de la autonomía e independencia del Poder Judicial en Venezuela 1999-2004", publicado en *XXX Jornadas J.M Domínguez Escovar, Estado de derecho, Administración de justicia y derechos humanos*, Instituto de Estudios Jurídicos del Estado Lara, Barquisimeto, 2005, pp. 33-174. El texto de este artículo está disponible en: http://www.allanbrewercarias.com/Content/449725d9-f1cb-474b-8ab2-41efb849fea8/Content/II.4.480.pdf. Allan-R. Bre-

Con la asunción de este poder, la Asamblea había consumado el golpe de Estado, pues se daba a sí misma una carta blanca para violar una Constitución que estaba vigente, y someter a todos los órganos del Poder Público constituido y electos a que le estuviesen "subordinados", poniéndoles la obligación de cumplir sus "actos jurídicos estatales"; ruptura del hilo constitucional que luego se materializó mediante sucesivos actos constituyentes que la propia antigua Corte Suprema de Justicia no supo controlar hasta que fue cesada, víctima de su propia debilidad.

A. *La emergencia judicial*

La intervención del sistema judicial venía siendo gestada por un movimiento de ideas desde los años noventa, so pretexto del público y notorio mal funcionamiento de los jueces de primera instancia con competencia en la materia penal que, expuesto por primera vez en 1996 en la Academia de Ciencias Políticas y Sociales por el doctor Javier Elechiguerra,

---

wer Carías, "La justicia sometida al poder y la interminable emergencia del poder judicial (1999-2006)", publicado en **Derecho y democracia. Cuadernos Universitarios**, Órgano de Divulgación Académica, Vicerrectorado Académico, Universidad Metropolitana, Año II, Nº 11, Caracas, septiembre 2007, pp. 122-138. El texto de este artículo se puede bajar en: **http://www. allanbrewercarias.com/Content/449725d9-f1cb-474b-8ab2-41efb849fea8/Content /II.4.548.pdf**; y también fue recogido en Allan R. Brewer-Carías, *Crónica sobre la "in" justicia constitucional. La Sala Constitucional y el autoritarismo en Venezuela*, Colección Instituto de Derecho Público. Universidad Central de Venezuela, No. 2, Editorial Jurídica Venezolana, Caracas 2007, pp. 163-193. El sumario e índice general de este libro se puede bajar en: **http://www.allan brewercarias.com/Content/449725d9-f1cb-474b-8ab2-41efb849fea5/Content/SUMAR IO%20E%20INDICE%20CRONICA%20DE%20LA%20INJUSTICIA%20CONS TITUCIONAL.pdf**. Finalmente, se recomienda: Allan-R. Brewer Carías, "Sobre la ausencia de independencia y autonomía judicial en Venezuela, a los doce años de vigencia de la constitución de 1999 (O sobre la interminable transitoriedad que en fraude continuado a la voluntad popular y a las normas de la Constitución, ha impedido la vigencia de la garantía de la estabilidad de los jueces y el funcionamiento efectivo de una "jurisdicción disciplinaria judicial"), en *Independencia Judicial*, Colección Estado de Derecho, Tomo I, Academia de Ciencias Políticas y Sociales, Acceso a la Justicia org., Fundación de Estudios de Derecho Administrativo (Funeda), Universidad Metropolitana (Unimet), Caracas 2012, pp. 9-103. El texto de este artículo puede bajarse en: **http://www.allanbrewercarias.com/Content/449725d9-f1cb-474b-8ab2-41efb849fea8/Content/II.4.722.pdf**

parecía extenderse como un reguero de pólvora entre los que buscaban solución a los problemas que el país confrontaba, según cuenta la doctora Hildegard Rondón de Sansó[255], sosteniéndose la posibilidad de la declaratoria de una emergencia judicial que suspendiera el régimen de los jueces y de algunos procedimientos durante un tiempo que permitiera la adopción de medidas idóneas para que pudieran producirse los cambios que ese movimiento consideraba inaplazables. Tan delicado era el planteamiento que, acertadamente, concluía la doctora Sansó:

> [...] *la tesis de la emergencia judicial debe ser analizada detenidamente desde el ángulo de su constitucionalidad y discutida en los centros de alto valor académico, a fin de impedir que se transforme en una simple bandera política que, como tal, será un instrumento demagógico e inútil.*

B. *El Decreto mediante el cual se declara la reorganización de todos los órganos del Poder Público*

La ANC, fundamentándose en su propio Estatuto e invocando un imaginario e inventado poder constituyente "[...] *otorgado por el pueblo mediante referendo...*", el 12 de agosto de 1999 dictó el "*Decreto mediante el cual se declara* la *reorganización de todos los órganos del Poder Público*"; y el 19 del mismo mes y año, acuerda intervenir el Poder Judicial, estableciendo una Comisión de Emergencia Judicial que sustituyó a los órganos normales del gobierno y administración de justicia que se venían rigiendo conforme a la Constitución de 1961 y las leyes dictadas al amparo de este texto constitucional.

C. *El Decreto de Medidas Cautelares Urgentes de Protección al Sistema Judicial*

Ante la insuficiencia del Decreto de reorganización del Poder Público, la ANC, posteriormente, procedió a dictar otro

---

[255] Hildegard Rondón de Sansó. "Demasiado poder". En: *Huellas y surcos*. Editorial Ex Libris, Caracas, 1997, p. 50.

decreto ampliando la intervención del Poder Judicial en el *"Decreto de Medidas Cautelares Urgentes de Protección al Sistema Judicial"*, que le daba carta blanca para proceder a la suspensión masiva de jueces y su enjuiciamiento a través de procesos disciplinarios, la incorporación de suplentes, y la designación de "nuevos" jueces sin concursos, dependientes de la Comisión de Emergencia Judicial, y con el aval de la propia Corte Suprema de Justicia, en el acuerdo del 23 de agosto de 1999[256] en el cual fijó posición ante el Decreto de Reorganización del Poder Judicial, al designar al magistrado Alirio Abreu Burelli como integrante de la Comisión *ad hoc*. Es de señalar que, en su acuerdo, la CSJ reconoció que *"la Situación del Poder Judicial y los vicios que lo afectan han sido una constante del debate político nacional en el cual la Corte Suprema de Justicia ha estado presente, estableciendo los lineamientos básicos de las vías a través de las cuales debe producirse el saneamiento de esta rama del Poder Público"*.

La doctora Cecilia Sosa Gómez[257], Presidente de la Corte Suprema de Justicia y profesora de Derecho Administrativo en la Universidad Central de Venezuela y en la Universidad Católica Andrés Bello, no suscribió el referido acuerdo y renunció a su condición de magistrada por considerar que:

> *Sencillamente, la CSJ de Venezuela se suicidó para evitar ser asesinada. El resultado es el mismo: Está muerta.*

D. El Decreto sobre el Régimen de Transición del Poder Público

Un nuevo Decreto de la ANC del 27 de diciembre de 1999, el de *"Régimen de Transición del Poder Público"*, dispuso la reorganización del máximo tribunal expresando que la Corte Suprema de Justicia, sus Salas y dependencias desaparecían y pasaban a conformar el nuevo Tribunal Supremo de

---

[256] Disponible en: http://www.tsj.gov.ve/informacion/acuerdos/acp-23081999.html.
[257] Disponible en: http://docs.google.com/viewer?a=v&q=cache:9gGw_2KQE MkJ:www.sumate.org/democracia

Justicia ("TSJ"), por lo que, además de las Salas Político Administrativa, de Casación Penal y de Casación Civil de la Corte Suprema de Justicia, que fueron extinguidas, la ANC adicionó las Salas Constitucional, Social y Electoral. A continuación, se designaron a los nuevos magistrados que pasaron a integrar la nueva cúspide del sistema judicial, para lo cual la ANC se apartó de la normativa constitucional que preveía los requisitos para ser magistrado a fin de permitir que otros abogados no calificados para esa investidura pudieran asumir sus respectivos cargos; y éstos pretendiendo ignorar el dispositivo constitucional, flamantemente ascendieron a la magistratura, sin el más mínimo rubor.

Con estos decretos, en los cuales tuvo papel significativo aquel teórico que pocos años antes expusiera públicamente la tesis de la emergencia judicial ante los doctos académicos de las Ciencias Políticas y Sociales, el doctor Javier Elechiguerra, a la sazón Procurador General y Fiscal General de la República[258], manifestó que se había lesionado la autonomía e independencia del Poder Judicial al suplantar los órganos regulares del gobierno y administración de la justicia a través de todo ese proceso de emergencia, como apunta -Brewer Carías[259]; o quizás, con ese Decreto lo que se hizo -ingenua o deliberadamente- fue aplicar la doctrina de la "emergencia nacional" que llegó a utilizarse en la Alemania nazi como una justificación para todo lo que hizo el régimen nacionalsocialista, como informa Ingo Müller[260].

A este respecto, hay que recordar las palabras de Carl Schmitt[261], el teórico del estado de emergencia, quien en 1922 había expresado:

---

[258] Pocos meses después, el doctor Elechiguerra fue defenestrado por los seguidores del Presidente Chávez.

[259] Brewer Carías. *La demolición del Estado de Derecho en Venezuela...*

[260] Ingo Müller *Los juristas del horror*. Traducción del alemán por Carlos Armando Figueredo, Editorial ACTUM, p. 32, Caracas, Venezuela. *Furchtbare juristein*, es su título original.

[261] Carl Schmitt.*Politische Theologie* (1922). Cita de Müller, *op. cit.*, p. 63.

> [...] *una vez declarado el estado de emergencia, es claro que la autoridad constituida del Estado sigue existiendo, mientras que el derecho retrocede...[omissis]...La decisión exime a esa autoridad de toda restricción normativa y la hace absoluta en el verdadero sentido de la palabra. En un estado de emergencia, la autoridad suspende la ley sobre la base de un derecho de proteger su propia existencia.*

E. La Constitución y el sistema de justicia

La Constitución de 1999 trató con particular interés el sistema de justicia y el sistema judicial. En efecto, en el artículo 253 dispuso que la potestad de administrar justicia emana de los ciudadanos y se impartía en nombre de la República, por autoridad de la ley, correspondiendo a los órganos del Poder Judicial conocer de las causas y asuntos de su competencia mediante los procedimientos que determinaran las leyes, y ejecutar o hacer ejecutar sus sentencias.

De esta manera, se dio cumplimiento al principio de participación democrática y no del otorgamiento de naturaleza popular a la organización de este Poder y, mucho menos, de la sustitución de los órganos del Poder Judicial por tribunales populares porque ello implicaba una desnaturalización del carácter público que a este Poder atribuye el artículo 136 de la Constitución[262].

Asimismo, en el artículo 257 se instituyó el sistema de justicia, afirmando que está constituido por el Tribunal Supremo de Justicia, los demás tribunales que determine la ley, el Ministerio Público, la Defensoría Pública, los órganos de investigación penal, los o las auxiliares y funcionarios de justicia, el sistema penitenciario, los medios alternativos de justicia, los ciudadanos que participan en la administración de justicia conforme a la ley y los abogados autorizados para el ejercicio.

Con la inclusión de este dispositivo, quedó clara la distinción entre *sistema de justicia*, constituido por el Tribunal Supremo de Justicia, los demás tribunales que determine la ley,

---

[262] Román J. Duque Corredor. "Transparencia"....En *Temario*..., p. 324.

el Ministerio Público, la Defensoría Pública, los órganos de investigación penal, los o las auxiliares y funcionarios de justicia, el sistema penitenciario, los medios alternativos de justicia, los ciudadanos que participan en la administración de justicia conforme a la ley y los abogados autorizados para el ejercicio; y *sistema judicial*, integrado por el TSJ y los demás tribunales que determine la ley, como distingue Duque Corredor[263].

En fin, un arquetipo de normas que cualquiera podía hacer suponer que se avecinaba un cambio radical en la administración de justicia como lo preveía el Programa de las Naciones Unidas para el Desarrollo[264] al observar que recomendaciones contenidas en ese programa habían sido acogidas aunque pronosticaba un proceso complejo y difícil de adaptación y cambio, que generaría tensiones y dificultades técnicas y políticas, por lo que expresaba:

> [...] *ahora más que nunca es preciso que esos actores encaren con toda responsabilidad el reto que significa que la Constitución, en el breve plazo en que fue concebida....*

La historia del Poder Judicial se divide en antes y después de este día", afirmaba jubilosamente el doctor Elio Gómez Grillo, con motivo de la promulgación de la Constitución[265]. No obstante, sin pretender convertirme en una suerte de oráculo de calamidades, sostuve que el Poder Judicial, con la normativa constitucional que lo regiría, no disfrutaría de independencia plena, pese a las sanas innovaciones del constituyente como la consagración constitucional de los concursos de oposición para el ingreso a la carrera judicial y la participación ciudadana en el procedimiento de selección y designación de los jueces, la responsabilidad por error judicial, la justicia de paz, el respaldo a las fórmulas alternas para la resolución de controversias, la creación de la Sala Constitucional y otros aspec-

---

[263] Duque Corredor. "El sistema de justicia". En *Temario...*, p. 325.
[264] *Justicia y gobernabilidad Venezuela*: Una reforma judicial en marcha. Editorial Nueva Sociedad, p. 18.
[265] El Universal. Edición correspondiente al 6-11-1999, pp. 1-2.

tos atinentes a la independencia y autonomía del Poder Judicial y la asignación del gobierno de éste al Tribunal Supremo de Justicia[266].

A raíz de la entrada en vigencia de la Constitución de 1999, los magistrados electos, como registra el *"Histórico Magistrados Tribunal Supremo de Justicia"*[267], han sido: José Delgado Ocando, Antonio García García, Jesús Eduardo Cabrera Romero, Frankin Arrieche, Omar Mora Díaz, Juan Rafael Perdomo, Carlos Oberto Vélez, Alejandro Angulo Fontiveros, Rafael Pérez Perdomo y Alberto Martini Urdaneta (1999); Pedro Rondón Haaz, Yolanda Jaimes Guerrero, Levis Ignacio Zerpa, Rafael Hernández Uzcátegui, Blanca Rosa Mármol de León, Alfonso R. Valbuena y Luis Martínez Hernández (2000); Rafael Arístides Rengifo, Luis E. Franceschi, Julio E. Mayaudón, Iván Vásquez Táriba y Tulio Alvarez Ledo (2004); Luis Alfredo Sucre Cuba y Luis Velázquez Alvaray (2005); Miriam del Valle Morandy (2006); y Oscar Jesús León, Trina Zurita y Ninoska Queipo Briceño (2010).

a) *El concepto de transparencia judicial*

Uno de los aspectos más importantes de la Constitución, en relación con el sistema de justicia, se encuentra en la Exposición de Motivos cuando los constituyentistas mencionaron por vez primera la transparencia, la cual luego fue recogida en el artículo 26, al determinar que el Estado está obligado a dispensar una justicia transparente, además de gratuita, accesible, imparcial, idónea, autónoma, independiente, responsable, equitativa, expedida y antiritualista, todo ello con el evitar que el Poder Judicial se caracterice por la corrupción, la dilación procesal y las limitaciones a derecho a tutela judicial efectiva.

---

[266] Carlos J. Sarmiento Sosa. *El Poder Judicial en la Constitución de la República Bolivariana de Venezuela*. Vadell Hermanos Editores. Caracas-Venezuela, 2000, p. XVI.

[267] *Cfr* http://www.tsj.gov.ve/eltribunal/magistradoshistorico.shtml

Dentro de este orden de ideas, Duque Corredor[268] dio una triple conceptuación de la transparencia judicial afirmando que es una medida preventiva contra la corrupción, así como un elemento de la eficiencia del servicio de la administración de justicia y, en tercer lugar, que a todas las actuaciones judiciales debe aplicarse el debido proceso para que por errores judiciales, retardos u omisiones injustificadas no se lesione la situación jurídica de las personas que, en ejercicio del derecho a la justicia, acuden a los tribunales.

Además de esta múltiple conceptuación, también Duque Corredor[269] vio que las llamadas garantías y deberes del Poder Judicial y los principios del debido proceso son, a su vez, las condiciones de la transparencia judicial, es decir, la imparcialidad, la autonomía, la autarquía financiera y la independencia política que se le otorga a los jueces y al Poder Judicial en el artículo 254 de la Constitución, así como la idoneidad y excelencia que se exige a los jueces para el ingreso a la carrera judicial y la objetividad que ha de orientar su selección por los respectivos jurados que determina la misma norma, al igual que la incompatibilidad del ejercicio de la magistratura con el activismo político partidista, gremial, sindical o con actividades privadas lucrativas u otras funciones públicas contrarias al oficio judicial. Son -sentencia Duque Corredor- "principios apriorísticos *porque resultan necesarios para que exista la* transparencia judicial".

b) *La independencia judicial*

La Constitución proclama la independencia del Poder Judicial, al igual que lo hacen la mayoría de las cartas fundamentales de los países democráticos porque, sin dudas, el principio de justicia independiente es esencial para toda so-

---

[268] Román J. Duque Corredor. *Transparencia judicial en la Constitución venezolana.* En: *Temario de Derecho Constitucional y Derecho Público*, LEGIS Información y soluciones, 2008, p. 270.
[269] Duque Corredor. "Transparencia..." En: *Temario de Derecho Constitucional y Derecho Público*, LEGIS Información y soluciones, 2008. p. 272.

ciedad civilizada y fundada sobre bases éticas cualquiera que sea su forma política y, en la realidad, pocas son las sociedades organizadas que han inculcado a sus ciudadanos que los tribunales constituyen la última garantía del Estado de Derecho, para la tutela plena y efectiva de los derechos e intereses legítimos de todas las personas, iguales ante la ley, sin que pueda producirse discriminación alguna entre los sujetos del proceso[270].

En aras de garantizar la independencia judicial, conforme al artículo 256 de la Constitución los magistrados, los jueces, los fiscales del Ministerio Público; y los defensores públicos, desde la fecha de su nombramiento y hasta su egreso del cargo respectivo, no podrán, salvo el ejercicio del voto, llevar a cabo activismo político partidista, gremial, sindical o de índole semejante, ni realizar actividades privadas lucrativas incompatibles con su función, ni por sí ni por interpuesta persona, ni ejercer ninguna otra función pública a excepción de actividades educativas, prohibiendo la asociación de jueces, en lo que se aparta de la tendencia existente en otros países, como España, donde las asociaciones de Jueces cumplen el papel de los sindicatos de profesionales.

Sobre el particular, dos normas de especial importancia fueron incorporadas. Una, la contenida en el artículo 254, consagra la independencia del Poder Judicial en lo que pareciera haberse adaptado a *"Los Principios Básicos de las Naciones Unidas Relativos a la Independencia de la Judicatura"*[271] que establecen que *"[...] la ley garantizará la permanencia en el cargo de los jueces por los períodos establecidos"* y *"[...] la inamovilidad de los jueces, tanto de los nombrados mediante decisión administrativa como de los elegidos, hasta que cumplan la edad para la jubilación forzosa o expire el período para el que hayan sido nombrados o elegidos, cuando existan normas al respecto"*; e igualmente pareciera que el constituyente se inspiró en la Declaración de Princi-

---

[270] Jaime Guasp y Pedro Aragoneses. *Derecho Procesal Civil*, Tomo I, Introducción y parte general, Séptima edición, Thomson Civitas, p. 158.
[271] Principios 11 y 12.

pios de San Juan de Puerto Rico[272], aprobada por la Conferencia Judicial de las Américas, una organización constituida en 1965 destinada a reunir a magistrados de los Tribunales Supremos de los países americanos, en la que se declaró que el Poder Judicial debía contar con "[...] *un sistema de garantías constitucionales y legales que impidan cualquier interferencia o presión en el ejercicio de la función judicial*", que "[...] *los jueces y demás funcionarios judiciales deben ser seleccionados teniendo en cuenta su capacidad y moralidad y ello no debe estar supeditado a consideraciones de Índole político-partidista jueces y demás funcionarios judiciales deben ser seleccionados teniendo en cuenta su capacidad y moralidad y ello no debe estar supeditado a consideraciones de Índole político-partidista*", que "[...] *la inamovilidad de la judicatura es elemento esencial para el logro cabal de la independencia judicial*" y que el Poder Judicial debería contar con autonomía económica para satisfacer una remuneración decorosa para los jueces que los libre de las presiones que provienen de la inseguridad económica.

    c) *La independencia judicial a la luz de la interpretación de la Sala Constitucional del Tribunal Supremo de Justicia*

La Sala Constitucional del Tribunal Supremo de Justicia de Venezuela ("SC-TSJ")[273], en una interpretación objetiva de las normas de la Constitución sobre el Poder Judicial, ha afirmado que éste es autónomo e independiente, por lo que no depende de ningún otro del Estado, y por ello, por el citado mandato constitucional, goza de autonomía funcional, financiera y administrativa, la cual la asigna el artículo 254 Constitucional al Tribunal Supremo de Justicia, como cabeza y director del sistema judicial, y no pueden ser invadidas por otro poder, agregando:

---

[272] Sarmiento Sosa. *La Justicia*..., p. 11.
[273] Sentencia del 23 de septiembre de 2002.
Disponible en: http://www.tsj.gov.ve/decisiones/scon/Septiembre/2230-230902-02-2116.htm.

> *Cada una de las ramas del Poder Público tiene establecidas en la Constitución y las Leyes funciones propias, las cuales se cumplen ceñidas a las leyes (artículo 136 y 137 Constitucionales).*
>
> *En particular, al Poder Judicial, corresponde la potestad de administrar justicia, mediante sus órganos, creados por la Constitución y las Leyes que la desarrollan (artículo 253 Constitucional).*
>
> *La independencia funcional significa que en lo que respecta a sus funciones, ningún otro poder puede intervenir en el judicial, motivo por el cual las decisiones de los Tribunales no pueden ser discutidas por los otros Poderes; y los jueces, y funcionarios decisores del Poder Judicial -como el Inspector General de Tribunales- no pueden ser interpelados, ni interrogados por los otros Poderes, sobre el fondo de sus decisiones, a menos que se investigue un fraude o un delito...*

Dentro de la misma concepción doctrinal, para el año 2000 el magistrado Levis Ignacio Zerpa[274], afirmó que la independencia judicial debe apreciase como presupuesto básico de la imparcialidad porque justicia y parcialidad son conceptos incompatibles, repitiendo los mecanismos necesarios para logar la independencia judicial en cualquier estado de derecho:

> *La independencia judicial se alcanza por un apropiado sistema de selección de los llamados a juzgar, mediante concursos de oposición públicos, transparentes, con jurados doctos, amplios y confiables. Se alcanza por el establecimiento de una verdadera carrera judicial que asegure la estabilidad y la permanencia de los más idóneos, con diversos y adecuados estímulos para su mejoramiento integral y para el logro de la excelencia. Se alcanza con la vigilancia de las conductas indeseables y con un régimen disciplinario firme, sostenido y eficiente, con las imprescindibles garantías para la defensa del Juez afectado.*

El magistrado Zerpa, doctor en Derecho, ha sido profesor de Derecho Procesal Civil, de Derecho Civil y de Derecho Mercantil en la Universidad Central de Venezuela y en la

---

[274] Discurso de orden pronunciado con motivo de la sesión solemne de apertura del año judicial 2000. Disponible en:
http://www.tsj.gov.ve/informacion/miscelaneas/discursodeorden2000.html.

Universidad Católica Andrés Bello y es conocida su monografía sobre *La impugnación de las decisiones de la asamblea en la sociedad anónima*.

De esta forma, se puede afirmar que, pese a la debacle institucional que se produjo con el proceso constituyente, aún se veían institucionalmente vestigios y hasta sentimientos a favor de la transparencia judicial y la independencia del sistema de justicia, tanto a nivel del texto constitucional como de la interpretación del Tribunal Supremo de Justicia.

XII
EL GOBIERNO DEL TENIENTE CORONEL (R) HUGO RAFAEL CHÁVEZ FRÍAS 1999-2010

Para el 9 de agosto de 1998, el escritor Carlos Alberto Montaner[275] analizó la campaña por la Presidencia de la República que adelantaba el teniente coronel (r) Chávez y, al predecir su triunfo en los comicios y prever la política que éste aplicaría como mandatario, dijo:

> *Naturalmente, hundirá al país en el horror y la violencia, pero eso es algo que la mayor parte de los venezolanos hoy son totalmente incapaces de percibir. Están demasiado entretenidos en luchar contra la inflación, el desempleo y la inseguridad ciudadana para preocuparse por la defensa de las libertades. Sufren -y con razón- la nostalgia de aquellos tiempos gloriosos en que un dólar valía cuatro bolívares, mientras ahora les cuesta quinientos. Tienen demasiada rabia contra los políticos y funcionarios corruptos, y demasiada indignación contra la ineptitud de la burocracia estatal, para detenerse a pensar en que Chávez, lejos de resolver los problemas del país, los agravará cruel e irresponsablemente, aunque sólo sea porque en su cabeza violenta y cuartelera no hay otra cosa que ideas insensatas extraídas de la mitología revolucionaria latinoamericana de mediados de siglo.*

Ese escenario dio el triunfo a Chávez porque existía un descontento general contra la clase política, a quien la población hacía responsable del deterioro institucional que dio pa-

---

[275] Carlos Alberto Montaner. *Un caudillo con la cara pintada.* Disponible en: http://www.eluniversal.com/2011/01/06/polespun-caudillo-con-la-c06A4940457.sht ml

so a la corrupción, desidia, desempleo, inseguridad, pérdida del valor adquisitivo del bolívar y, en general, un deficiente comportamiento de la economía que atentaba contra todos los sectores sociales.

Para estudiar la larga permanencia del Presidente Chávez, trastocado luego de teniente coronel (r) a comandante por obra de una reforma de la legislación militar, hay que identificar varios períodos, uno, que abarca desde 1999 a 2001, un segundo período que va desde 2002 hasta 2007 y, finalmente, un tercer período que comprende desde 2007 a 2012; sin embargo, si la historia es la narración y exposición de los acontecimientos pasados y dignos de memoria, sean públicos o privados, las secciones siguientes son simplemente relatos de una situación presente, aunque se retrotraiga diez años.

1. *Primer período presidencial (1999-2001)*

Chávez asumió el poder el 2 de febrero de 1999 pero, promulgada la Constitución del mismo años meses después, fue preciso para él "relegitimar todos los poderes" y obtuvo el concurso electoral con el 59,76% de los votos.

Durante este período, ya legitimado, Chávez realizó una gira por varios países de la OPEP con el fin de darle un papel más activo a la organización, resultando que su entrevista con el líder Iraquí Saddam Hussein en Bagdad vino a ser la última con un mandatario occidental antes de que las fuerzas aliadas, con la autorización de la ONU, derrocaran al sanguinario dirigente iraquí.

En el plano interno, Chávez continuó sus pasos con el objetivo de afincarse sólidamente en el poder, visto que existía un importante sector de la sociedad que se negaba abiertamente a los proyectos que meridianamente evidenciaban el rumbo que va tomando el gobierno hacia el establecimiento de un régimen autoritario. Con Colombia, se generó un conflicto diplomático cuando un guerrillero colombiano del ELN fue capturado en Venezuela y, a punto de ser entregado por las autoridades venezolanas, el propio gobierno ordenó paralizar la entrega hasta que se cumpliera el proceso de extradición, cumplido lo cual fue trasladado a Bogotá, donde resultó condenado a pena de privación de libertad. Se conoció públicamente este *affaire* como el "caso *Ballestas*".

2. *Segundo período presidencial (2001-2007)*

En septiembre de 2001, se realizó en Caracas la Segunda Cumbre de la Organización de Países Exportadores de Petróleo (OPEP). A finales de octubre recibió en la capital a Fidel Castro, presidente de Cuba. A principios del 2001 realizó una gira por varios países asiáticos. El 30 de mayo asistió en Indonesia a una reunión del Grupo de los Quince (G-15).

Por primera vez, la Asamblea Nacional aprobó una ley habilitante que le confirió poderes a Chávez para aprobar hasta 49 leyes, entre ellas la Ley de Tierras, destinada a impulsar una reforma agraria, así como una Ley de Hidrocarburos y la Ley de Pesca.

Estos textos legales recibieron el rechazo de distintos sectores de la sociedad, entre ellos los empresarios, representados en la Federación de Cámaras de Comercio y Producción (FEDECAMARAS), así como de la Confederación de Trabajadores de Venezuela (CTV). Para la época, estas organizaciones eran las más representativas de empresarios y trabajadores, respectivamente y, con tal carácter llamaron a un paro nacional con el fin de presionar al gobierno para que modificara parte de las leyes sancionadas con base en la ley habilitante.

Para inicios de 2002, la situación política del país reflejaba una polarización entre los sectores que apoyan al comandante Chávez y quienes le adversan y, luego de una serie de significativos hechos, como la posición adversa de los empresarios, las universidades y la Iglesia Católica, se produjo el despido de la alta gerencia de Petróleos de Venezuela S. A. (PDVSA), dándose paso a que FEDECAMARAS y la CTV convocaran a un paro nacional de 24 horas y se intensificaran las protestas callejeras, entre ellas la multitudinaria marcha del 11 de abril que convocaron sectores adversos al gobierno y que si bien estaba inicialmente destinada a apoyar a los despedidos gerentes petroleros, súbitamente se convirtió en una multitud que se dirigió con los ánimos caldeados hasta el centro de Caracas con miras a alcanzar el Palacio de Miraflores.

A este momento, las protestas se convirtieron en violentos disturbios y enfrentamientos entre los opositores y los partidarios del gobierno, lo que dio pie a la intervención de la Guardia Nacional y la Policía Metropolitana de Caracas. Entretanto, Chávez se encontraba en el Palacio de Miraflores, desde donde se dirigió al país en cadena nacional y solicitó a las Fuerzas Armadas la activación del llamado Plan Ávila, un plan especial de las Fuerzas Armadas venezolanas cuando hay una conmoción interna que amenaza la estabilidad y seguridad nacional.

Los heridos y muertos comenzaron a sucederse a eso de la 1:30 p.m. En la tarde, las televisoras transmitieron un mensaje de un grupo de altos oficiales militares donde desconocían al gobierno de Hugo Chávez y, además, afirmaban que para ese momento habían fallecido varias personas, víctimas de los hechos ocurridos en la manifestación.

En horas de la noche, el presidente Chávez fue presionado por algunos jefes militares, quienes le exigieron su renuncia. A las 00.00 horas, aproximadamente, el General Lucas Rincón Romero, Ministro de la Defensa, en un deficiente lenguaje castellano, se dirigió al país por televisión y expresó que al presidente *"se le solicitó la renuncia, la cual aceptó"*.

Ante la ausencia de la sucesión constitucional del Presidente de la República, que origina un vacío de poder, en horas de la tarde del 12 de abril el empresario doctor Pedro Carmona, Presidente de FEDECAMARAS, se auto juramentó como presidente interino y, seguidamente, derogó las leyes habilitantes, disolvió la Asamblea Nacional, el Tribunal Supremo de Justicia, la Fiscalía, la Defensoría del Pueblo y declaró asumir poderes por encima de la Constitución.

El 13 de abril, desde horas de la mañana, seguidores de Chávez comenzaron a manifestarse en Caracas. La autopista que enlaza la capital con el oriente fue cerrada por los manifestantes, al igual que la autopista que la comunica con La Guaira (donde se encuentra el principal puerto y el principal aeropuerto del país). De ese modo, igualmente comenzaron protestas en todo el país, y en la tarde de ese sábado, la gente empezó a enterarse de lo que sucedía gracias la cadena de noticias CNN. Simultáneamente, Chávez escribió una nota expresando: *"No he renunciado al poder legítimo que el pueblo me dio"*, contrariando así al ministro Rincón Romero.

En ese *interim*, un importante batallón asentado en Maracay, bajo el mando del general Raúl Isaías Baduel, declaró su adhesión a Chávez y se activó la llamada Operación de Rescate de la Dignidad Nacional.

Los partidarios de Chávez tomaron el Palacio de Miraflores, a primeras horas de la tarde. El Presidente de la Asamblea Nacional, hasta el momento desaparecido, juramentó al vicepresidente de la República, capitán (r) Diosdado Cabello, como Presidente provisional. Horas más tarde, en la madrugada del 14 de abril un comando liberó a Chávez en La Orchila y lo trasladaron a Caracas por vía aérea. Cabello le transfirió el mando. Chávez se dirigió a la nación, mostrando un crucifijo y llamó a la calma. El gobierno, sus simpatizantes y la gran mayoría de las fuentes de referencia y de información fuera de Venezuela consideraron al derrocamiento temporal de Hugo Chávez como producto de un fallido golpe de Estado por tratarse de un intento de derrocar mediante la fuerza a un presidente electo democráticamente, mientras que los otros consideraron que la renuncia presidencial originó un vacío de poder porque quienes constitucionalmente debían suplirle se encontraban ilocalizables.

A partir de ese momento, el comandante Chávez se entronizó nuevamente en el poder y obligó a que toda la lucha política de la oposición se centrara en la realización de un Referéndum.

Una de las nuevas medidas que aplicó Hugo Chávez a partir del incidente fue una política de programas sociales, muy activo y que desde el 2003 fueron llamados "misiones", las más publicitadas son las educativas, la Misión Robinson para enseñar a leer y a escribir en los barrios populares, basada en métodos venezolano-cubanos. La Misión Ribas, para facilitar los estudios primarios y la Misión Sucre, para los secundarios y universitarios. Además de éstas, existe la Misión Barrio Adentro que consiste en un Programa médico-asistencial para las zonas más deprimidas del país y la Misión Vuelvan Caras que consiste en un incentivo del gubernamental para la producción de bienes y servicios por parte de las sociedades organizadas conocidas como "Consejos Comunales". En total son veintiún (21) misiones sociales.

Entre abril y mayo se hizo la recolección de firmas. El 3 de junio de 2004, el Consejo Nacional Electoral anunció que el mínimo de firmas necesarias se había recolectado y quedaba activado el Referéndum para el 15 de agosto, quedando confirmado Chávez con un porcentaje del 59,06% (5.800.629) de votos de personas a su favor.

Para 2004, se cumplieron las elecciones regionales, en las cuales el "chavismo" obtuvo la mayoría en 22 estados, excepción hecha de Zulia y Nueva Esparta que fueron ganadas por sectores de oposición. En otros estados, la victoria de los chavistas fue muy ajustada. Así mismo, el chavismo se hizo con el 90% de las Alcaldías.

Al iniciar el año 2005, Chávez desempolvó la Ley de Tierras, aprobada en 2002, y acordó la expropiación de latifundios y tierras aparentemente improductivas, para dársela a quien la quisiera trabajar, por la seguridad alimentaria y para profundizar la revolución.

En las elecciones parlamentarias del 4 de diciembre de 2005, absolutamente todos los curules del Parlamento fueron ganados por diputados simpatizantes del presidente Chávez, luego de que los principales partidos de oposición incurrieran en el gravísimo error político de retirarse y llamar a la abstención. El argumento esgrimido por dichos partidos fue la falta de confianza en el Consejo Nacional Electoral, por lo que la abstención fue de un 75% de los votantes inscritos, pero que favoreció plenamente a Chávez en vista de que no había diputados opositores entre los electos.

En las elecciones presidenciales del 3 de diciembre de 2006 fue reelegido con una amplia ventaja (de más de 3 millones de votos) como Presidente de la República, obteniendo 7.309.080 (62.84%)[39] frente a 4.292.466 (36.90%) obtenidos por el candidato de la oposición Manuel Rosales quien, poco después, tuvo que refugiarse en el Perú como asilado político.

Así, termina el segundo período presidencial del comandante Chávez.

3. *Tercer período presidencial (2007-2010)*[276]

Chávez asumió el 10 de enero de 2007 como Presidente reelecto sorprendiendo a los venezolanos y a la comunidad internacional con el anuncio de que llevaría a Venezuela hacía el denominado Socialismo del siglo XXI, voceando el manido lema *"Patria, Socialismo o Muerte, Venceremos"*, tan utilizada por el castrismo desde 1959.

Uno de los primeros proyectos para la implantación del socialismo fue la propuesta de reforma de la Constitución que resultó rechazada por el voto popular en el referéndum celebrado el 2 de diciembre de 2007. El pueblo venezolano optó así libremente por el sistema democrático y contra la propuesta socialista.

Para el año siguiente, se celebró un nuevo proceso electoral el 23 de noviembre de 2008 para elegir a los gobernadores de los estados, alcaldes de los municipios y a los legisladores de los Consejos Legislativos Estadales, para el período 2008-2012. Con excepción de los estados Zulia, Miranda y Nueva Esparta, el oficialismo consiguió la mayoría en todos los consejos legislativos pasando a controlar 19 entidades federales (de las 24 en las que se divide político-administrativamente Venezuela).

El 15 de febrero de 2009 se realizó un nuevo referéndum, esta vez para eliminar la disposición constitucional que impedía la reelección del Presidente de la República y de otros cargos de elección popular, alcanzando el voto afirmativo con

---

[276] El período presidencial finalizó en 2012.

un 54,86% de los sufragios y una abstención del 30%, lo que le permite al comandante Chávez postularse para la Presidencia de la República de forma continua.

En el año 2010, las elecciones para los cuerpos legislativos dieron un resultado favorable a las organizaciones que conforman el grupo opositor al gobierno, la Mesa de la Unidad Democrática (MUD) y, por primera vez en 11 años, un importante número de diputados logran sus curules en la Asamblea Nacional, reduciendo la mayoría privilegiada con la que contaba el Partido Socialista Único de Venezuela (PSUV), lo cual hizo presumir que la acción legislativa no sería sumisa a los designios del Poder Ejecutivo; pero ante esa circunstancia, en diciembre de 2010, la Asamblea Nacional dictó una Ley Habilitante de dudosa constitucionalidad que le confirió facultad legislativa al comandante Chávez para dictar leyes por decreto, durante 18 meses y, a la vez, atropelladamente, el Poder Legislativo promulgó una serie de Leyes Orgánicas: del Poder Popular, de la Contraloría Social, de las Comunas, de la Planificación Pública y Comunal, de Contraloría Social, y del Sistema de Transferencias y Atribuciones de los Estados y Municipios a las Organizaciones del Poder Popular. Todas ellas, tienden al establecimiento de un estado socialista que funcione paralelamente al Estado democrático y social de derecho y de justicia previsto en la Constitución de 1999. Asimismo, se modificaron las leyes: Orgánica del Poder Público Municipal, de los Consejos Estadales de Coordinación y Planificación de Políticas Públicas y de los Consejos Locales de Planificación Pública, todo ello para complementar el sistema legal socialista. Al respecto, Brewer-Carías[277] explica lo siguiente:

El objetivo fundamental de estas leyes es la organización del "Estado Comunal" que tiene a la Comuna como su célula fundamental, suplantando inconstitucionalmente al Municipio en el carácter que tie-

---

[277] Allan-R. Brewer Carías. *Sobre el poder popular y el estado comunal en Venezuela* (o cómo se impone a los venezolanos un estado socialista, violando la Constitución, y en fraude a la voluntad popular). Paris, en la rue Saints Peres, el 31 de diciembre de 2010.

ne de "unidad política primaria de la organización nacional (artículo 168 de la Constitución), a través de cuya organización se ejerce el Poder Popular, el cual se concreta en el ejercicio de la soberanía popular sólo directamente por el pueblo, y no mediante representantes. Se trata, por tanto, de un sistema político estatal en el cual se ignora la democracia representativa violándose así abiertamente la Constitución de la República.

Según esta explicación, Venezuela fue puesta en el camino de sustituir las instituciones democráticas por un sistema político paralelo al establecido en la Constitución, con la clara voluntad de concentrar el poder político en una sola persona, encubriéndolo bajo el lema del socialismo del siglo XXI; pero en realidad hay que citar a Luis Aquiles Mejía Arnal[278] cuando, frente a un liderazgo único, sostuvo:

Hay un país que debe recuperar el rumbo, con la participación de los que puedan aportar sus esfuerzos y sus ideas, sin la guía de un nuevo hombre providencial.

4. *La economía y el petróleo 1999-2010*

La visión general de la economía y el petróleo en los años 2000 la reportan Palacios y Niculescu[279], cuando afirman que se produjo un "brote" de crecimiento entre 2004 y 2008 estimulado por un segundo auge de los precios del petróleo; pero que, con la caída de de los precios del producto en la segunda mitad de 2008, se produjo un descenso del producto del 3.3% en 2009 y que previsiblemente continuaría en 2010 como consecuencia del reinicio de la recuperación del precio petrolero, lo que hizo que, considerando todo el período de 60 años transcurridos desde 1950, el producto per capita solamente creció a una tasa anual del 0.9%, ciertamente un comportamiento decepcionante.

---

[278] Luis Aquiles Mejía Arnal. "Popper y la libertad. Había una vez un país que perdió el rumbo". En *Apuntes filosóficos. Revista semestral* Vol. 19 36/2010. Escuela de Filosofía Universidad Central de Venezuela, 2010.
[279] Palacios y Niculescu. *Crecimiento en Venezuela.*

Pues bien, institucionalmente, la Constitución de 1999 consagró un sistema de economía mixta que, entre otras manifestaciones, se basó en la planificación concertada, participativa y democrática de las actividades económicas, para compatibilizar la libre iniciativa con la regulación de dichas actividades y la intervención del Estado en los sectores estratégicos; para promover el desarrollo armónico de la economía nacional, como actividad conjunta del Estado y la iniciativa privada; y de un modo tal que garantizara, además la solidez, dinamismo, sustentabilidad, permanencia y equidad del crecimiento de la economía, la seguridad jurídica.

No obstante esta clara declaración constitucional, en la práctica no ha funcionado así. En efecto, la iniciativa privada se ha convertido en una excepción y no un principio de planificación económica gubernamental como previó el constituyente. La supresión del debido proceso en los casos de intervención anticipada de actividades económicas privadas con el apoyo de fuerzas armadas o la guardia nacional bolivarianas, ha alejado el derecho de propiedad, el debido proceso y el derecho a obtener una justa indemnización en caso de expropiación.

Por otra parte, la estatización de actividades propias de la libre iniciativa y de la libre competencia y la dirección de la economía, han contradicho el carácter mixto del sistema económico previsto por el constituyente. La terminación anticipada de contratos celebrados por el Estado y sus contratistas, la intervención estatal en contratos celebrados entre particulares, ocupación de bienes privados y el arbitrio de la administración para calificar la utilidad pública de ciertas actividades comerciales, los servicios públicos esenciales y las faltas contra la seguridad alimentaria, han incrementado la inseguridad jurídica impidiendo, ciertamente, lograr los objetivos de un desarrollo armónico de la economía nacional, agravándose cuando el Estado, sin fórmula de juicio, ha desconocido la validez de legítimos títulos de propiedad debidamente registrados.

El férreo control de divisas bajo la administración de CADIVI, organismo a través del cual se hacen las tramitaciones para la obtención de divisas para determinados bienes y servicios, así como remesas al exterior mediante un cambio dual hasta diciembre de 2010, cuando se anunció que a partir de enero de 2011 el cambio único oficial frente a la divisa norteamericana será de Bs. 4,30 por US$ 1.00.

En cuanto a petróleo y energía, durante el período transcurrido desde la toma constitucional del poder por parte del Presidente Chávez, merece resaltarse la política petrolera adoptada por su gobierno y ejecutada a través de Petróleos de Venezuela S. A. (PDVSA), que tiene a su cargo -según afirma la empresa estatal[280]- la exploración, producción, manufactura, transporte y mercadeo de los hidrocarburos, de manera eficiente, rentable, segura, transparente y comprometida con la protección ambiental; con el fin último de motorizar el desarrollo armónico del país, afianzar el uso soberano de los recursos, potenciar el desarrollo endógeno y propiciar una existencia digna y provechosa para el pueblo venezolano, propietario de la riqueza del subsuelo nacional y único dueño de esta empresa operadora.

Dentro de estos conceptos, la Ley Orgánica de Hidrocarburos, de 2001, que sustituiría la vieja ley de Hidrocarburos vigente desde que la promulgara el general Medina Angarita en 1943, introdujo un aumento en la regalía, que pasó de 16,2/3 % a 30% del valor de la producción a boca de pozo; y se abrió la posibilidad de que el capital privado participara en la actividad petrolera a través de empresas mixtas, siempre que PDVSA mantuviera el 51% del capital social[281].

Simultáneamente con la aplicación de decisiones tendientes al cumplimiento de su "fin último", los precios petróleo, deprimidos para fines de la década de los 90, comenzaron a incrementarse como consecuencia de un *shock* petrolero mundial, generando, como dice José Toro Hardy[282],

---

[280] *Cfr.* http://www.pdvsa.com/
[281] *Cfr.* José Toro Hardy. "Venezuela y su petróleo 1976-2008". En: *De la revolución restauradora...*, p. 387.
[282] Toro. *Op. cit.*, p. 387

"[...] *una lluvia de ganancias extraordinarias* [...] *debido al mayor crecimiento global y sostenido que se haya experimentado en el mundo*".

Esta tendencia alcista del petróleo continuó, incluso, a pesar de la recesión que afectó fuertemente a los Estados Unidos, y que alcanzó a Europa, porque, como informa Toro Hardy, numerosas instituciones financieras y otros relevantes inversionistas tomaron fuertes posiciones en petróleo para entrega a futuro, previéndose incluso que el precio del crudo podría alcanzar hasta US$ 200.00 por barril[283].

Como puede observarse, este elevado precio de la materia prima, de la cual se nutre Venezuela por obra de la naturaleza, permitió que el gobierno del Presidente Chávez diera rienda suelta a una política económica de subsidios a distintos rubros en materia de salud, educación y alimentación, amén de profundizar la política de expropiaciones de empresas del sector privado; y, con base en el control patrimonial y monopólico sobre la renta petrolera, el Estado Venezolano ha pasado a ser propietario mayoritario de acerías, cementeras, almacenadoras, industrias extractivas de hierro, bauxita y otros minerales, CAVIM, EDELCA, CADAFE, LA ELECRICIDAD DE CARACAS, CANTV, MOVILNET, empresas de suministro de agua, de gas, de distribución y transporte de combustibles, estaciones de servicio, empresas papeleras, de válvulas, de producción de pasta de tomate, procesadoras de aceite, de café, arroz, bancos, líneas aéreas, hoteles, flotas autobuseras, canales de TV, de radio, silos, hatos, fincas y haciendas. Y, conforme a la manera de ejercer el poder, el inmenso conglomerado económico constituido por las sociedades mercantiles propiedad del Estado en manos de una sola persona, el Presidente de la República, como Administrador de la Hacienda Pública Nacional.

A pesar de su reiterada falta de capacidad en la asignación de oportunidades económicas entre la población, el Estado, al concentrar tan portentosa cantidad de riqueza, le ha

---

[283] Toro. *Op. cit.*, p. 389.

permitido una abrumadora capacidad de avasallamiento sobre la sociedad al ejercer el control patrimonial sobre una inmensa mayoría de medios de producción, los cuales han pasado a caracterizarse por su falta de rendimiento y de eficiencia, incapaz de satisfacer las demandas de la población.

En este orden de ideas, hay que señalar que el sector privado, aunque tremendamente reducido (aproximadamente un 20%) empleaba al 80% de la población económicamente activa, mientras que el sector público al 20% restante. El dueño del 80% de las propiedades y la riqueza en Venezuela, diera trabajo a menos de 3 millones de personas, mientras que los dueños del 20% de las propiedades no residenciales asentadas en la nación, daban sustento a 9 millones de habitantes, tanto en el sector formal como en el informal, lo que demostraba que, a través de la propiedad privada, se lograba una mucho más eficiente asignación de recursos en la sociedad y, por ello, aún siendo apenas un 20% del total de las propiedades y de los bienes materiales existentes en el país, sin embargo permitía que fuera fuente de sustento para el 80% de los venezolanos.

Para 2010, la declinación del precio del crudo a niveles cercanos a US$ 80,00, afectó los ingresos petroleros de Venezuela, cuya producción de 2 millones 300 mil barriles diarios (MBD) era la cantidad destinado a la exportación según el promedio anualizado al 2005[284].

Todo este sistema de economía dirigida favoreció la importación de productos de primera necesidad, básicamente, alimentos, para el sustento de la dieta del venezolano. Ello, unido a otros factores de corrupción, jamás corregida, generó una nueva clase social, la boliburgesía, a imagen y semejanza de aquellos "doce apóstoles" que, años atrás, vieron la luz al amparo de la bonanza económica del primer gobierno de Carlos Andrés Pérez.

---

[284] Cfr. *PDVSA en cifras*. Disponible en: www.pdvsa.com

Fernando Londoño[285], desde la vecina Colombia, formula el siguiente análisis sobre la economía y petróleo en la Venezuela de 2010:

> La Venezuela de hoy ha encontrado caminos para empobrecerse con el petróleo a ochenta dólares por barril. Ha destruido su sistema empresarial. Ha liquidado su producción agropecuaria, que se suple con vergonzosas compras de lo indispensable. Ha renunciado al mejoramiento y al sostenimiento de una infraestructura que se cae a pedazos. Volvió añicos una de las compañías petroleras más serias del mundo. Comprometió un potencial siderúrgico y energético que envidiaría cualquiera nación de la tierra. Se endeudó, siendo tan rica, hasta niveles catastróficos y logró la triste palma de una inflación monstruosa.

Sobre el desempeño de la economía venezolana y el comportamiento del petróleo en los años de gobierno del comandante Chávez, el economista Miguel Angel Santos[286] dice:

> En economía los números son devastadores. A pesar de la colosal bonanza petrolera, el ingreso por habitante promedio ha crecido 4,8% en doce años, que viene a ser 0,4% anual. Los farsantes (los hay de lado y lado) suelen decir que Venezuela "siempre ha sido un país de bajo crecimiento". No es verdad, Venezuela fue el país de mayor crecimiento económico en el mundo entre 1950-1977 y también creció lo suyo entre 1990-1992.

Al comparar los índices de crecimiento con otras regiones en los últimos doce años, Santos agrega:

> ¿Qué han hecho otros países en ese tiempo? No vamos a citar el caso de China, cuyo ingreso promedio ha crecido en doce años 161% (8,3% anual) o el de la India, que ha crecido 85% (5,3% anual). Vamos a pensar en gente como nosotros. Entre 1999 y 2010, Chile consiguió incrementar el ingreso promedio de cada habitante en 36% (2,6%

---

[285] Fernando Londoño. *De Pérez a Chávez*. Disponible en: http://lapatilla.com/site/2010/12/30/fernando-londono-de-perez-a-chavez
[286] Miguel Angel Santos. *La magnitud del atraso. Venezuela fue el país de mayor crecimiento económico en el mundo entre 1950-1977*. Disponible en: http://opinion.eluniversal.com/2011/01/21/opi_art_la-magnitud-del-atra2155734.sh tml

anual). Bueno, te dicen, Chile tuvo a Pinochet (a quien se sobreestima, se olvida que su gestión económica fue un rotundo fracaso hasta 1982 y que la democracia volvió en 1990, hace ya veinte años). "Es un caso distinto". Hablemos de Argentina y Brasil. En los doce años de Chávez, ambos consiguieron incrementar su ingreso por habitante 25% (1.8% anual). ¿Tampoco? Veamos Perú y Colombia. Perú consiguió aumentar el ingreso real promedio de sus habitantes en 47% en doce años (3,2% anual). Colombia ha conseguido crecer 14% por encima del crecimiento poblacional (equivalente a 1,1% anual). Y hasta en México, que no ha tenido doce años fáciles, el ingreso promedio creció más del doble de lo que creció el nuestro: 12% en doce años (0,9% anual).

Las cifras hablan por sí solas. El resultado de las políticas económicas y la administración petrolera del socialismo, sea real o del siglo XXI, salta a la vista. Sin embargo, ese escenario podría cambiar si se acomete la reconstrucción socio económica del país. Al respecto, un grupo de economistas[287] ha sostenido que '[...] *el camino actual conduce al fracaso económico, la pobreza y la pérdida de libertades*', concluyendo:

> En el caso venezolano se trata de aglutinar la base petrolera nacional con un plan de diversificación de la estructura económica de mediano y largo plazo, y auspiciar el incremento de la productividad laboral en las empresas públicas y privada. Es una tarea difícil y compleja pero no imposible. En pocos años los resultados positivos de un plan bien ejecutado pueden hacer sentir los extensos beneficios de la rectificación de fondo y ser la base de un gran despegue económico de largo plazo para el país.

Por su parte, Palacios y Niculescu[288] se pronuncian así:

---

[287] Venezuela necesita cambiar de rumbo. Lo suscriben Humberto García Larralde, Orlando Ochoa, José Guerra, Luis Carlos Palacios, Héctor Malavé Mata, Héctor Silva Michelena, Teodoro Petkoff, Sary Levy, Pedro Palma, Francisco Faraco, José Manuel Puente, Gustavo Rojas, Ronald Balza, Carlos Rafael Silva, Luis Beltrán Petrossini, Isaac Mencia, Jesús Casique y Alcides Villalba. Disponible en: http://www.en foques365.net/N10119-venezuela-necesita-cambiar-de-rumbo-sostiene-grupo-de-des tacados-economistas-del-pas.html

[288] Palacios y Niculescu. *Crecimiento en Venezuela.*

Con la orientación actual de las políticas públicas y la instalación progresiva del "socialismo del siglo XXI", los efectos de mediano y largo plazo en términos de bienestar serían particularmente graves y de difícil reversión, aun en un contexto de precios petroleros históricamente elevados.

5. El sistema judicial 1999-2010

El sistema judicial al amparo de la Constitución de 1999 y bajo la dirección del TSJ que a su vez gerencia la Dirección Ejecutiva de la Magistratura comenzó a tomar una serie de medidas de carácter organizacional que hicieron ver que se efectuaban los cambios que el novedoso texto constitucional preveía con miras a la independencia judicial.

A. El acceso de los jueces a la carrera judicial y los concursos de oposición

Conforme al artículo 255 de la Constitución, el ingreso a la carrera judicial y el ascenso de los jueces se debe hacer por concursos de oposición públicos que aseguren la idoneidad y excelencia de los participantes y seleccionados por los jurados de los circuitos judiciales, en la forma y condiciones que establezca la ley. Para dar solemnidad al juramento de los jueces, se le confía esta facultad al Tribunal Supremo de Justicia, remitiéndose a la ley la garantía de la participación ciudadana en el proceso de selección y designación de los jueces, a la par de que, en la misma disposición se consagra la estabilidad judicial, según la cual los jueces sólo podrán ser removidos o suspendidos de sus cargos mediante los procedimientos expresamente previstos en la ley.

B. Programas de formación para los jueces

La Escuela Nacional de la Magistratura puso en ejecución una serie de programas de formación inicial y continua para jueces, entre ellos el Programa de Formación Inicial, en 2007, a través del cual 3.916 aspirantes a jueces serían evaluados para posteriormente ser sometidos a un concurso público de oposición. Para ello, la Comisión Interamericana de Derechos

Humanos (CIDH) [289] resaltó en su informe las resoluciones vigentes relacionadas con esta materia:

1. El TSJ adoptó las Normas de Evaluación y Concurso de Oposición Para el Ingreso y Ascenso a la Carrera Judicial. Conforme a lo establecido en estas Normas el concurso público de oposición incluye dos etapas: la aprobación de un programa de formación inicial y un examen de conocimientos. A tal efecto, la Escuela Nacional de la Magistratura es la encargada de planificar, supervisar y ejecutar todas las actividades relativas a los concursos públicos de oposición para el ingreso, ascenso y permanencia por el TSJ, así como las demás actividades de la evaluación de los jueces.

2. Para la realización del programa de formación inicial, la Escuela Nacional de la Magistratura convoca públicamente a los interesados en preinscribirse en este programa de formación inicial. Los aspirantes deben superar un examen de admisión y presentar una evaluación médica y psicológica; y de ser admitidos, cursan estudios durante un año en el programa de formación inicial. Posteriormente deben aprobar un examen de conocimientos. Con base en el resultado final de las diferentes fases del concurso, un jurado elabora la lista de mérito de los participantes y los cargos vacantes se cubren con los participantes que obtuvieron los primeros lugares en el concurso.

3. Además de las normas para regular el acceso a la carrera judicial mediante concursos, la Escuela Nacional de la Magistratura ha establecido el Programa Especial de Capacitación para la Regularización de la Titularidad a Jueces, teniendo como objetivos "1. Fortalecer las actitudes éticas, valores morales y sensibilidad social, a la luz de la interpretación y discusión del significado de la norma legal y del impacto de sus decisiones y 2. Consolidar los conocimientos jurídicos del juez no titular, considerando su experiencia en la administración de justicia".

---

[289] OEA/Ser.L/V/II. Doc. 54. 30 diciembre 2009.

Según la CIDH, si bien el Programa de Formación Inicial (2007-2008) se llevó a cabo, no se habría llamado a ningún concurso y las designaciones realizadas a partir del año 2002 se habrían realizado sin ningún tipo de control ni procedimiento[290].

La CIDH llega a las siguientes conclusiones:

1. Las resoluciones para el nombramiento de jueces provisorios y temporales se han amparado en el establecimiento de un estado permanente de urgencia fin de proveer las vacantes ocurridas en los distintos Tribunales y evitar la paralización de los procesos judiciales.

2. 55 concursos se han llevado a cabo de manera pública con llamado por prensa y la página web del Tribunal Supremo de Justicia. No obstante, durante 2008 y 2009 los jueces continuaron siendo designados sin concurso de oposición, a través de la Comisión Judicial.

3. La Comisión Judicial habría nombrado a 920 jueces temporales, 350 jueces accidentales, 172 jueces provisorios y 9 jueces de otras categorías, de donde se concluye que sólo en el año 2008 se designó un total de 1.451 jueces no titulares, de los cuales el 12% son jueces provisorios, 63% son temporales y 24% son accidentales. De tal forma, el 100% de los jueces no titulares designados en el año 2008 (1.451) no fue designado a través del concurso público de oposición exigido por la Constitución en el artículo 255.

4. La Comisión Judicial, entre enero y septiembre de 2009, nombró un total de 359 jueces sin concurso público de oposición, incluyendo a 136 jueces temporales, 138 jueces accidentales, 59 jueces provisorios, 2 jueces titulares y 24 jueces de otras categorías. En consecuencia, todos estos jueces son de libre nombramiento y remoción.

---

[290] OEA/Ser.L/V/II. Doc. 54. 30 diciembre 2009.

C. *La capacitación para regularización de la titularidad de los jueces*

Así como el Consejo de la Judicatura había establecido la Escuela de la Judicatura, a la usanza de la Escuela de Práctica Jurídica española, la Constitución se aparta de este método y remitió a la ley lo relativo a la profesionalización de los jueces y las universidades colaborarían en este propósito, organizando en los estudios universitarios de Derecho la especialización judicial correspondientes; y, adaptándose a las modernas corrientes sobre la responsabilidad de los jueces, dispuso que éstos serían personalmente responsables, en los términos que determine la ley, por error, retardo u omisiones injustificados, por la inobservancia sustancial de las normas procesales, por denegación, parcialidad, y por los delitos de cohecho y prevaricación en que incurran en el desempeño de sus funciones.

A este respecto, la CIDH consideró que el Programa Especial de Capacitación para la Regularización de la Titularidad a Jueces ofrecido por la Escuela Nacional de la Magistratura, tiene como objetivos: "1. Fortalecer las actitudes éticas, valores morales y sensibilidad social, a la luz de la interpretación y discusión del significado de la normal legal y del impacto de sus decisiones y 2. Consolidar los conocimientos jurídicos del juez no titular, considerando su experiencia en la administración de justicia", por lo que pareciera que este programa podría contribuir a lograr la independencia e imparcialidad de la que debe gozar todo sistema judicial.

D. *Los jueces con competencia laboral*

A pesar del cuestionamiento por la presencia del factor político en la designación de los jueces y el acceso a la carrera judicial, en el caso de los jueces para la competencia laboral se ha presentado un avance significativo a raíz de la promulgación de la Ley Orgánica Procesal del Trabajo en 2002, que impuso la mediación obligatoria como etapa previa al juicio y el proceso por audiencias, o proceso oral, lo que ha permitido que innumerables litigios laborales disfruten de economía procesal, inmediación, publicidad, de dirección del juez, de lealtad y probidad en el proceso, así como de otros principios fundamentales del derecho procesal.

A este respecto, se ha divulgado que los juicios laborales desde su inicio hasta la etapa de casación han tenido respuesta en un lapso promedio de un año, contrastando con el pasado en el que duraban entre 8 y 10 años, sin incluir casación, agregando que del total de casos en materia laboral, la mediación alcanzó un nivel del 78,49%, en el 2007 el 80,40% y en el 2008 el 88,45%, añadiendo que en el año 2008 la Sala de Casación Social dictó 2.180 sentencias, más de 1.514 autos de Sala y de Juzgado de Sustanciación, para un total de 3.694 decisiones, que coloca a la Sala en un orden porcentual de productividad anual del 111,5%[291].

Quizás uno de los aspectos que ha permitido que la competencia laboral se mantenga mostrando eficiencia en sus resultados sea el hecho de que la Sala de Casación Social del TSJ, a pesar de que sus magistrados no han manifestado una independencia política en las decisiones que la Sala Plena del TSJ ha tomado relacionadas con la conducción política, ha sido el que sus sentencias han tenido un alto contenido jurídico produciendo decisiones que se han convertido en doctrina en materia laboral, en jurisprudencia del trabajo, y con una importante estabilidad de los magistrados en sus cargos.

E. *La incorporación de la tecnología gerencial*

El Modelo Organizacional y Sistema de Gestión, Decisión y Documentación Juris 2000 ("Juris 2000"), como informa la Dirección Ejecutiva de la Magistratura (DEM)[292], se desarrolló en el marco del convenio Nro. 3514-VE, suscrito por Venezuela con el Banco Mundial en 1993, que daba lugar al "Proyecto

---

[291] Declaraciones del magistrado Luis Franceschi Gutiérrez. Disponible en: http://www.tsj.gov.ve/informacion/notasdeprensa/notasdeprensa.asp?codigo=6602 y en http://www.tsj.gov.ve/informa cion/notasdepren sa/notasde pre sa.asp?codigo=6603del

[292] Disponible en; http://dem.tsj.gov.ve/unclick.htm

de Infraestructura de Apoyo al Poder Judicial", siendo uno de sus objetivos la modernización de los tribunales de dos (02) ciudades pilotos del país en una primera etapa, específicamente en los tribunales penales de los Palacios de Justicia de Barquisimeto, estado Lara y Barcelona, estado Anzoátegui, y en una segunda etapa, la modernización de los tribunales de seis (06) ciudades adicionales, todo ello a través de la institución de Juris 2000. Posteriormente, se realizaron implantaciones, y para el 2006 se encontraban en proceso de aplicación en los Juzgados de Transición del Trabajo del Área Metropolitana de Caracas, adecuándolos al nuevo Modelo Organizacional y Sistema de Gestión Decisión y Documentación Juris 2000.

Según la DEM, la principal innovación del Juris 2000 ha radicado en la creación de oficinas centralizadas de apoyo judicial, divididas en dos grandes grupos: Las Oficinas de Apoyo Directo a la Actividad Jurisdiccional y Las Oficinas de Servicios Comunes Procesales, ubicadas éstas dentro de una misma sede judicial, creando así los Circuitos Judiciales establecidos en el artículo 269 de la Constitución.

F. *Las Oficinas de Apoyo Directo a la Actividad Jurisdiccional*

Las Oficinas de Apoyo Directo a la Actividad Jurisdiccional tienen a su cargo el archivo, el mantenimiento del orden dentro de la sede judicial, la atención al público, la recepción y distribución de los diferentes tipos de documento dirigidos a los tribunales ubicados en esa sede, y la práctica de notificaciones y citaciones; y las Oficinas de Servicios Comunes Procesales tienen a su cargo la elaboración de actos de mero trámite, el control de los libros que se deben generar en los Juzgados, conforme a lo establecido en el artículo 72 de la Ley Orgánica del Poder Judicial, el control de los lapsos procesales, el control en la fijación de audiencias, entre otros.

Estas Oficinas de Apoyo al Poder Judicial tienen como finalidad que el juez pueda dedicarse su tiempo a estudiar los litigios bajo su conocimiento y emitir los pronunciamientos que cada caso requiera, dando así cumplimiento al principio de economía procesal, en virtud de la separación del juez de todas aquellas actividades administrativas que se encontraba ejecutando, lo cual permite, a su vez, cumplir con el principio de economía de recursos económicos, al existir un único personal asignado a todos los jueces ubicados en una misma sede para que realicen estas tareas.

G. *La automatización del expediente procesal y la jurisprudencia de los tribunales*

Igualmente, el Juris 2000 (JURIS 2000) ha pretendido la automatización del expediente procesal y la jurisprudencia de los tribunales generando, según la DEM, celeridad a la función jurisdiccional y un efectivo control, por lo que el usuario puede obtener una información precisa sobre sus casos y un mejor servicio de administración de justicia.

Asimismo, la DEM ha dicho que el JURIS 2000 ha proporcionado una mayor seguridad de los procesos judiciales al evitar la posible violación del Libro Diario, libro éste donde se asientan las actuaciones diarias realizadas por el juez en su gestión jurisdiccional, a través de su cierre automático; así como una mayor transparencia en la distribución de los casos en las sedes judiciales.

H. *El sitio web del TSJ*

Un aspecto adicional que vale la pena apuntar, tecnológicamente, es el sitio web del TSJ al dar el primer paso a favor del principio de publicidad procesal, facilitándose el acceso rápido a gran cantidad de actos judiciales. Sin embargo, debe mejorarse la utilización de las plataformas tecnológicas instaladas para ahorrar a jueces, secretarios, escribientes, auxiliares de justicia y, por supuesto a los abogados, tiempo y esfuerzo en su práctica profesional[293].

---

[293] Raymond Orta Martínez. Tecnología a media máquina en el poder judicial venezolano. Disponible en:

6. *La evolución del concepto de independencia judicial*

Si bien la Constitución de 1999 y la interpretación de la Sala Constitucional del TSJ han presentado un panorama favorable a la transparencia y la independencia judicial, con el transcurso de un tiempo realmente corto surgieron criterios distintos a los expuestos a partir del proceso constituyente. Así, para el año 2008, el magistrado Francisco Antonio Carrasquero López[294], doctor en Derecho, profesor emérito de la Universidad del Zulia, ex profesor de Derecho del Trabajo y de Derecho Civil (obligaciones), da un paso al frente para defender la influencia que la política puede tener en el Poder Judicial, y expresa:

> *De modo que en distintas escalas profesionales, o sin serlo, los paradigmas de cualquier especie o las ideologías tiñen nuestras acciones o conducta moral y pública, con el barniz de sus tesis teóricas, proposiciones y razonamientos.*

Para justificar su afirmación, Carrasquero invocó al profesor austríaco Hans Kelsen quien, según cita de Antonio García Amado[295], en alguna oportunidad expresó:

> *[…] no es cierto que el ejercicio del poder político se limite al legislativo, sino que tiene su continuación en los tribunales en la misma medida que el ejecutivo […]* .

De la cita transcrita, Carrasquero interpretó que el constitucionalista alemán quiso decir lo siguiente:

> *[…] el paradigma de determinada ideología vigente colorea nuestra actuación, sin que ello signifique la alteración de la imparcialidad y justicia del acto.*

---

http://www.tecnoiuris.com/venezuela/podium-juridico/derecho-informatico/tecnologia-a-media-maquina-en-el-poder-judicial-venezolano.html

[294] Magistrado de la SC-TSJ. Ex Presidente del Consejo Nacional Electoral (CNE). Discurso de orden con motivo de la apertura judicial del año 2008. Disponible en : www.tsj.gob.ve

[295] Kelsen. H., citado por García Amado Antonio, *Hans Kelsen y la Norma Fundamental*, Editores Marcial Pons, Madrid, 1996, p. 227.

Estas palabras parecieran justificar la posibilidad de que las decisiones del Tribunal Supremo de Justicia estén teñidas con el pensamiento político, como lo sostiene Friedrich Schaffstein[296], uno de los emergentes talentos de la doctrina nacionalsocialista, en su conferencia de toma de posesión como profesor de derecho, en enero de 1934, dijo:

> *Casi todos los principios, conceptos y distinciones de nuestro derecho hasta ahora llevan el sello del espíritu de la Ilustración; y, por tanto, tienen que ser remodelados sobre la base de un nuevo género de pensamiento y experiencia.*

De esta manera, comenzó a vislumbrarse un cambio en la interpretación de la independencia judicial que, unida a otros aspectos, demuestran que el concepto tradicional de separación de poderes previsto en la Constitución de 1999 ha sido sustituido para dar paso a un sistema judicial donde la ideología política marca la actuación de los jueces, como lo demuestran las estadísticas relativas a las decisiones del TSJ en asuntos que atienen a la actuación del Poder Ejecutivo, la intervención de la Comisión Interamericana de Derechos Humanos (CIDH), las leyes orgánicas del TSJ, la nueva teoría sobre el "colaboracionismo" de poderes y el tratamiento dado a magistrados y jueces disidentes, así como el control de la ética judicial mediante un código *ad hoc*.

A. *La independencia judicial del TSJ en cifras*

La independencia judicial ha sido analizada estadísticamente, en cifras, a la luz de decisiones dictadas por el TSJ.

Para 2008, el informe de la ONG Programa Venezolano de Educación-Acción en Derechos Humanos (Provea)[297] exponía que a pocos días de cumplirse diez años de la reestructuración ordenada por la Asamblea Nacional Constituyente y de la aprobación de la Constitución que dejó exclusivamente

---

[296] *Cfr*. Muller, *op. cit.*, p. 93.
[297] http://www.eluniversal.com/2008/12/30/polart_provea-denuncia-que12 07124.shtml

en manos del Tribunal Supremo de Justicia (TSJ) "la dirección, gobierno y administración" del Poder Judicial, los juzgados del país continuaban mostrando los vicios de siempre; y en el capítulo del reporte referido al Derecho a la justicia, la organización aseveró:

> [...] *en materia de independencia del Poder Judicial no se dan muestras de una objetiva separación de poderes, particularmente en temas que resultan fundamentales para la democracia y el ejercicio ciudadano.*

Provea arribó a esta conclusión luego de revisar el destino de 83 acciones interpuestas ante el máximo juzgado contra altos jerarcas del Estado, incluido el presidente Hugo Chávez; y de constatar que el 96% de ellas fueron desechadas o aún no hubo pronunciamientos, alertando que el 81% de las peticiones rechazadas corren esa suerte por razones de forma. Ante esta situación la agrupación acusó al TSJ:

> ...[de] *evadir poner límites al ejercicio de los poderes públicos, desnaturalizando de esta manera su rol de garante de los derechos ciudadanos frente a dichos poderes.*

En el caso de los recursos que fueron admitidos (4%), Provea informó que iban dirigidos contra el Consejo Nacional Electoral (CNE) y la Contraloría General de la República. Y destacó que ninguna acción contra el primer mandatario nacional, los diputados de la Asamblea Nacional o la fiscal general de la República había sido declarada con lugar.

Por su parte, el doctor Antonio Canova González[298], al analizar las decisiones de la Sala Político Administrativa del 2007 y primer semestre del 2008 para determinar cuántas de esas sentencias favorecen al Estado y cuántas a los ciudadanos explicó la tendencia de los Tribunales Administrativos venezolanos de complacer al Estado con sus decisiones, concluyendo en que, en el período señalado, el Estado venció a los particulares en el 99% de los casos.

---

[298] *La realidad del contencioso administrativo venezolano. Un llamado de atención frente a las desoladoras estadísticas de la Sala Político Administrativa.* **Funeda, 2009.**

De acuerdo a una investigación periodística de la licenciada Diana Lozano Perafán[299], durante el año 2010 las 14 denuncias presentadas por particulares contra el Presidente Chávez en lo curso de ese año, ninguna había prosperado. La mayoría de los magistrados habían aceptado el requerimiento del Ministerio Público de que la Sala Plena del TSJ desestimara los casos y que los expedientes fueran definitivamente archivados.

Dentro de este orden de ideas, profesores de derecho de las universidades venezolanas hicieron público un comunicado el 16 de diciembre de 2010 en el cual, entre otros asuntos, expusieron lo siguiente sobre la independencia judicial[300]:

> *Vivimos en un Estado donde los jueces o tribunales independientes son la excepción. En la actualidad la regla es que toda decisión del Presidente de la República o sus agentes reciba el aval del Tribunal Supremo de Justicia, responsable principal de esta situación intolerable, y del resto del Poder Judicial. Al contrario, los fallos judiciales tienen la vocación el intentar legitimarles cualquier arbitrariedad, ocurrencia o retaliación. Éste es el mayor peligro para nuestros derechos y para la democracia. Síntoma de lo anterior es el cada vez más elevado número de personas perseguidas o privadas de su libertad por motivos políticos y no jurídicos, así como la ya común y para nada encubierta práctica de sancionar con remoción o destitución a jueces que han enfrentado concretos intereses de altos funcionarios o del gobierno, llegando incluso a la detención arbitraria, con múltiples violaciones de derechos humanos, de alguno de ellos.*

No obstante, cabe mencionar que en el ejercicio de sus funciones, ha habido magistrados que han disentido de sentencias de contenido político favorable a los intereses del sector político gobernante. Así, el magistrado Pedro Rendón Haaz, en la Sala Constitucional del TSJ, y la magistrada Blan-

---

[299] *Durante el 2010 se han presentado 14 denuncias contra Chávez y no prosperan ante el Poder Judicial.* Diario El Nacional, edición del 12 de noviembre de 2010. Disponible en: http://www.noticias24.com/actualidad/noticia/180351/durante-el-2010-se-han-presentado-14-denuncias-contra-chavez-y-no-prosperan-ante-poder-judicial/

[300] Disponible en: http://www.globovision.com/news.php?nid=106304

ca Mármol de León, en la Sala de Casación Penal del TSJ, han salvado sus votos justificando su negativa a suscribir ciertas sentencias sin que hayan sido sancionados ni destituidos, como sí lo fuera el magistrado Franklin Arrieche Gutiérrez.

B. *El informe de la CIDH sobre Democracia y Derechos Humanos en Venezuela, 2009*

El reporte de la CIDH sobre Democracia y Derechos Humanos en Venezuela 2009[301], no fue bien recibido por el gobierno del Presidente Hugo Rafael Chávez Frías, quien públicamente, y luego de emitir epítetos injuriosos contra el Secretario del organismo, Santiago Cantón, ordenó al ministro de Relaciones Exteriores iniciar los trámites para retirar a Venezuela del organismo. El anuncio presidencial fue respaldado, entre otras, por la Presidente del Tribunal Supremo de Justicia, la magistrada Luisa Estella Morales Lamuño, por lo que la Comisión, en una misiva enviada a los representantes de los 34 países miembros de la Organización de Estados Americanos (OEA), la instancia hemisférica acusó al presidente Chávez de querer *"desacreditarla y debilitarla"*[302].

El cuestionado reporte de la CIDH estuvo jurídicamente sustentado en pruebas aportadas por los denunciantes y, durante el proceso investigativo, el Estado venezolano tuvo acceso a todas las actas e, incluso, no sólo ejerció su sagrado derecho de defensa y el control probatorio, sino que también presentó las alegaciones y descargos que estimó conveniente, por lo que es difícil sostener que en tales actuaciones la Comisión haya actuado políticamente prejuiciada, y menos acusarla de pretender imponer una especie de derecho supranacional, o de intervenir en los asuntos internos y de las instituciones de cada uno de los países miembros de la Organización de Estados Americanos[303].

---

[301] Disponible en: http://www.cidh.org/countryrep/Venezuela2009sp/VE09.indice.sp.htm
[302] Disponible en: http://www.eluniversal.com/2010/03/27/pol_art_comision-interameric_1811496.shtml
[303] Disponible en: http://www.psuv.org.ve/?q=node/7641

No obstante, contrariando el contenido del informe de la CIDH, el magistrado de la Sala de Casación Social del Tribunal Supremo de Justicia ("SCS-TSJ"), Luis Franceschi Gutiérrez[304] aseguró que el país cuenta "[...] *con un Poder Judicial deslastrado de servilismos políticos y colocado al servicio de los intereses del pueblo*", al tiempo que expresó en su intervención que "*provenimos del pueblo, a él nos debemos, y sólo a él responderemos en obsequio a la justicia*".

C. La Ley Orgánica del Tribunal Supremo de Justicia

La Constitución dispone, en su artículo 264, que los magistrados del Tribunal Supremo de Justicia serán elegidos por un único período de doce años, delegando en la ley el procedimiento de elección. En todo caso, podrán postularse candidatos ante el Comité de Postulaciones Judiciales, por iniciativa propia o por organizaciones vinculadas con la actividad jurídica. El Comité, oída la opinión de la comunidad, efectuará una preselección para su presentación al Poder Ciudadano, el cual efectuará una segunda preselección que será presentada a la Asamblea Nacional, la cual hará la selección definitiva. Los ciudadanos y ciudadanas podrán ejercer fundadamente objeciones a cualquiera de los postulados o postuladas ante el Comité de Postulaciones Judiciales o ante la Asamblea Nacional.

Sobre este mecanismo de selección a través del Comité de Postulaciones Judiciales y del Poder Ciudadano, integrados, conforme al artículo 270, por representantes de diferentes sectores de la sociedad, expresé que quedaría como letra muerta pues esa intervención de terceros por muy constitucionalmente consagrada que sea, siempre servirá de mecanismo para interferir, aunque sea sutilmente, en la designación de tales

---

[304] Disponible en:
http://www.tsj.gov.ve/informacion/notasdeprensa/notasdeprensa.asp?codigo=6602 y en http://www.tsj.gov.ve/informacion/notasde prensa/notasdeprensa.asp?codigo=6603del

funcionarios[305]. Tan cierta fue esta afirmación que los magistrados del Tribunal Supremo de Justicia no fueron postulados por dichos Comités sino sobre la base de una ley dictada por la Asamblea Nacional con posterioridad a la aprobación de la Constitución, denominada "Ley Especial para la Ratificación o Designación de los Funcionarios y Funcionarias del Poder Ciudadano y Magistrados y Magistradas del Tribunal Supremo de Justicia para su Primer Período Constitucional", la cual dispuso que la realización de las designaciones por la propia Asamblea de los Magistrados del Tribunal Supremo de Justicia y otras autoridades del Poder Ciudadano se haría, no por un Comité de Evaluación de Postulaciones del Poder Ciudadano integrado sólo por representantes de los diversos sectores de la sociedad como exigía el principio constitucional de la participación democrática, sino por una *"Comisión integrada por 15 diputados o diputadas, que actuará como Comisión de Evaluación de Postulaciones"* (artículo 3), que se creó en esa Ley Especial.

Cabe señalar que la CIDH ha sostenido que si bien los Estados pueden idear diversos procedimientos para el nombramiento de jueces, cualquier procedimiento no satisface las condiciones que exige la Convención para la implementación adecuada de un verdadero régimen independiente: Debe garantizarse que el procedimiento no sólo asegure que cada aspirante cumpla con los requisitos y méritos profesionales, sino que debe también asegurar una igualdad de oportunidades en el acceso a la carrera judicial[306].

a) *La Ley Orgánica del Tribunal Supremo de Justicia, de 2004*

El año 2004 la Asamblea Nacional sancionó la Ley Orgánica del Tribunal Supremo de Justicia con el objeto de "establecer el régimen, organización y funcionamiento del Tribu-

---

[305] Sarmiento Sosa. *El Poder Judicial en la Constitución de la República Bolivariana de Venezuela.* Vadell Hermanos Editores. Caracas-Venezuela, 2000, p. XVI.
[306] OEA/Ser.L/V/II. Doc. 54. 30 diciembre 2009.

nal Supremo de Justicia", la cual, en su artículo 8, faculta a la Asamblea Nacional para nombrar por mayoría simple a los magistrados, en el supuesto de que luego de cuatro sesiones plenarias convocadas al efecto, no se alcance la mayoría de dos terceras partes de votos favorables. Además, en el texto de esta Ley se aumentó la conformación del pleno del Tribunal Supremo de Justicia de veinte (20) a treinta y dos (32) jueces, lo que habría permitido cambiar la correlación de fuerzas existente previamente entre magistrados presumiblemente partidarios del oficialismo y magistrados presumiblemente afectos a las fuerzas democráticas.

Mientras se discutía el indicado proyecto de ley, la CIDH[307] puso de manifiesto su preocupación respecto de ciertas disposiciones alertando que algunas de ellas podían afectar la independencia del poder judicial venezolano. Dichas disposiciones atenían al aumento del número de magistrados del Tribunal Supremo, al otorgamiento de facultades para que la Asamblea Nacional pudiera aumentar o disminuir por mayoría absoluta el número de magistrados de las Salas del Tribunal Supremo, así como la facultad para que dicha corporación pudiera decretar, por simple mayoría, la nulidad del nombramiento de magistrados del Tribunal Supremo de Justicia, normas que con meridiana claridad dejaban en evidencia el instrusismo del Poder Legislativo en el Poder Judicial. Sin embargo, la opinión no fue tomada en cuenta, mientras que el Poder Ejecutivo defendía la labor parlamentaria en un comunicado público[308] en el cual expresaba:

Con relación a las objeciones en cuanto a la posibilidad de suspensión de los Magistrados del T.S.J., prevista en el numeral 3 del Artículo 23 ejusdem, es necesario señalar que, esta sanción se inserta en el procedimiento de remoción de Magistrados, el cual no hace más que

---

[307] *Informe sobre la Situación de los Derechos Humanos en Venezuela.* 24 de octubre de 2003, párr. 158.

[308] Disponible en: http://74.125.45.132/search?q=cache:aoHs8T32cF4J:www.austria.gob.ve/documentos/ultima%2520version%2520de%2520la%2520LOTSJesp.doc+ley+organica+del+tribunal+supremo+de+justicia&hl=es&ct=clnk&cd=6&gl=ve

desarrollar el contenido del Art. 265 de la Carta Fundamental. Se trata de una medida cautelar ante un hecho de tanta gravedad y trascendencia como la calificación, por unanimidad, de falta grave por parte de los titulares del Poder Ciudadano (Fiscal General, Contralor General y Defensor del Pueblo). Resulta razonable que, ante hechos tan delicados se aparte temporalmente de sus elevadas responsabilidades a un funcionario que, a juicio del Poder Ciudadano, ha cometido en el ejercicio de sus funciones, irregularidades de magnitud.

En su momento, la CIDH advirtió que las normas de la Ley Orgánica del Tribunal Supremo de Justicia facilitaron que el poder ejecutivo manipulara el proceso de elección de magistrados llevado a cabo durante el 2004[309].

b) *La Ley Orgánica del Tribunal Supremo de Justicia, 2010*

La Constitución, en su artículo 263 dispone que ser venezolano de nacimiento, jurista de reconocida competencia, haber ejercido la abogacía durante un mínimo de 15 años y tener un posgrado en materia jurídica; o haber sido profesor universitario titular en ciencia jurídica durante un mínimo de 15 años; o haber sido juez superior en la especialidad de la Sala a la cual se postula, con un mínimo de 15 años en el ejercicio de la carrera judicial son los estrictos requisitos para ser designado en el cargo de magistrado del TSJ.

No obstante, a los pocos meses de entrar en vigencia la Carta Magna el propio máximo juzgado se encargó de flexibilizar los requisitos de elegibilidad de los magistrados. En sentencia 1561 del 12 de diciembre de 2000, la Sala Constitucional estableció que el título de profesor titular al que se refiere el texto fundamental no es el mismo que define la Ley de Universidades, la cual estipula que éste es el rango de mayor jerarquía al que puede aspirar un docente de una casa de estudios y al que solo se accede tras presentar numerosos traba-

---

[309] Informe de Seguimiento sobre el Cumplimiento por el Estado de la República Bolivariana de Venezuela de las Recomendaciones Efectuadas por la CIDH en el Informe sobre la Situación de los Derechos Humanos en Venezuela *(2003).* Informe Anual 2004, Capítulo V, párrs. 174 y 175.

jos y después de cursar estudios de cuarto nivel, sino que debe interpretarse como un catedrático que labora en una universidad.

Al criticar el contenido del fallo, el doctor José Peña Solís[310] ha expresado:

> Este dictamen rebajó las expectativas del constituyente, quien en la Constitución dejó en claro que quería que al TSJ fuera gente preparada e intachable. Sin embargo, con esta sentencia se buscó que algunos de los primeros integrantes del TSJ pudieran continuar en sus puestos, a pesar de que no cumplían sus requisitos (casos Jesús Eduardo Cabrera, quien redactó esa decisión; e Iván Rincón, entre otros).

Con el relajamiento de las aludidas exigencias, magistrados que no cumplían con los requisitos previstos en la Constitución, pasaron a integrar el TSJ, en todas sus Salas, siendo pocos los que realmente encuadraban en la voluntad que había plasmado el constituyente.

Luego de seis años de vigencia, una nueva Ley Orgánica del Tribunal Supremo de Justicia fue publicada el 29 de julio de 2010. Con mejor técnica legislativa, el nuevo texto legal con un contenido más orgánico y, al menos programáticamente, cumple con los principios constitucionales en cuanto a garantizar la independencia judicial, y en lo atinente a las competencias de cada una de las Salas que conforman el máximo tribunal. Sin embargo, se convirtió a la Sala Constitucional -poniendo en riesgo el valor de la cosa juzgada- con la facultad para conocer del recurso de revisión, en una supra Sala que, incluso, tiene la facultad de interpretación de normas constitucionales y legales, adquiriendo sus decisiones carácter vinculante, con lo cual se convierten jurisprudencia obligatoria.

---

[310] Diario El Universal en edición del 31 de octubre de 2010. Disponible en: http://www.eluniversal.com/2010/10/31/pol_art_el-tsj-flexibilizo-r_2082703.shtml

Al igual que la ley orgánica que la había precedido, la novedosa Ley Orgánica del Tribunal Supremo de Justicia se encargó de aminorar aún más las exigencias para la designación de magistrados y así relajó aún más los requisitos al establecer que solamente una condena penal o una sanción de la Contraloría podrían impedir a alguien ingresar al máximo juzgado. Esto originó que en el proceso para optar a la magistratura, numerosos abogados se postularon en el año 2010, observándose que al menos ocho candidatos de los 404 que aspiran ingresar al TSJ son antiguos jueces que fueran destituidos por los organismos disciplinarios del Poder Judicial[311], además de un eficiente "mujiquita"[312] que había servido como Vicepresidente de la República, Fiscal General de la República y embajador ante el Reino de España.

Por otro lado, se mantuvo en la nueva ley la elección de magistrados mediante mayoría calificada de la Asamblea Nacional, en el entendido de que, si en las tres primeras sesiones para su selección no se logra el quórum requerido, una cuarta y última sesión podrá designarlos por simple mayoría, lo que implica que si una sola tendencia política domina el escenario parlamentario, será ella la que designe a los magistrados; y los suplentes de éstos, podrán ser designados por simple mayoría por un período de seis años, pudiendo ser reelectos por dos adicionales, con lo cual un suplente de magistrado podría incluso sobrepasar el tiempo de un magistrado titular cuyo nombramiento es por un período único de doce años.

De la misma manera, el proceso de remoción de magistrados por parte de la Asamblea Nacional siguió invariable, pudiendo ser destituidos por numerosas causales, algunas de

---

[311] Jueces destituidos aspiran volver al Poder Judicial a través del TSJ. Diario El Universal edición del 21 de octubre de 2010. Disponible en: http://www.eluniversal.com/2010/10/21/pol_art_jueces-destituidos-a_207 6335.shtml

[312] El "mujiquita" es, en la famosa novela "Doña Bárbara" de Rómulo Gallegos, un personaje que manejaba las leyes y entendía la necesidad de aplicarlas. Pero todas sus energías se centraban en darle matiz legal a las decisiones de Ño Pernalete y maquillar todos los atropellos con frases edulcoradas con el falso sabor de la equidad. Ño Pernalete es en la novela un personaje que debe administrar justicia.

ellas absolutamente subjetivas como se lee en el artículo 62, con el agravante de que prácticamente, en el artículo siguiente, se le niega el derecho de defensa al acusado al disponerse que una vez que sea calificada la falta cometida por el magistrado y recibidas las actuales del Consejo Moral Republicano, quien presida la Asamblea Nacional deberá convocar a los diputados a una sesión plenaria para escuchar al procesado e inmediatamente pronunciarse sobre su destitución.

Por otro lado, y atentando contra la seguridad jurídica, a los tres meses de vigencia, la Ley Orgánica del Tribunal Supremo de Justicia había sido publicada en tres ocasiones en la *Gaceta Oficial* bajo el argumento de que tenía "errores materiales" y, en cada reedición, el texto había sufrido modificaciones. En efecto, el primer texto fue publicado en el boletín del Estado el 29 de julio, pero el 8 de agosto apareció otro que modificaba el contenido del artículo 92, referido a las notificaciones de los juicios que se siguen en el máximo juzgado. El pasado día 1 de octubre de 2010 apareció un tercer texto y en él figura un cambio en el artículo 70, el cual establece los lapsos para que los aspirantes a magistrados presenten sus credenciales al Comité de Postulaciones. La norma original decía que ese período *"no será menor de 30 días continuos"* y ahora contempla que *"no será mayor de 30 días continuos"*, todo ello con el objeto de agilizar la designación de nuevos magistrados[313].

Situaciones como estas las advirtió la CIDH en su informe *Democracia y derechos humanos en Venezuela*, del año 2009[314], cuando observó con preocupación que, a pesar de haber urgido al Estado venezolano a modificar aquellas disposiciones de la Ley Orgánica del Tribunal Supremo de Justicia en las que se comprometía su independencia e imparcialidad, la Ley continúa vigente e impactando la independencia del poder judicial hasta el día de hoy, puesto que el Tribunal Supremo de Justicia se conforma por una mayoría afín al gobierno.

---

[313] Disponible en: http://www.eluniversal.com/2010/10/06/pol_art_la-ley-del-tsj-ha-si_2061752.shtml

[314] OEA/Ser.L/V/II. Doc. 54. 30 diciembre 2009.

En acatamiento a lo dispuesto por la Ley Orgánica del Tribunal Supremo de Justicia de 2010, la Asamblea Nacional designó una serie de magistrados[315] en diciembre del mismo año, previo el cumplimiento del mecanismo constitucional previsto a tal efecto y, según los voceros parlamentarios, verificando estrictamente que los seleccionados se ajustaran a las exigencias constitucionales y legales para integrar el Supremo Tribunal; y, en efecto, como reportaba el TSJ[316], de las designaciones efectuadas, muchos de los magistrados electos contaban con importantes credenciales como haber cursado especializaciones y doctorados en calificadas universidades nacionales y extranjeras, o haber ejercido la magistratura o la cátedra universitaria e, incluso, una de las designadas, representó a la República como embajadora ante el Canadá, lo que permitiría presumir que, en su momento, quienes ostentan

---

[315] Los magistrados electos fueron: **Sala Constitucional:** Magistrados Principales: Carmen Auxiliadora Zuleta de Merchan, Arcadio de Jesús Delgado Rosales, Juan José Mendoza Jover y Gladis María Gutiérrez Alvarado. Suplentes: Luís Fernando Damiani Bustillos, José Santiago Hernández Hernández, Ana Yldiko Casanova Rosales, Francia Coello González, René Alberto Degraves Almarza, Homero José Sánchez Febres, José Dionisio Benarenta Mirabal.

Sala Político-Administrativa: Magistrada Principal: Trina Omaira Zurita. Suplentes: Misticchio Tortorel Mónica Gioconda, Ramos González Emilio Antonio, Ameliach Villaroel María Carolina, Rincón de Oliveros Ismelda Luisa, Olivares Garcia Swing Violeta.

Sala Electoral: Principales: Jhannett María Madriz Sotillo, Malaquias Gil Rodríguez y Oscar Jesús León Uzcategui. Suplentes: Indira María Alfonso Izaguirre, Grisell de los Ángeles López Quintero, Roberto Antonio Quintero Valencia, Carmen Eneida Alves Navas y Carmen Trinidad de la Consolación Alvarez Alfonso.

Sala de Casación Civil: Suplentes: Libes de Jesús González González, Aurides Mercedes Mora, Enrique Sánchez, Yraima de Jesús Zapata Lara y Nely Justina Vásquez de Peña.

Sala de Casación Social: Suplentes: Octavio José Sisco Ricciardi, Arias Palacios, Sonia Coromoto, Gómez Cabrera, Carmen Esther, Chávez Perez, Mónica Maylen y Luna Aguilera, Bettys del Valle.

Sala de Casación Penal: Magistrada Principal: Ninoska Beatriz Queipo Briceño. Suplentes: Paúl Jesús Aponte Rueda, Yanina Beatriz Karabin de Díaz, Elsa Janeth Gómez Moreno, Ursula María Mújica Colmenares y Siria Ramona Mendoza de Rassi.

El doctor Julián Isaías Rodríguez, pese a sus eficientes servicios prestados como Vicepresidente de la República, Fiscal General de la República y Embajador ante el Reino de España, no resultó seleccionado.

[316] Para ver el *curriculum vitae* de los magistrados consultar www.tsj.gob.ve

tan importantes calificaciones sabrán desmentir la conocida frase atribuida al Libertador: *El talento sin probidad es un azote*.

Sin embargo, la publicación humorística El Chigüire bipolar[317], hizo una ácida crítica en la cual satirizaba el nombramiento de las altas autoridades judiciales al presuponer que los candidatos propuestos no se atenían a las exigencias constituciones y legales para ejercer la magistratura del TSJ sino que eran el producto de la voluntad del proceso político dominante, por encima de las cualidades personales y profesionales.

    D. *La colaboración de poderes y un nuevo concepto: El "colaboracionismo"*

En Venezuela, históricamente se ha admitido la colaboración de poderes pese a que la Constitución de 1811 se negó la posibilidad de que el ejercicio de la autoridad confiada a la Confederación estuviera reunida en sus diversas funciones, disponiendo que el Poder Supremo estaría dividido en Legislativo, Ejecutivo y Judicial y confiando a distintos cuerpos independientes entre sí y en sus respectivas facultades, con lo cual consagró la separación orgánica de Poderes siguiendo los principios del constitucionalismo moderno, en lo cual siguieron a este texto las demás repúblicas hispanoamericanas luego de lograda su independencia, comenzándose a esbozar en las tierras del otrora imperio español el principio de la supremacía constitucional y la garantía objetiva de la constitución, a semejanza de lo establecido jurisprudencialmente en los Estados Unidos[318].

En efecto, con el mecanismo de colaboración de poderes no se trata de establecer compartimientos estancos, sino un sistema de pesos, contrapesos e interferencias constituciona-

---

[317] *Top Bipolar: Requisitos para ser juez del TSJ*. Disponible en: http://www.elchiguirebipolar.net/08-12-2010/top-bipolar-requisitos-para-ser-juez-de l-tsj/#more-3774
[318] *Cfr.* Brewer. *Historia...*, p. 277.

les, como afirma Brewer[319], que sigue repitiéndose a lo largo de la vida republicana. Así, la Constitución de la República de Barcelona Colombiana[320], de 12 de enero de 1812, declaraba:

> *Siendo la reunión de los poderes el germen de la tiranía, la República declara que la conservación de los derechos naturales y civiles del hombre de la libertad y tranquilidad general, depende esencialmente de que el Poder Legislativo jamás ejerza el ejecutivo o Judicial, ni aún por vía de excepción. Que el ejecutivo en ningún caso ejerza el Legislativo o Judicial, y que el Judicial se abstenga de mezclarse en el Legislativo o Ejecutivo, conteniéndose cada uno dentro de los límites que le prescribe la Constitución, a fin de que se tenga el gobierno de las leyes y no el gobierno de los hombres.*

La colaboración de poderes tiene tradición en las constituciones del siglo XIX y así, en su discurso de Angostura, Simón Bolívar[321] abogaba por un Poder Ejecutivo fuerte pretextando que cuando deseaba atribuir al Ejecutivo una suma de facultades superiores a las que antes gozaba, no deseaba autorizar a un déspota para que tiranizara la República, sino impedir que el despotismo deliberante fuera la causa inmediata de un círculo de vicisitudes despóticas en que alternativamente la anarquía sea reemplazada por la oligarquía y por la monocracia; pero a la vez se pronunció no sólo por la división de los poderes, sino por el equilibrio entre las partes que ejercen el mando público[322], al declamar:

> *Nada es tan contrario a la armonía de los Poderes, como su mezcla.*

La Constitución de 1819 acogió la sugerencia de Bolívar y establece la separación de poderes con un presidencialismo reforzado, insistiendo en que el poder soberano está dividido para su ejercicio en legislativo, ejecutivo y judicial[323]. Para la

---

[319] *Cfr.* Brewer. *Historia...*, p. 276.
[320] *Cfr.* Brewer. *Historia...*p. 280.
[321] *Discurso de Angostura.* Disponible en: http://www.analitica.com/bitblio/bolivar/angostura.asp
[322] *Cfr.* Carrillo, *Historia...*, p. 210.
[323] *Cfr.* Brewer. *Historia....*p. 317.

designación de los Ministros de la Alta Corte de Justicia, son propuestos por el Presidente de la República a la Cámara de Representantes en número triple. La Cámara reduce al doble, y lo presenta al Senado para que éste nombre los que deban componerla. El mismo orden se sigue siempre que por muerte, destitución, o renuncia sea necesario reemplazar toda la Alta Corte, o algunos de sus miembros, pues los empleos de ministerio de la Alta Corte son vitalicios, como disponen los artículos 4 y 5 del Título 8º. Bolívar[324], admitiendo la palpable influencia del constitucionalismo norteamericano sobre la naciente Constitución, se justificó así:

> *El poder judiciario en Venezuela es semejante al americano, indefinido en duración, temporal y no vitalicio; goza de toda la independencia que le corresponde.*

Disuelta la Gran Colombia, la Constitución de 1830 dictada por Venezuela mantuvo el mismo sistema de las de 1811 y 1819, confirmando en el artículo 8 la división de poderes en los siguientes términos: *"El poder supremo se dividirá para su administración en legislativo, ejecutivo y judicial. Cada poder ejercerá las atribuciones que le señale esta Constitución, sin excederse de sus límites respectivos"*; y el nombramiento de los ministros de la Corte se efectuaba de la misma manera prevista en la Constitución de 1819; y en la Constitución de 1858, se consagró por primera vez la competencia de la Corte Suprema en materia de control constitucional al prever, en el ordinal 8º del artículo 113 que ésta podría declarar la nulidad de los actos legislativos sancionados por las Legislaturas provinciales, á pedido de cualquier ciudadano, cuando sean contrarios á la Constitución; pero en la Constitución de 1864 si bien se anuló esa facultad al disponerse que todo acto del Congreso o del Ejecutivo que viole los derechos garantizados a los Estados o ataque su independencia, deberá ser declarado nulo por la Alta Corte, siempre que así lo solicite la mayoría de las legislaturas, con lo cual la legitimación popular para accionar

---

[324] *Discurso de Angostura*. Disponible en: http://www.analitica.com/bitblio/bolivar/angostura.asp

quedó sustituida por la legitimación activa a las legislaturas estadales, también se facultó a la Corte Suprema para determinar la prevalencia de una ley cuando hubiere colisión entre las leyes nacionales o éstas con los estados o las leyes estadales entre sí, con lo cual la Corte Suprema podía ejercer un control de la vigencia y legalidad del ordenamiento normativo, lo que fue asumido por la Constitución de 1893 al extender ese control a otros actos estatales y conferirle la competencia para declarar la colisión de leyes entre sí, nacionales o estadales, o con la Constitución[325].

A partir de la Constitución de 1858, el control de la constitucionalidad se ha mantenido más o menos en los mismos términos y, en algunos casos, como en las de 1925 y 1936 donde se ampliaron, en la primera la competencia para anular ordenanzas municipales que afectasen los derechos ciudadanos, y en la segunda que amplió el recurso de constitucionalidad contra cualquier acto violatorios de los derechos garantizados, lo cual fue recogido posteriormente en las constituciones democráticas de 1947, 1961 y 1999.

Para el año 2009, un nuevo concepto doctrinal -el "colaboracionismo"- se comenzó a incorporar desde los propios voceros del TSJ, esta vez el relacionado con la concepción sobre la colaboración que debe existir entre los Poderes Públicos. Los autores de ello fueron los magistrados Luisa Estella Morales Lamuño y Francisco Antonio Carrasquero López.

a) El "colaboracionismo" y la magistrada Luisa Estella Morales Lamuño

La magistrada Luisa Estella Morales Lamuño[326], al instalar una Jornadas Internacionales con motivo del décimo aniversario de la Constitución, manifestó que el Alto Juzgado del país se enaltecía con la presencia del Presidente de la República, afirmó:

---

[325] *Cfr.* Brewer. *Historia…*, pp. 365-366.
[326] http://www.tsj.gov.ve/informacion/notasdeprensa/notasdeprensa.asp?codigo=7353.

> [...] *por primera vez un Jefe de Estado venezolano asiste a esta sede para exponer su mensaje en el marco de un acto de esta naturaleza, pero importante es señalar que le invitamos Presidente a traspasar esa barrera que deriva de una odiosa división de Poderes, creada para impedir que el encuentro constante para discernir sobre los temas que por ser de interés para el estado nos son comunes, en esta oportunidad la Constitución de la República Bolivariana de Venezuela, su primera década y su vigencia.*

Al respecto, Morales descalificó la clásica división de los Poderes expuesta por el Barón de Montesquieu en *L´Esprit des Lois* en 1748, al sostener la magistrada que, esa parcelación en su más pura acepción:

> [...] *impidió que el Estado se erigiese como uno; con la fortaleza para desarrollar el interés colectivo por encima de los privilegios individualistas de todo orden, germen tal vez de un liberalismo que impregnó no solo el ámbito del desarrollo constitucional liberal burgués, sino que permeó la ciencia del Derecho de conceptos, teorías e instituciones, que nuestro nuevo constitucionalismo echa por tierra, para reunir, como hoy lo vemos, con honor, mentes preclaras aquí presentes provenientes de varios continentes, pero fundamentalmente de nuestra Sur América que se erige como la más pura representación de los nuevos paradigmas constitucionales. Es el tiempo de Latinoamérica y su gente, es eso lo que nos mueve a reunirnos para aceptar el reto de una construcción jurídica más humana y liberadora.*

Finalizó Morales afirmando que si algo había caracterizado al proceso de aplicación material de las disposiciones y anhelos contenidos en nuestra Carta Magna, había sido el cambio real y efectivo a los paradigmas clásicos que postulaban a una separación de poderes rígida, en donde cada rama del Poder Público andaba por su lado.

La magistrada Morales es abogado de la Universidad de Carabobo. Posee las siguientes especializaciones y doctorados: *Universita Degli Estudi Di Firenze*, Italia, 1969-1970, con la tesis *La Empresa Agraria. Organizaciones Económicas Campesinas*; en la misma casa de estudios, *Instituto di Diritto Agrario Internazionale e Comparato*, con la tesis *Estudios de Derecho Comparado sobre la Reforma Agraria Venezolana y la Reforma Fondiara Italiana*; *Universita Degli Estudi di Bologna*, Italia, con la tesis *Derecho Agrario Comparado*, Universidad de Pisa Italia. En la Universidad del Externado de Colombia, alcanzó el título de Experto Latinoamericano en Derecho Agrario; y en la Universidad de Mont Pellier, Francia, obtuvo el título de Especialista en Recursos Naturales Renovables.

b) El "colaboracionismo" y el magistrado Francisco Antonio Carrasquero López

El magistrado Francisco Antonio Carrasquero López[327] atendió a los principios expuestos por su colega la magistrada Morales Lamuño cuestionando también la clásica división de poderes e, inmediatamente, manifestó su adhesión en los siguientes términos:

> *Con el nuevo constitucionalismo esa división de poderes debe verse como un sistema de poderes colaboracionistas*[328] *entre todos, y si no es así, es muy difícil que el Estado y la protección del Estado se incorpore al interés colectivo del pueblo, por qué, porque sería competencia autonómica, independiente, que no guardan una relación entre sí; indudablemente que entonces tiene que ser revisada esa conceptualización de la división de poderes del estilo clásico del Derecho liberal, "fundamentándose para ello en que, en su opinión", nuestra Constitución (...) no establece absolutamente la división de poderes al estilo del Derecho clásico, al estilo del constitucionalismo liberal, porque establece el principio de la colaboración entre poderes.*

Es evidente, pues, que el "colaboracionismo" viene a ser una especie de intromisión del sistema judicial en las funciones que le corresponden a los otros poderes lo cual, a todas luces, es inconstitucional porque en realidad lo que la Consti-

---

[327] http://www.eluniversal.com/2009/12/09/pol_art_en-el-nuevo-constit_1687934.shtml.

[328] Colaboracionismo es un galicismo que deriva de *collaborationniste*, término atribuido a todo aquello que tiende a auxiliar o cooperar con el enemigo. Entendida como forma de traición, se refiere a la cooperación del gobierno y de los ciudadanos de un país con las fuerzas de ocupación enemiga. La actitud opuesta al colaboracionismo -la lucha contra el invasor- es representada históricamente por los movimientos de resistencia. El termino fue introducido durante la República de Vichy (1940-1944) en la Francia ocupada, por el propio Mariscal Pétain que, en un discurso radiofónico pronunciado el 30 de octubre de 1940, exhortó a los franceses a colaborar con el invasor nazi. Disponible en: http://es.wikipedia.org/wiki/Colaboracionismo.

tución de 1999, como los precedentes textos constitucionales lo que prevén es la colaboración de poderes como un mecanismo de apoyo en las funciones que a cada uno corresponde dentro del marco de sus respectivas atribuciones.

Para ejemplificar gráficamente el "colaboracionismo", basta el oficio del 14 de enero de 2011 emanado de la Comisión Judicial del Tribunal Supremo de Justicia[329], en el cual se le ordenó a todos los tribunales, sin justificación legal, la prohibición temporal de decretar medidas preventivas o ejecutivas sobre inmuebles destinados a viviendas. En efecto, el TSJ, a pesar de no tener atribuidas funciones gubernamentales, por lo que no podía dar instrucciones a los demás integrantes del sistema judicial ni prohibir en forma absoluta y definitiva que un tribunal cumpliera con la ejecución de medidas cautelares, sea cautelar o ejecutiva. Sin dudas, una imposición inconstitucional que niega el derecho a tutela judicial efectiva dictada con fundamento en el "colaboracionismo" al decretar medidas de carácter gubernamental, dejando de lado la función propia que le corresponde que no es otra que la de administrar justicia.

E. *La remoción de magistrados y jueces*

La remoción indiscriminada de jueces y magistrados fue un tema controversial a lo largo de varios años desde el famoso decreto de la ANC sobre reorganización del Poder Judicial. "*Lo que se quiere es un Poder Judicial arrodillado ante lo que se llama el proceso revolucionario*", dijo el Presidente del Colegio de Abogados del estado Lara, Henry Alviárez[330] con motivo de la destitución de jueces en esa región, agregando:

Más que reestructuración del Poder Judicial, lo que ha estado haciendo el Gobierno son maniobras para quitar individualidades y poner personas afectas al actual régimen. Sin cuestionar su capacidad, la mayoría de quienes han sido nombrados para sustituir a los jueces suspendidos forman parte del Frente de Abogados Bolivarianos. Si es-

---

[329] Información disponible en:
http://www.noticias24.com/actualidad/noticia/189862/tsj-suspende-temporalmente-todas-las-medidas-de-desalojo-contra-inquilinos/
[330] Diario El Universal. Edición del 28 de mayo de 2005.

tamos aspirando a una justicia autónoma, proba, independiente, no son precisamente ellos quienes pueden contribuir a esta causa, porque se les está añadiendo un ingrediente estrictamente político.

En el estado Táchira, en un comunicado público[331], un grupo de jueces removidos denunciaron violación de sus derechos luego de que la Comisión Judicial del Tribunal Supremo de Justicia dejara sin efecto sus nombramientos, afirmando:

Se ha juzgado primero sin previo proceso debido y sin antes haber impuesto a ningún juez de algún hecho y mucho menos de haberle oído en un procedimiento ya preestablecido ante jueces imparciales, pues hubo la participación de quienes debiéndose haber inhibido, no lo hicieron, ocasionado con ello un acto viciado y radicalmente nulo.

En la sección que sigue se hará referencia casos emblemáticos y que reflejaban la realidad de las remociones de ciertos magistrados y jueces.

a) La destitución del magistrado Franklin Arrieche Gutiérrez

El 15 de junio de 2004, la Asamblea Nacional destituyó al magistrado Franklin Arrieche Gutiérrez. Sobre esta suspensión, se sostuvo que la misma fue una retaliación política de la revolución bolivariana por haber sido el ponente de la sentencia de 14 de agosto de 2002 mediante la cual el Tribunal Supremo de Justicia decretó que no había mérito para el enjuiciamiento de cuatro altos jefes militares -Efraín Vásquez Velazco, Pedro Pereira, Héctor Ramírez Pérez y Daniel Comisso- acusados de rebelión por los hechos del 11 al 13 de abril de 2002, decisión que fue públicamente calificada como *"plasta"* por el Presidente Chávez.

El entonces Vicepresidente de la Comisión Especial que investigaba la crisis del Poder Judicial, diputado por el Movimiento Quinta República (MVR) Luis Velázquez Alvaray,

---

[331] Diario El Nacional. Edición correspondiente al 31 de mayo de 2005.

sostuvo que el ex magistrado había sido destituido porque había forjado sus credenciales para postularse para el cargo de magistrado y por haber incurrido en falsa aseveración y en fraude, cuando afirmó ante la Asamblea Nacional, bajo juramento, que la información suministrada por él para su postulación era correcta[332].

El magistrado Arrieche impugnó judicialmente la decisión que le destituyera y obtuvo del propio Tribunal Supremo de Justicia una medida cautelar que le mantuviera en el cargo, pero un mes después de la promulgación de la Ley Orgánica del Tribunal Supremo de Justicia, la Asamblea Nacional hizo uso de la mayoría de los dos tercios y aplicó la disposición de la citada ley que la autoriza a anular las designaciones de magistrados por simple mayoría.

Curiosamente, poco tiempo después de su promulgación, la sentencia que sobreseyera la causa a los oficiales, redactada por el magistrado Arrieche, fue anulada por dictamen de la Sala Constitucional del TSJ con ponencia del magistrado doctor Francisco Antonio Carrasquero López[333].

Sobre el carácter político o simplemente administrativo de la destitución del magistrado Arrieche, y el comportamiento del TSJ, la historia dictará su veredicto; pero llama la atención que ninguno de los magistrados que suscribieron la sentencia que preparara aquél resultara afectado con sanciones de algún tipo, salvo el magistrado Alberto Martini Urdaneta a quien se le concedió una jubilación forzosa. Al contrario, el entonces Presidente del Tribunal Supremo de Justicia, Iván Rincón Urdaneta, pasó a desempeñarse como embajador de Venezuela ante la Santa Sede hasta el año 2010, siendo trasladado a ejercer las mismas funciones ante la República de Colombia.

---

[332] Disponible en: http://www.aporrea.org/actualidad/n17919.html
[333] *Una década de Chávez*. Informe de Human Rights Watch, septiembre 2008. Disponible en: http://books.google.co.ve/books?id=kgI9tIpoz4YC&pg=PA57&lpg=PA57&dq=franklin+arrieche+destituci%C3%B3n&source=bl&ots=4AAV3OozSJ&sig=fEZztpBJcOumUttayK1U4xCaC74&hl=es&ei=DCDDTPfvIMOAlAe7h6kH&sa=X&oi=book_result&ct=result&resnum=7&ved=0CDIQ6AEwBg#v=onepage&q=franklin%20arrieche%20destituci%C3%B3n&f=false

b) *Auge y caída de un magistrado*

Con inusitada algarabía de los actores políticos afectos al proceso político que encabeza el Presidente Chávez, la Asamblea Nacional designó como magistrado de la SC-TSJ a Luis Velásquez Alvaray[334], a la par que la CIDH[335] manifestaba preocupación por ello por cuanto este ciudadano había sido miembro activo del partido de gobierno y Diputado a la Asamblea Nacional para el período 2000-2005, siendo en este cuerpo corporativo uno de los redactores e impulsores de Ley Orgánica del Tribunal Supremo de Justicia, pues en junio de 2004, cuando todavía cumpliendo funciones de Diputado a la Asamblea Nacional, declaró que "dentro de las reformas al sistema judicial venezolano el sector oficial aspira la depuración general de los cargos de jueces de todo el país, lo que podría abarcar la destitución de 90% de los jueces actuales".

En cortísimo plazo, el magistrado Velásquez Alvaray se convirtió en noticia de primera plana por su publicitado ejercicio de sus funciones y, rápidamente, pasó a desempeñarse como Director Ejecutivo de la Magistratura. Sin embargo, la suerte le fue adversa porque, para el 2006, se vio envuelto en una serie de escándalos de corrupción a los cuales replicó así[336]:

> Soy víctima de una campaña brutal para asesinarme políticamente y como magistrado del Tribunal Supremo de Justicia.

Todo se inició cuando el Contralor General de la República[337], en compañía del Fiscal General de la República y del Defensor del Pueblo, anunció la decisión del Consejo Moral Re-

---

[334] Sociólogo, abogado, licenciado en Comunicación Social, en las Universidades Central de Venezuela, Los Andes y Cecilio Acosta. También fue miembro de la Asamblea Nacional Constituyente en 1999.

[335] *Informe de Seguimiento sobre el Cumplimiento por el Estado de la República Bolivariana de Venezuela de las Recomendaciones Efectuadas por la CIDH en el Informe sobre la Situación de los Derechos Humanos en Venezuela (2003). Informe Anual 2004, Capítulo V, párr. 180.*

[336] Fuente: http://www.eluniversal.com/2006/03/23/pol_art_23104B.shtml.

[337] Fuente: http://www.minci.gov.ve/pagina/1/4748/suspendido_de_susunciones.html.

publicano de suspender de sus funciones al magistrado Velásquez Alvaray, por considerar que había cometido una "falta grave" en su gestión sobre la construcción de la Ciudad Judicial Lebrún, una edificación que sería destinada a albergar los tribunales penales de Caracas. La denuncia había sido hecha pública por el ministro del Interior y Justicia quien sostuvo que la Dirección Ejecutiva de la Magistratura, bajo la dirección de Velázquez Alvaray, había incurrido en hechos irregulares que comprometían más de Bs. 9 millardos[338].

Luego de la suspensión del cargo, el magistrado Velásquez Alvaray fue destituido por la Asamblea Nacional y la Fiscalía del Ministerio Público solicitó su detención al Tribunal 23° de Control el cual, a su vez, pidió a la Interpol su captura en Europa, donde supuestamente se refugió, según dio cuenta un medio de comunicación[339].

Para 2010, a cuatro años de distancia de esos hechos, el destituido magistrado reside en Costa Rica, desde donde impúdicamente ha afirmado:

> [...] *yo lo único que hice fue ganarme una pequeña comisión de 700 mil dólares, que no es ninguna fortuna y no creo que era motivo para perseguirme*[340].

En la historia venezolana, el general y doctor Antonio Guzmán Blanco, en el siglo XIX, justificaba el cobro de comisiones por los empréstitos que los banqueros europeos hacen a Venezuela, mientras él ejerce la Presidencia de la República, como el premio por concepto de sus servicios al país[341]; y el general Marcos Pérez Jiménez, en enero de 1958, reclama la maleta que contenía valores y dinero en efectivo mal habido

---

[338] Fuente: http://www.aporrea.org/ddhh/n74972.html
[339] Fuente: http://venezuelareal.zoomblog.com/archivo/2008/01/24/interpol-busca-en-Europa-a-Velasquez-A.html.
[340] Fuente: http://vencedorenboyaca2.blogspot.com/2010/06/luis-velasquez-alvaray-desde-costa-rica.html
[341] Bernardino Herrera. *La corrupción en Venezuela. Apuntes para una historia del peculado*. Instituto de Investigaciones para la comunicación. Humánitas. Extramuros N° 14. Disponible en: http://evaluna.creatuforo.com/apuntes-para-una-historia-del-peculado-tema297.html

que dejó abandonada en su afanada carrera para embarcarse en la aeronave "la vaca sagrada" que le llevaría al exilio, y que cuya devolución reclamó alegando que eran bienes propios.

c) *La destitución de los magistrados de la Corte Primera de lo Contencioso Administrativo*

El 15 de septiembre de 2000, los doctores Juan Carlos Apitz B., Perkins A. Rocha Contreras y Ana María Ruggeri C. se juramentaron ante la Sala Plena del TSJ como Magistrados Principales de la C1CA.

A partir del mes de Agosto de 2002, la C1CA dictó unas sentencias que el gobierno consideró como atentatorias a sus planes e intereses, como las que declararon nulos los Consejos de Investigación de los militares que participaron en los sucesos de abril de 2002 por ser violatorios de la garantía constitucional del debido proceso y el derecho a la defensa (sentencias del 31 de octubre y 6 de noviembre de 2002); la que ordenó la restitución al Alcalde Metropolitano de Caracas (Alfredo Peña) de los bienes, instalaciones y dependencias de la Policía Metropolitana de Caracas (sentencia del 7 de enero de 2003); y la que prohibió la participación de médicos cubanos y ordenó la sustitución de éstos por médicos venezolanos en el programa de asistencia médica primaria denominado "PLAN BARRIO ADENTRO" (sentencia del 21 de agosto de 2003).

Ante esta palpable demostración de autonomía judicial, el 30 de octubre de 2003 la Comisión de Funcionamiento y Reestructuración del Sistema Judicial ordenó la destitución por la comisión de un *"error judicial inexcusable"* a todos los miembros de la C1CA, incluyendo también a las magistradas Evelyn Marrero Ortiz y Luisa Estella Morales Lamuño[342]. Previamente, el Presidente Chávez públicamente había hecho un surrealista llamado a desconocer la sentencia de la C1CA en los siguientes términos:

---

[342] Luego de su destitución, las doctoras Marrero y Morales fueron designadas magistradas del Tribunal Supremo de Justicia.

[...] *ustedes creen que el pueblo venezolano les va a hacer caso, a una decisión inconstitucional. Pues no les va a hacer caso. Qué tribunal puede decidir la muerte de los pobres, [...] el tribunal de la injusticia, [...] y todavía, repito, en el poder judicial hay mucha tela que cortar, desde el Tribunal Supremo de Justicia hacia abajo, hasta los tribunales de parroquia, de municipio, ahí no se ha hecho mucho en cuanto a la transformación del Estado, porque estamos esperando la aprobación de la Ley del Tribunal Supremo de Justicia [...] Mira yo no les digo lo que me provoca a la Corte esta, a los tres, porque hay dos votos salvados, a los tres magistrados que no deben ser magistrados, no les digo lo que me provoca porque estamos ante a un país. [...] Pero se los está diciendo el pueblo: váyanse con su decisión no se pa' donde. [...] La cumplirán ustedes en su casa pues si quieren. [...] Ayer llegaron 140 médicos más, esos van para allá para Sucre [...].*

Sobrevenida su destitución, los magistrados destituidos Juan Carlos Apitz B., Perkins A. Rocha Contreras y Ana María Ruggeri C. demandaron la nulidad de la destitución ante varias salas del Tribunal Supremo de Justicia, las cuales fueron declaradas improcedentes.

i. La intervención de la Comisión Interamericana de Derechos Humanos

Agotados todos los recursos judiciales internos en Venezuela, los afectados presentaron una denuncia ante la CIDH alegando que su destitución significó una flagrante violación de derechos humanos esenciales reconocidos por la "Convención Americana sobre Derechos Humanos" y de la "Carta Democrática Interamericana", a raíz de la "[...] *indebida intromisión e interferencia del gobierno nacional en el poder judicial venezolano...*".

La CIDH declaró admisible la petición interpuesta por "[...] aparecer debidamente fundada la denuncia en cuanto a la destitución de los magistrados por un órganos que no sería ni competente ni imparcial, y sin que se les haya respetado las garantías del debido proceso ni dispuesto de un recurso sencillo y rápido para cuestionar tal decisión [...]." (sic); y el 20 de julio de 2006 publicó su Informe N° 64/06 en el cual se concluye:

[...] *la República Bolivariana de Venezuela es responsable por la violación de las garantías que salvaguardan la independencia e imparcialidad del poder judicial, en razón de lo cual recomiendan restablecer a los magistrados destituidos a sus cargos en el CPCA, reparar a éstos por los beneficios salariales y económicos dejados de percibir desde su remoción y, finalmente, que se adopten medidas inmediatas para lograr la aprobación del Código de Ética del Juez venezolano...*

ii. Demanda de la CIDH contra Venezuela ante la Corte Interamericana de Derechos Humanos

Las recomendaciones de la CIDH hechas a Venezuela no fueron acatadas por su gobierno y, en virtud de su incumplimiento, la CIDH demandó al Estado Venezolano ante la CORTE INTERAMERICANA DE DERECHOS HUMANOS de la OEA (Corte Interamericana), alegando la *"...violación de las garantías judiciales que salvaguardan la independencia e imparcialidad del poder judicial, violación del deber del deber de motivar y asegurar la proporcionalidad de las sentencias que profieran sanciones, violación del derecho a la protección judicial, violación del deber de adopción de disposiciones de derecho interno para superar el carácter transitorio del régimen disciplinario de los jueces..."*.

El 5 de agosto de 2008, la Corte Interamericana dictó sentencia definitiva en los siguientes términos:

A. El Estado debe realizar los pagos de las cantidades establecidas en la sentencia por concepto de daño material, inmaterial y reintegro de costas y gastos dentro del plazo de un año;

B. El Estado debe reintegrar al Poder Judicial a los señores Juan Carlos Apitz Barbera y Perkins Rocha Contreras y a la señora Ana María Ruggeri Cova, si éstos así lo desean, en un cargo que tenga las remuneraciones, beneficios sociales y rango equiparables a los que les correspondería el día hoy si no hubieran sido destituidos;

C. El Estado debe realizar las publicaciones señaladas en el párrafo 249 de esta Sentencia;

D. El Estado debe adoptar dentro del plazo de un año a partir de la notificación de la presente Sentencia las medidas necesarias para la aprobación del Código de Ética del Juez y la Jueza Venezolanos.

iii. La anulación de la sentencia de la Corte Interamericana

La SC-TSJ, en fallo del 18 de diciembre de 2008, dejó sin efecto jurídico alguno la decisión de la Corte Interamericana, declarándola inejecutable y solicitó al Ejecutivo Nacional que procediera a denunciar la Convención Interamericana de Derechos Humanos, ante la evidente usurpación de funciones en que había incurrido la instancia judicial interamericana con el fallo antes mencionado; y en nota de prensa, el TSJ[343] aprovechó la oportunidad para extraer párrafos de la sentencia de los cuales se deducen elementos favorables para sostener que, con la destitución de los citados magistrados, no hubo violación de sus derechos humanos, pese a que el fallo fue condenatorio.

La misma nota de prensa añade que la Corte Interamericana determinó que el Estado venezolano no violó el derecho a estos ciudadanos a ser juzgados por un tribunal competente, "[…] *toda vez que la competencia disciplinaria de la Comisión de Funcionamiento y Reestructuración del Sistema Judicial se origina en una norma que emana de la Asamblea Constituyente, y por tanto de rango superior al legal*", establecida en 1999; es decir, con anterioridad a la causa iniciada contra los ex-jueces, ya que se le otorgó competencia de forma general para conocer de todos los procesos disciplinarios contra los jueces de Venezuela, bajo un procedimiento común; y no existe una norma a nivel interno que expresamente haya asignado la competencia para conocer del caso en cuestión a un órgano distinto a la Comisión.

---

[343] http://www.tsj.gov.ve/informacion/notasdeprensa/notasdeprensa.asp?codigo=6336.

Asimismo, aclaró que, de conformidad con la Ley de Carrera Judicial, la declaración de un error judicial inexcusable puede ocurrir no sólo en un proceso de avocamiento, sino también en toda instancia recursiva o de apelación ante cualquier órgano con competencia de revisión. En este sentido, la división de tareas propia del ejercicio de la función judicial implica que las instancias revisoras sólo deban atender a la pretensión recursiva de la parte disconforme con la resolución originaria. Es decir, que en consecuencia, la determinación de la corrección o incorrección jurídica del fallo recurrido no afectó derecho alguno de los jueces originarios y no los trasformó per se en partes de la controversia suscitada ante la SPA.

En lo atinente a la independencia judicial, añadía la nota de prensa que la Corte Interamericana admitió que el Poder Judicial venezolano en su conjunto es autónomo e independiente y no responde a otro órgano estatal, y determinó que no hubo injerencia del Ejecutivo en el Poder Judicial, ni se probó que el Poder Judicial haya sido *"depurado"* ideológicamente.

En defensa de la posición del TSJ ante la Corte Interamericana, la magistrada Morales Lamuño[344], al recordar que el máximo tribunal venezolano había emitido un fallo reiterando que sólo acataría aquellas resoluciones de los tribunales internacionales que no supusieran "[…] *una renuncia a nuestra jurisdicción, porque la jurisdicción y la soberanía van de la mano y si lo hiciéramos estaríamos prestándonos a una pérdida de nuestra libertad"*, afirmó tajantemente:

> *Es inaceptable y no podemos permitir que la Corte nos esté dictando normas disciplinarias y de formación de jueces cuando las tenemos en nuestro Derecho interno. Así como nosotros respetamos los tratados internacionales ellos deben respetar nuestra soberanía.*

---

[344] Diario El Universal. Edición correspondiente al 17 de octubre de 2009.

d) *La destitución de la jueza María Cristina Reverón Trujillo*

La jueza María Cristina Reverón Trujillo fue destituida de su cargo en 2002 y, habiendo acudido ante la CIDH, esta instancia dictó un pronunciamiento ordenando a Venezuela detener "la libre y discrecional" remoción de los jueces provisorios, por considerar estas acciones "violatorias de los derechos humanos reconocidos en la Convención Americana", estableciendo que "el Estado venezolano deberá adecuar en un plazo razonable su legislación interna a la Convención Americana a través de la modificación de las normas y prácticas que consideran de libre remoción a los jueces provisorios, de conformidad con lo expuesto en la Sentencia".

El TSJ no acató la decisión de la CIDH que declaró la responsabilidad internacional del Estado venezolano por violar los derechos humanos a la Protección Judicial (artículo 25.1, en relación con los artículos 1.1 y 2 de la Convención Americana), y el derecho político a tener acceso en condiciones de igualdad, a las funciones judiciales (artículo 23.1.c, en relación con el artículo 1.1 de la Convención Americana) que correspondían a la destituida juez.

e) *La destitución de la jueza Mercedes Chocrón Chocrón*

La jueza Mercedes Chocrón Chocrón fue destituida de su cargo de Juez del Tribunal Cuadragésimo de Control de Caracas por un acto administrativo de la Comisión Judicial del Tribunal Supremo de Justicia, el 3 de febrero de 2003, una semana después de haber realizado una inspección judicial en la residencia del general Carlos Alfonso Martínez, un militar disidente, a efectos de establecer si el Estado estaba dando cumplimiento a las medidas cautelares otorgadas por la CIDH.

En relación con estos hechos, la CIDH adoptó un Informe de fondo conforme al artículo 50 de la Convención Americana en el que concluyó que el Estado era responsable por la violación de los derechos de la jueza Chocrón Chocrón consagrados en la Convención; y como Venezuela no adoptó medidas para dar cumplimiento a las recomendaciones contenidas en el Informe de fondo, la CIDH presentó una demanda ante la Corte Interamericana señalando que la mencionada jueza fue destituida arbitrariamente de su cargo, en ausencia de garantías mínimas de debido proceso, sin una adecuada motivación, sin la posibilidad de ser oída y de ejercer su derecho de defensa, y sin haber contado con un recurso judicial efectivo, pese a que esas garantías están consagradas en la Constitución de 1999[345].

f) *La destitución de los jueces Miguel Luna, Petra Jiménez y María Trastoy*

La CIDH conoció también de los casos de los Jueces Miguel Luna, Petra Jiménez y María Trastoy, jueces de una Corte de Apelaciones Penal removidos al día siguiente de otorgar la libertad a ciudadanos detenidos por su supuesta participación en manifestaciones públicas contra el gobierno el 27 de febrero de 2004. Durante esas concentraciones, en las que hubo violentos enfrentamientos con las fuerzas gubernamentales, fueron detenidas cientos de personas. Los Jueces Miguel Luna, Petra Jiménez y María Trastoy recibieron solicitudes de órdenes judiciales para prolongar su detención a la espera del juicio y decidieron que el Ministerio Público no había presentado suficientes elementos para justificar la prolongación de su detención, por lo que ordenaron su libertad inmediata e incondicional. Acto seguido, el 2 de marzo de 2004, los tres funcionarios fueron destituidos mediante una resolución de la Comisión Judicial del Tribunal Supremo de Justicia en la que no se invocaron las causas de la destitución[346].

g) *La destitución de un Juez Superior en el Estado Carabobo*

En el estado Carabobo, los diputados de la bancada del Partido Socialista Unico de Venezuela (PSUV), en clara de-

---

[345] OEA/Ser.L/V/II. Doc. 54. 30 diciembre 2009.
[346] OEA/Ser.L/V/II. Doc. 54. 30 diciembre 2009.

mostración de instrusismo jurídico y violatorio de la Constitución, dispusieron "[...] *solicitar medidas disciplinarias para el juez superior Miguel Ángel Martín por haber convalidado la violación de las disposiciones jurídicas que rigen la correcta juramentación del ciudadano gobernador*"; y de seguidas, la Inspectoría General de Tribunales suspendió de sus funciones al citado juez, titular del Juzgado Superior Segundo en lo Civil, Mercantil, Bancario, de Tránsito y de Protección del Niño y del Adolescente de la Circunscripción Judicial de Carabobo, por haber tomado el juramento de su cargo al gobernador electo del Estado Carabobo Henrique Salas Feo[347].

El inicio del proceso a instancia del mundo político afecto a la revolución bolivariana fue una la clara interferencia del poder judicial. En efecto, el gobernador del Estado Carabobo había sido electo en libres comicios y, debiendo prestar juramento ante las autoridades electorales estadales, éstas se negaron a ello, por lo que el nuevo gobernante optó por solicitar el juramento ante un Juez Superior, lo que motivo a que se iniciara el proceso de destitución del funcionario judicial, evidenciando así la motivación política que guió a la Inspectoría General de Tribunales, dependiente de la Dirección Ejecutiva de la Magistratura, y ésta del Tribunal Supremo de Justicia.

h) *El affaire de la jueza María Lourdes Afiuni Mora*

Este *affaire* se inició cuando la jueza María Lourdes Afiuni Mora acordó a un ciudadano dedicado a las actividades financieras que el régimen de detención a que estaba sometido sea sustituido por la libertad condicional con presentación periódica obligatoria ante el juzgado de la causa.

Luego de haber tomado su decisión en presencia de la Procuraduría General de la República y previa la opinión favorable del Comisionado de Derechos Humanos de la ONU, los adversarios del procesado, principalmente los del sector

---

[347] Disponible en:
http://www.eluniversal.com/2008/12/16/pol_art_suspenden-al-juez-qu_11 91175.shtml#

oficial afecto a la revolución bolivariana, acusaron a la jueza de estar presuntamente implicada en irregularidades que habrían permitido la evasión del enjuiciado, el banquero Eligio Cedeño, que efectivamente se produjo el 10 de diciembre, inmediatamente después de haber sido sustituido su régimen de detención provisional; y en medio de una alharaca, la funcionaria judicial fue recluida, sin fórmula de juicio, en un establecimiento penitenciario para mujeres, luego de haber sido acusada por la presunta comisión de los delitos de corrupción administrativa, abuso de autoridad y favorecimiento para la evasión, con pérdida del derecho a goce de su sueldo. Al mismo tiempo, el propio Presidente de la República solicitaba públicamente que la jueza fuera condenada a la pena máxima de treinta y cinco años[348].

Ante estos hechos, el entonces procesado, bajo asilo político en los Estados Unidos, había dicho[349]:

Los atropellos del cual han sido victimas la Juez, el personal del Tribunal y mis abogados me causan profundo pesar, y son inconcebibles en una República de Justicia y de Derecho, donde existen procedimientos legales para cuestionar la decisión de un Juez y no el capricho personal de quienes se sienten poderosos y dirigen la justicia a su conveniencia y por motivos políticos.

El *affaire* ha trascendido las fronteras patrias y ha sido conocido por la Comisión Interamericana de Derechos Humanos y otras instancias internacionales quienes se han pronunciado a favor de una inmediata solución de la investigación y que a la jueza le fueran respetados sus derechos constitucionales. A la fecha[350], permanecía aún secuestrada en un oprobioso centro de reclusión, al igual que cualquier vulgar delincuente, negándose a acudir a las audiencias en acto de desobediencia civil.

---

[348] La privación de libertad como condena penal no puede exceder de 30 años, según dispone el artículo 44, numeral 3 de la Constitución. El Código Penal prevé la pena máxima de 30 años para el homicidio.

[349] Eligio Cedeño. *Carta pública del 25 de diciembre de 2009.* Disponible en www.descifrado.com.

[350] 30 de septiembre de 2010.

Distintas organizaciones internacionales e instituciones de otros países han abogado infructuosamente por la libertad de la jueza Afiuni. Cabe mencionar a la American Bar Association, una agrupación no gubernamental con sede en Chicago, Illinois, en los Estados Unidos, y que reúne a más de 400 mil abogados en el mundo, la cual, en comunicación del 20 de mayo de 2010, se ha dirigido al comandante Chávez y a la Fiscal General de la República exhortando al gobierno a procurar la liberación de la funcionaria judicial. En el texto[351], la ABA hace referencia a los pactos de derecho internacional que Venezuela suscribe y que el país estaría incumpliendo, como el Pacto Internacional de Derechos Civiles y Políticos y la Convención Americana sobre Derechos Humanos.

7. *Informe Secreto de TSJ revela conexiones entre jueces y narcotraficantes*

Un reporte confidencial[352] ordenado por el Tribunal Supremo de Justicia reveló una amplia red de jueces que favorecieron a personas acusadas de delitos que van desde narcotráfico hasta asesinatos, presuntamente tras recibir pagos ilegales.

El reporte -según *Citizen News Agency*, un portal de noticias y opinión, que reporta, comenta y analiza la actualidad venezolana, latinoamericana y mundial- fue ordenado por la Dirección Ejecutiva de la Magistratura (DEM) del TSJ, tras recibir numerosas denuncias y evidencias de que jueces de los estados Lara y Carabobo estaban actuando de forma "complaciente" otorgando medidas de libertad o de casa por cárcel a peligrosos narcotraficantes.

---

[351] Disponible en: http://www.noticias24.com/actualidad/noticia/186395/colegio-de-abogados-de-eeuu-pide-a-chavez-que-libere-a-la-jueza-afiuni/
[352] Citizen News Agency. Disponible en: http://impactocna.com/2010/11/05/informe-secreto-de-tsj-revela-conexiones-entre-jueces-y-narcotraficantes/

El reporte, inédito hasta el año 2010, cubría una indagación realizada entre los años 2000 y 2005, por la Dirección General de Seguridad del TSJ, a cargo de un oficial de inteligencia de la Guardia Nacional Bolivariana (GNB), y revelaba nombres y apellidos de jueces cuya actuación fue cuestionada y sometida a investigaciones disciplinarias. A continuación, los extractos más importantes del informe sobre los tribunales en el estado Lara en el período señalado.

• En el año 2000, la Corte de Apelaciones del Estado Lara devolvió bienes confiscados y dio la libertad a un narcotraficante, a quien se le incautan doce kilos de heroína líquida, en un procedimiento que era seguido desde San Cristóbal y fue realizado en el Estado Lara, donde los tres jueces que conformaban la Corte de Apelaciones para ese momento, produjeron la decisión que complace una vez más al narcotráfico".

• En el año 2002, el juez José Vicente Sandoval, ex presidente de la Corte de Apelaciones, otorgó la libertad a una persona que era su compadre y había sido su cliente en el Estado Cojedes, quien estaba siendo juzgado por el delito de homicidio calificado, un episodio conocido como el caso Ecarri. El caso era conocido por la existencia de un video donde se observa al homicida accionando el arma en una manga de coleo, y fue transmitido en las televisoras nacionales. Este procesado se mantuvo desde ese entonces en libertad, con una medida cautelar hasta principios del 2006, cuando violó el beneficio y le fue revocado.

• En el año 2003, la jueza Belinda Alvarado otorgó una medida cautelar a dos ciudadanos españoles, a quienes se les incautaron 240 kilos de cocaína. Estas personas fueron beneficiadas con un arresto domiciliario. Más tarde, uno de los procesados violó la medida complaciente y fue capturado en España con 500 kilos de cocaína. Actualmente, está purgando condena en un centro penitenciario del estado, y no en su casa. El otro procesado ha disfrutado de su arresto en la comodidad de su hogar, burlando la justicia aún cuando es responsable de esa gruesa cantidad de droga incautada.

- A mediados de 2003, el juez Alvaro Guerrero dio la libertad a un extranjero (colombiano) sin residencia en el país, alegando que el procesado estaba deprimido en la cárcel de Uribana, siendo que a este procesado le fue incautada la cantidad de 1280 kilos de cocaína mientras la transportaba. Es de hacer notar, que mientras esta inmensa cantidad de droga se encontraba custodia del Destacamento 47 de la Guardia Nacional, parte de ella fue sustraída de la sala de evidencias de esa instalación militar.

- En este mismo 2003, el juez Domingo Martínez, dio la libertad a William Fajardo, el llamado "Zar de la Droga", a quien se le incautaron 3.500 kilos de cocaína y fue acusado del delito de legitimación de capitales. Luego de varias diligencias procesales, se consiguió revocar la libertad de este narcotraficante y en los actuales momentos, se encuentra en el centro penitenciario, gracias a la acción de los jueces honestos que no permitieron la salida de este Zar de la Droga.

- En 2004, la jueza Lina Dupuy, otorgó libertad a Carlos Alberto Decaies, un homicida convicto, confeso y condenado, calificado como psicópata, quien asesinó a una familia completa (padre, madre e hija) utilizando una mandarria y enterrándolos en su propia casa. Luego, la Corte de Apelaciones revocó dicha decisión, ordenando su detención inmediata.

- En 2004, el presidente del Circuito Penal del Estado Lara, para ese entonces, Leonardo López, fue investigado por la Fiscalía de Salvaguarda de ese estado, porque se le imputó el delito de corrupción judicial, en virtud de que, entre otras cosas, las decisiones que él tomaba, eran hechas en un bufete de abogados. Incluso el abogado defensor en un caso de corrupción, formaba parte del bufete que fue allanado y donde se presumía que se hacían las sentencias que dictaba el citado juez, el cual formaba parte de la Corte de Apelaciones del estado Lara. Aunado a ello, el referido juez manipulaba incluso la distribución de las causas a través del sistema Juris, solicitado a través de un avocamiento por parte de la Sala de Casación Penal del TSJ.

- En los primeros meses de 2005, el Juez Wilmer Muñoz dio libertad a una pareja que se le incautó dos kilos de cocaína, empacados en dediles, junto a pasaportes, boletos aéreos con destino a Madrid, euros, pesos colombianos y dólares. Este juez fundamentó su decisión en los dichos de la defensa, que nunca fueron comprobados, a pesar de los elementos de convicción que incriminaban a la pareja, y que el juez no tomó en cuenta. Luego, la Corte de Apelaciones ordenó la captura de los narcotraficantes, pero al quedar en libertad, se fugaron.

- En el mismo año 2005, el juez Wilmer Muñoz otorgó libertad a cuatro homicidas del ingeniero Saenz, valiéndose de un tecnicismo jurídico y a través de medidas cautelares se burló de la justicia y de las víctimas. Esta decisión fue revocada por la Corte de Apelaciones del Estado Lara, que ordenó captura y reclusión y a esta fecha los homicidas fueron condenados y purgan condena en el Centro Penitenciario de la Región Centro Occidental.

- También en 2005, la Corte Accidental del Estado Lara conformada por los jueces Marcos Aponte, Ana Grau y Dulce Mar Montero, esta última con voto salvado, ante la decisión en la cual se acordó dar una medida cautelar a los cinco ex funcionarios del Seniat sorprendidos en flagrancia, extorsionando a un rector de una universidad del Estado Lara. A estos procesados se les imputaban los delitos de concusión, agavillamiento y resistencia a la autoridad. Así mismo, dicha corte accidental anuló el 70 por ciento de las pruebas de la fiscalía para favorecer a los procesados. La Sala Constitucional del Tribunal Supremo de Justicia revocó tal decisión y ordenó incorporar las pruebas al proceso por ser legítimas y legales, poniendo orden en el proceso. En ese mismo caso, la jueza Laura Adams, favoreció con omisión de pronunciamiento a los procesados con el objeto de mantenerlos en un sitio de reclusión que no les correspondía, pero donde conseguían privilegios.

- En marzo de 2005 fue otorgada la libertad a Johnny Bolívar (Capitán Bolívar), acusado de secuestro, por la juez Menphis Álvarez. Esta magistrada tomó la decisión de suspender las medidas cautelares de prohibición de enajenar y gravar y secuestro sobre los bienes incautados, dejando en indefensión a las víctimas secuestradas y al Ministerio Público. Esta decisión fue revocada por la Corte de Apelaciones del Estado Lara, a través de un amparo, ordenándose nuevamente su privación de libertad y el mantenimiento de las medidas cautelares. Finalmente, en febrero de 2006, el acusado Johnny Bolívar fue condenado a cumplir 23 años de prisión.

8. *La Ley Orgánica del sistema de justicia*

La Constitución postula que, para garantizar el derecho a una justicia idónea, el Estado promulgará una Ley del sistema de justicia destinada a coordinar a los órganos y personas que integró dentro de ese sistema, así como los procedimientos y controles necesarios con los que debe contar el órgano contralor, además de definir con precisión algunos conceptos como el de los auxiliares de justicia, entre ellos los abogados, y la participación de los órganos alternos de solución de conflictos, la justicia de paz e, incluso, la justicia indígena. Se trata, por tanto, de colmar el principio de participación democrática que constituya una verdadera comunidad jurídica, que le da espíritu de cuerpo a este poder, concretando positivamente el control y la participación ciudadana en la solución de los conflictos intersubjetivos y en los graves problemas que llevaron a la deslegitimación y postración del Poder Judicial en Venezuela[353].

La Ley tiene por objeto regular no sólo la organización y coordinación del sistema de justicia, además de su funcionamiento (Art. 1°); comprende, principalmente, al Tribunal Supremo de Justicia y los demás tribunales; e inclusive a los medios alternos de solución de controversias y los abogados en ejercicio.

---

[353] Informe del Proyecto Constitucional del Poder Judicial remitido al Presidente de la Comisión Constitucional de la Asamblea Nacional Constituyente del 28 de septiembre de 1999. Cita de Duque Corredor, "El sistema de justicia". En: *Temario...*, p. 329.

Como afirma la Academia de Ciencias Políticas y Sociales ("ACPS")[354], de acuerdo con el artículo 253 de la Constitución, el sistema de justicia es un mecanismo de coordinación entre sus diferentes componentes, por lo que, en la forma en que esta ley lo ha concebido, la función jurisdiccional, propia del Poder Judicial, y los mecanismos alternativos para dirimir conflictos; así como el Ministerio Público, quedarían bajo la tutela de la Comisión Nacional del Sistema de Justicia, un ente interinstitucional, con predominio de los poderes ejecutivo, legislativo y ciudadano y con participación minoritaria del Poder Judicial y de los otros componentes del referido sistema. Además, la Ley consagra el control por el pueblo no sólo de sus políticas, sino también de los procesos judiciales, lo que atenta contra el principio de la independencia de los jueces y de las garantías de la imparcialidad y del debido proceso, la transparencia judicial que asegura la autonomía del Poder Judicial frente ante cualquier influencia extraña en dichos procesos, amén de que en el proceso de selección de los funcionarios del sistema de justicia se atribuye a los consejos comunales y a organizaciones populares, el derecho a participar de manera directa en tales procesos, y a postular aspirantes a los jurados de los circuitos judiciales responsables de los concursos de oposición; excluyendo, entre otros a los colegios de abogados y a las Universidades.

Esto, sin más, es la habilitación del intrusismo jurídico y la desnaturalización del principio de democracia participativa, lo que se agrava con la introducción de un *sui generis* ente, la contraloría social, a través de los consejos comunales, sobre la gestión de todos los componentes del Sistema de Justicia, entre otros, del Tribunal Supremo de Justicia y de los demás tribunales, que deberán presentar anualmente a dichos consejos informes detallados de su gestión, olvidando que el Poder Judicial, en razón de la garantía constitucional de su autonomía, y de la libertad de los jueces al sentenciar, no puede

---

[354] Comunicado del 29 de abril de 2009. Disponible en: http://www.acienpol.com/index04.htm

estar sujeto a control político o social alguno[355]. Es el predominio de la "tramparencia" judicial sobre la transparencia judicial.

Cabe recordar al doctor Julio Horacio Rosales[356] cuando protestaba, a raíz de la Constitución de 1961 por la inclusión de representantes de los Poderes Ejecutivo y Legislativo en el Consejo de la Judicatura:

> *El Consejo de la Judicatura no puede enajenar su carácter de órgano judicial genuino. Sus funciones son meramente judiciales, sus fines, judiciales exclusivamente ¿a qué, pues, esa intromisión parasitaria y formalista de dos espiones, dos centinelas? ¿acaso dos delatores? Pues, son escuchas y agentes de observación, sondas, una del Poder Legislativo, la otra del Poder Ejecutivo. ¿Y qué pueden llevar y traer útilmente esos respectivos correveidiles al Poder Legislativo y al Poder Ejecutivo desde el seno (que debe ser supuesto honorable) del Consejo Judicial, a aquel y este Entes del Estado?.*

Y agregaba Rosales:

> *La precaución del constituyente fue un resabio del eterno prejuicio de mirar al Poder Judicial como al 'hermanito lisiado' de la familia, necesitado del atolito y la cucharada, considerando potentes capitanes o vigorosos campeones los otros dos Poderes.*

Concluía tajantemente Rosales definiendo el espíritu intervencionista que predominó en la norma constitucional de la Constitución de 1961 que preveía que, en la integración del Consejo de la Judicatura, hubiera representación de los tres poderes públicos:

> *Especie de servilismo en la sangre, que inspira reminiscencia indeliberada del no bien desposeído complejo del gendarme necesario.*

Por otra parte, y contrariando la propia Constitución, en la Ley se excluye del sistema de justicia a la Justicia de Paz, y no se reconoce a sus jueces la condición de componentes de dicho sistema; aún cuando constituyen medios alternos de

---

[355] ACPS. Comunicado del 29 de abril de 2009.
[356] Sarmiento Núñez. *Julio Horacio Rosales. Temas Jurídicos*, p. 195.

resolución de conflictos; ni se otorga representación a los abogados y a sus gremios en el sistema de justicia; por el contrario, como sostiene la ACPS[357], se les sustituye por los consejos comunales y organizaciones populares, cuyos representantes pueden participar directamente en la formación de las políticas y en el control de la gestión del Sistema de Justicia; y a los cuales además se les da la condición de componentes del Sistema de Justicia, al legitimarlos como sujetos de programas básicos de formación y capacitación de quienes prestan servicios en dicho Sistema.

También la Comisión Nacional del Sistema de Justicia, podría determinar la corresponsabilidad de cada componente del Sistema de Justicia; evaluar el funcionamiento de cada uno de ellos; supervisar y controlar los medios alternativos de solución de conflictos; lo que afecta la independencia del funcionamiento del Poder Judicial, del Ministerio Público; y la libertad de organización y funcionamiento de los Centros y de los procedimientos de arbitraje. Labores estas que se atribuyen a sendas Comisiones de Planificación, Seguimiento y Control y de Formación e Investigación, respectivamente. que se solapan con las competencias que corresponden a la Dirección Ejecutiva de la Magistratura, a la Inspectoría de Tribunales, a la Escuela Judicial y a los tribunales disciplinarios judiciales, entre otros[358].

El derecho a optar por las vías alternas de solución de controversias fue una importante victoria del constituyente de 1999 que inexplicablemente es desconocido por la Ley del Sistema de Justicia pues se sustituyen los instrumentos de organización del arbitraje independiente e institucional previstos en la Ley de Arbitraje Comercial; y de lo arbitrajes contemplados en las Leyes del Trabajo y Procesal del Trabajo, entre otras, al someterse todos los medios alternativos para la solución de conflictos al control y supervisión de la Comisión Nacional del Sistema de Justicia; sin garantizar su libertad y

---

[357] Comunicado del 29 de abril de 2009.
[358] ACPS. Comunicado del 29 de abril de 2009.

sus especialidades. Una extralimitación legal que evidentemente interfiere con la voluntad de las partes que hayan libremente decidido resolver sus controversias por medios distintos a la jurisdicción ordinaria, seguramente con la deliberada intención de mantener estas áreas del Sistema de Justicia bajo la preeminencia de elementos meta jurídicos, en beneficio de la "tramparencia" judicial como mecanismo para impedir la transparencia judicial.

¿Qué hubieran expresado aquellos venerables juristas que clamaban por una independencia judicial, ante un ente con una estructura propia para el repertorio de la palabrería jacobina[359] en el cual la representación del Poder Judicial será escasamente un 25% de sus integrantes, mientras se celebra jubilosamente el intrusismo jurídico al permitir que participen en ese órgano los *espiones* de los que hablaba Rosales? Sin dudas, pareciera que en el siglo XX visualizaron el futuro que esperaba al Poder Judicial, pues no hacen falta más palabras para reprochar la norma que instituye la aludida Comisión y para concebir que, a partir de la promulgación de esa ley, difícilmente se podrá aspirar a un Poder Judicial enmarcado dentro de un estado de derecho como la conciben las sociedades occidentales que se han inspirado en la clásica división de poderes del Barón de Montesquieu, cuestionada en Venezuela por representantes de la cúspide del Poder Judicial, como se ha visto anteriormente.

Pareciera difícil que un juez vaya a sentenciar imparcialmente y ajustado a derecho si lo que se pretende, con la Ley del Sistema de Justicia es que su fallo sea del agrado de mitinescos cónclaves so pretexto de que el poder popular está en

---

[359] El jacobinismo desarrolló su propio modelo de representación política. Según este, los parlamentarios han de ser constantemente vigilados y coaccionados por el poder popular (organizaciones de corte jacobino como los clubes, las fuerzas armadas,...) para evitar desviaciones en un sentido contrario a la revolución. Así, al poder del parlamento, se opone el poder popular, el poder de la calle, lo que en la práctica llevó al surgimiento de un doble poder: uno emanado del parlamento, que era depositario de la soberanía nacional, y otro de carácter físico y coactivo encarnado por los activistas del ala extremista de los Jacobinos. Fuente: Wikipedia. www.wikipedia.org

la calle, distorsión grosera del principio de democracia participativa que no es otro que el de organizar la participación del pueblo en el funcionamiento político del Estado, sin que ello signifique suplantar los poderes públicos por poderes populares o de crear poderes paralelos a los poderes estatales, sino de formas jurídicas para mejorar la representatividad y de reforzar los controles políticos y jurídicos sobre los poderes públicos[360].

La impresión que da es que algún intelectual anclado al pasado feudal previo al 1789 malinterpretó lo que, sobre el principio de publicidad procesal, opinaba aquel famoso personaje de la Revolución Francesa, Honoré Gabriel Riquetti, mejor conocido como el Conde de Mirabeau[361], al decir: *"Dadme al juez que os plazca; parcial, venal, incluso mi enemigo; poco me importa, con tal de que no pueda hacer nada sino de cara al público"*[362]. Más bien, pareciera que lo que se pretende es el secuestro de la justicia por un obcecado intrusismo ajeno a esos principios democráticos cuyos remotos antecedentes nos devienen de esa tradición que nos han legado la cultura y civilización occidentales venidas a las Américas en las carabelas del gran Almirante de la Mar océano para fundirse en un todo indisoluble con los elementos indígena y africano.

François Marie Arouet, el célebre Voltaire[363], comenta el asesinato de Calas, cometido en Toulouse con la espada de la

---

[360] Román J. Duque Corredor. *Fuentes del Derecho Constitucional distintas a la Constitución*. En: *Temario de Derecho Constitucional y Derecho Público*, LEGIS Información y soluciones, 2008. p. 37.

[361] En Emilio Gómez Orbaneja y Vicente Herce Quemada. *Derecho Procesal Civil*, Madrid, 1955, p. 235.

[362] El 26 de marzo de 2010 se presentaron enfrentamientos verbales entre periodistas de la fuente judicial y funcionarios de la Guardia Nacional que custodiaban la sede del Tribunal Supremo de Justicia, donde se celebraba la audiencia, a Sala Plena, que podría allanar la inmunidad parlamentaria al diputado disidente del chavismo Wilmer Azuaje. Ni la prensa ni algunos diputados que aspiraban entrar a Sala Plena tuvieron acceso al procedimiento judicial por "*órdenes expresas de la presidenta del TSJ*", dijo un Guardia Nacional a varios de los periodistas presentes. Disponible en: http://www.descifrado.com/index.php?id=9&no_cache=1&showUid=41531

[363] *Tratado sobre la tolerancia*. Disponible en: http://www.scribd.com/doc/8611326/Tratado-Sobre-La-Tolerancia-Voltaire

justicia el 9 de marzo de 1792, y refiere que los jueces hicieron morir en la rueda a un padre inocente, Jean Calas, porque aquellos se dejaron llevar por un populacho que actuaba bajo los efectos del fanatismo. El paralelismo entre esta historia y un consejo comunal dominando la justicia salta a la vista.

9. *El control legal de la ética judicial*

En el artículo 267 de la Constitución se estableció que la jurisdicción disciplinaria judicial estaría a cargo de los tribunales disciplinarios determinados por la ley y que el régimen disciplinario estaría organizado a partir del Código de Ética del Juez Venezolano y Jueza Venezolana (Código de Ética)[364], en el que se instituye el régimen disciplinario para la conducta de los jueces. Imaginar que un Código de Ética Judicia -una *"justicia disciplinaria"*- va a corregir la corrupción de la justicia no pasa de ser un sofisma o una vana ilusión.

A. *Un anteproyecto de Código de Ética del Juez*

En acatamiento de la previsión constitucional, comenzó a discutirse la posibilidad de redactar un código dirigido a regular la ética judicial y, para 2006, un diputado llamado Juan Marín sometió a la Asamblea Nacional, sobre el cual el doctor Alberto Baumeister Toledo[365], al calificarlo de "payasada" dice lo siguiente:

> Con el Proyecto Marín, se retoma tan indispensable tema ciudadano y republicano, pues no hay Justicia sin ética, ni Estado sin ética en la Justicia, y se incluyen en el proyecto aspectos en torno los principios, reglas y procedimientos de la llamada Justicia Disciplinaria del Poder Judicial y de todos quienes de alguna manera integran lo que ahora denomina el Constituyente, el " Sistema de la Justicia" en general, esto es, no solo el Juez, actor fundamental en la administración de justicia, sino todos aquellos que por una u otra causa prestan su ministerio y colaboración, o son derecho habientes del servicio o intervienen en los procesos y juicios de alguna forma.

---

[364] *Gaceta Oficial* 39.326 de 6 de agosto de 2009.
[365] Alberto Baumeister Toledo. Disponible en: http://www.analitica.com/va/sociedad/articulos/3907185.asp

Con lo dicho y como lo señala su primera norma, se crea ahora el régimen disciplinario que regula la conducta de "todos" los intervinientes en el Sistema de Justicia, esto es de quienes de alguna manera, comprometen, contribuyen, obstruyen, menoscaban, obstaculizan o impiden de cualquier forma la administración de justicia, todo con el fin de preservar la independencia e idoneidad de éstos (imaginamos que solo será la de los jueces, como verdaderos administradores directos de la justicia) y para promover la confianza pública en la integridad del Sistema de Justicia.

[...] lo fundamental para el logro de los fines que persigue dicha regulación normativa, debe y tiene que estar en la implantación de un adecuado, creíble y transparente sistema que tenga a su cargo la revisión de las conductas inapropiadas de los sujetos que integran el sistema, el estudio de las violaciones del mismo, y dispongan la aplicación de las sanciones que sean menester, de modo aséptico, transparente, dinámico, sin envolturas políticas ni compromisos personales ni partidistas.

Lamentablemente, todo el sistema de administración de la llamada en el Proyecto, "sistema de justicia disciplinaria", está en manos de una sola secta y clase, esto es, de aquella que maneje la mayoría de la Asamblea, que no la que represente de alguna manera sincera y necesariamente los intereses del pueblo. Es en la asamblea, donde a diestra y siniestra, y como ya lo hemos visto hacer con el Poder Electoral, donde se quien hace los nombramientos, destituciones etc. de quienes deben desempeñarse como guardianes de la Disciplina Judicial.

[...] Será como siempre, una payasada más, otra oportunidad para reparto de cambures, y lo peor una nueva ocasión para deteriorar aun más la imagen de un Estado en crisis, sin timón, ni norte.

Por su parte, la magistrada Blanca Rosa Mármol de León[366] afirmó que el fatídico proyecto de código atenta contra la independencia del Poder Judicial.

Los comentarios que anteceden atienen fundamentalmente a la ausencia de transparencia judicial del proyecto de

---

[366] Globovisión. Declaraciones suministradas a ese medio comunicacional el día 16 de junio de 2009.

Código de Ética, pues sin duda sus normas alentaban más bien la "tramparencia" judicial, dando cabida al intrusismo jurídico, facilitando, además, la presencia de "espiones" de otros poderes y, en general, de los ciudadanos, so pretexto de dar cabida a la democracia participativa.

B. *El Código de Ética del Juez*

Promulgado el Código de Ética, en primer lugar, dispone los siguientes órganos con competencia disciplinaria sobre los jueces: el Tribunal Disciplinario Judicial y la Corte Disciplinaria Judicial, los cuales conocerán y aplicarán en primera y segunda instancia, respectivamente, los procedimientos disciplinarios por infracción a los principios y deberes contenidos en el artículo 39 Código.

El Tribunal Disciplinario Judicial y la Corte Disciplinaria Judicial estarán integrados, respectivamente, por tres jueces principales y sus respectivos suplentes elegidos por los Colegios Electorales Judiciales constituidos en cada estado y por el Distrito Capital por un representante del Poder Judicial, un representante del Ministerio Público, un representante de la Defensa Pública, un representante por los abogados autorizados para el ejercicio, así como por diez delegados de los Consejos Comunales legalmente organizados por cada una de las entidades federales en ejercicio de la soberanía popular y de la democracia participativa y protagónica. De esta manera, se lesiona flagrantemente la independencia judicial, como lo hacía el proyecto, por lo que las críticas que su momento se emitieron contra éste aún persisten, si bien el Código de Ética reconoce todos los jueces, sin perjuicio de su carácter permanente, temporal, ocasional, accidental o provisorio, el derecho al debido proceso, así como los principios procesales de legalidad, oralidad, publicidad, igualdad, imparcialidad, contradicción, economía procesal, eficacia, celeridad, proporcionalidad, adecuación, concentración, inmediación, idoneidad, excelencia e integridad, para los procedimientos ante los órganos con competencia disciplinaria).

La CIDH[367] llamó la atención acerca del contenido de algunas normas que, debido a su amplitud o vaguedad, permiten una amplia discreción de los órganos disciplinarios que juzgan la conducta de los jueces. Entre otras, la CIDH apuntó que en el artículo 33 se contemplan como causales de destitución la "falta de probidad" y la "conducta impropia o inadecuada grave o reiterada en el ejercicio de sus funciones" lo que puede generar una incertidumbre tal que puede llegar a comprometer la necesaria independencia judicial.

Sin embargo, el Código de Ética es una realidad como texto legislativo. Quizás aplique acá esa práctica constante de promulgar leyes que no se cumple, como se ve a lo largo de esta historia judicial, y el discutido código permanezca como letra muerta o, por el contrario, se constituya en un instrumento de persecución de la independencia judicial y hasta de negociados de sentencias bajo amenaza a los jueces de resultar enjuiciados si no cumplen con las exigencias de quienes manejan las instituciones consagradas en la ley, dependientes, a la vez, del poder político.

10. *Otra vez las tribus judiciales*

Simultáneamente con el proceso, otra vez las tribus judiciales han vuelto a las primeras páginas, esta vez a través de una banda denominada "Los Enanos", una organización multidisciplinaria que supuestamente agrupa a abogados, jueces, fiscales, policías, y que hizo su primera aparición pública con motivo del asesinato de un Fiscal del Ministerio Público, el abogado Danilo Anderson, misterioso crimen aún sin resolver claramente, en el que se implicaab a políticos y funcionarios del sistema judicial.

Manipulación de expedientes, ocultamiento de antecedentes penales y cobro de altas comisiones, son varias de las evidencias que revelan el *modus operandi* de "Los Enanos", según un documento inédito emanado del Tribunal Supremo

---

[367] OEA/Ser.L/V/II. Doc. 54. 30 diciembre 2009.

de Justicia (TSJ) en el que se describe una amplia y detallada serie de casos en los que se han visto involucrados algunos jueces, varios de los cuales se postularon para ser nombrados como magistrados del TSJ en proceso de selección que lleva a cabo la Asamblea Nacional en diciembre de 2010[368].

En la memoria quedan los antecedentes de las tribus judiciales a las que aludía Pedro Núñez de Cáceres en el siglo XIX, durante el "Monagato", y las famosas tribus, la "Bíblica" y el "Clan Borsalino" y otras de menor importancia, de las últimas cuatro décadas del siglo XX. Han sido sustituidas por otros mecanismos de la corrupción judicial que afloran a través de equipos de distintas especialidades que, con poder e influencia, practican el derecho penal, fundamentalmente prestando asistencia a los involucrados en presuntos delitos de cuello blanco en los que se ventilan cuantiosas sumas de dinero.

---

[368] *Los secretos de la banda de Los Enanos (1)*. Disponible en: http://impactocna.com/2010/10/26/los-secretos-de-la-banda-de-los-enanos-1/

XIII
CONCLUSIONES

Un país sin esperanza es como un pájaro con alas cortadas. Los pueblos se vuelven irreconocibles cuando les matan el alma colectiva y creadora

NAVIDAD Y ESPERANZA
Luis Ugalde, s. j.

Desde aquellos históricos días de abril de 1810 hasta el décimo año del siglo XXI han transcurrido dos siglos. Doscientos años durante los cuales la institucionalidad ha oscilado entre la imposición de regímenes de fuerza y períodos de legalidad; y las revoluciones en Venezuela, como dice el analista Laureano Márquez[369], más que acabar con las arbitrariedades, terminan siendo simplemente un cambio de arbitrarios, un *"quítate tú pa' ponerme yo"* que poco han aportado para el progreso institucional venezolano.

En una primera aproximación, la influencia hispana en los acontecimientos sucedidos en el período que se analiza se manifiesta desde los primeros años de la presencia de las huestes de la Corona a finales del siglo XV, cuando el poder era detentado por la fuerza militar de los conquistadores, sin el control de la legalidad por autoridades civiles y menos por abogados, a quienes, como se ha visto, solamente se les per-

---

[369] Laureano Márquez. "De la dictablanda a la dictadura". Diario Tal Cual, edición del 17 de diciembre de 2010.

mite ingresar a las Indias cuando los guerreros se percataron de la necesidad de dar un orden jurídico a las tierras conquistadas y garantizar que los derechos que fueron adquiridos por el poderío armado se consolidaran a través del proceso colonial, con abogados e instituciones como la Real Audiencia. Por tanto, pesaba más la ley de la fuerza que la fuerza de la ley.

No obstante, con el transcurso del tiempo y la consolidación colonial, la cultura, la religión, la lengua, las costumbres, son legados indiscutibles de la presencia española en las Américas. La estructura del sistema legal, enmarcado en los principios medioevales que privaban en la península ibérica desde los tiempos visigodos, pasando por los romanos, hasta las Partidas, quedó sembrada en los territorios americanos. El asunto está en que, si bien existió todo ese andamiaje legal, los hombres que estaban a cargo de la ley no se distinguían precisamente por su aplicación objetiva sino pareciera que optaban por darle rienda suelta a la arbitrariedad y el capricho, fundamentados en la ventaja armada.

A raíz del 19 de abril de 1810 y hasta 1830 cuando se disolvió la Gran Colombia, la preeminencia militar fue permanente, con el apoyo de los civiles que quedaban para integrar Asambleas Constituyentes y redactar constituciones. Los privilegios eran para los militares, esos aguerridos seres que la historia ha convertido en los próceres de la Independencia, que hasta resultaron beneficiados cuando El Libertador les reconoció los Haberes Militares a los oficiales, clases y soldados venezolanos que estuvieron en campaña desde 1813 hasta el 15 de febrero de 1819. Pareciera que el proceso independentista también legó a la posteridad, como lo había hecho el coloniaje, la razón de la fuerza como fórmula de ejercicio del poder.

Luego de 1830 y hasta 1900, el predominio de los hombres de armas fue indiscutible. Como en el período anterior, los militares se turnaron en el ejercicio de la primera magistratura, limitando a los civiles a las labores de integrar el gabinete gubernamental, tribunales, cuerpos legislativos, redactar constituciones y leyes y hasta desempeñar importantes misiones en el extranjero, como el reparto de la deuda externa de Colombia, o el reconocimiento de la independencia por la Corona española. La presidencia de la República fue ejercida por civiles por cortos y a veces hasta muy breves períodos porque los amos del poder estaban enfrascados en reyertas con caudillos que, de cuando en cuando, intentaban asaltar el poder.

La situación se repitió en el siglo XX. En efecto, los primeros 45 años de la centuria estaban a cargo de militares, relegándose a los civiles a las labores judiciales, legislativas y en el gabinete ministerial. La presidencia por civiles fue una excepción y, cuando éstos la ejercieron, fue por cortos períodos y siempre bajo el control absoluto del militar que detentaba el mando tras el trono.

Es en 1945 cuando se intentó un experimento cívico militar que los comandantes de turno dieron al traste en 1948, para dar paso a otra expresión de gobierno por las armas hasta 1958, cuando se entronizó por primera vez, de manera estable, la democracia de partidos, en la cual prevalecieron los civiles sobre la institución castrense. 40 años de aciertos y desaciertos, pero con una alternabilidad democrática y un régimen de libertades.

Sin embargo, ese ciclo iniciado en 1958 se fue al traste en 1998, cuando una población desencantada optó por el militarismo como opción de gobierno y, así, se cerró el ciclo para comenzar nuevamente a darle auge a un caudillismo decimonónico que, incluso, utilizó como símbolos a El Libertador Simón Bolívar, a su maestro Simón Rodríguez y a Ezequiel Zamora, bajo el mote de revolución bolivariana. Los civiles, entretanto, relegados a funciones en los poderes públicos, cual *"mujiquitas"* en ansiosa espera por las órdenes del comandante para complacerlo en lo que éste desee.

Este estado de cosas permite afirmar que a lo largo de estos 200 años la legitimidad y la legalidad han sido *"rara avis"* en el proceso republicano, donde ha privado la arbitrariedad y el poder de las armas. Lo que hace recordar que en carta del

9 de noviembre de 1830[370], el Libertador Simón Bolívar respondía a una correspondencia del general Juan José Flores:

> Vd. sabe que yo he mandado veinte años y de ellos no he sacado más que pocos resultados ciertos: 1°) La América es ingobernable para nosotros. 2°) El que sirve una revolución ara en el mar. 3°) La única cosa que se puede hacer en América es emigrar. 4°) Este país caerá infaliblemente en manos de la multitud desenfrenada, para después pasar a tiranuelos casi imperceptibles, de todos colores y razas. 5°) devorados por todos los crímenes y extinguidos por la ferocidad, los europeos no se dignarán conquistarnos. 6°) Si fuera posible que una parte del mundo volviera al caos primitivo, éste sería el último periodo de la América...

El párrafo anterior revela, con meridiana claridad, la pena que embargaba al Libertador en los momentos finales de su vida, cuando, probablemente de manera inconsciente, vaticinaba el futuro americano.

Ello, indiscutiblemente, abarca también al sistema judicial, cuyo concepto, durante esos 200 años, ha sido interpretado por los promotores del experimento libertario de distintas maneras, a pesar de que, programáticamente, en todas las constituciones que han regido la independencia judicial ha sido puesta de manifiesto al consagrarse la división de poderes. En la práctica, no ha existido la voluntad política y menos el interés de contar con un sistema de justicia imparcial y autónomo, con una verdadera seguridad jurídica que garantice la independencia judicial, la responsabilidad judicial, la autonomía financiera del Poder Judicial, la simplificación de los procesos, la justicia de paz y, finalmente, respete las fórmulas alternas de solución de controversias[371]. Pareciera que las palabras de Umberto Eco[372] se hicieran realidad:

---

[370] Disponible en: http://es.wikisource.org/wiki/Carta_de_Bolívar_al_general_Juan_José_Flores_(1830)

[371] Carlos J. Sarmiento Sosa. "Tramparencia" judicial. En: *La fe del hombre en sí mismo o la lucha por la libertad a través del proceso. El Mundo Procesal rinde Homenaje al Maestro Adolfo Alvarado Velloso.* Bajo la dirección de Guido Aguila Granados y Ana Calderón Sumarriva. Editorial San Marcos E. I. R. L. Editor,

Cada cultura absorbe elementos de las culturas cercanas y lejanas, pero luego se caracteriza por la forma en que incorpora esos elementos.

La trayectoria del sistema judicial en dos siglos arroja un resultado general negativo y sus momentos estelares lamentablemente han sido en los períodos en los cuales la República estuvo sojuzgada por los gobiernos autocráticos, siendo la función judicial cumplida por jueces que ejercían su oficio sin la presión del gobernante de turno porque éste resolvía sus problemas políticos por la vía de hecho o, por la ley de la fuerza, o se tomaba la libertad de disponer de los bienes y vidas de los demás, como lo ejemplifica Pío Gil en El Cabito, su conocida obra literaria. Probablemente, esos magistrados y jueces no padecían de esa dolencia -la agorafobia- sino que se desempeñaban inspirados en el criterio napoleónico impuesto en Francia consistente en que el juez debe ser pagado con el honor y la consideración social que le atribuye el cargo, antes que con el relativo estipendio que le da el Estado, tradición francesa expresada en la forma *noblesse de robe*[373].

Salvo haber respetado la estabilidad de los jueces iniciados en la década de los años 40 del siglo XX, y reconocido la valía profesional de algunos que desempeñaron funciones judiciales durante los regímenes de fuerza al designárseles para concluir sus funciones en la CSJ, la democracia venezolana sale mal parada en este recorrido; pero es evidente que, a partir de 1968, el sistema judicial siempre estuvo mediatizado

---

Primera edición: Noviembre 2009, p. 745. En la introducción de ese ensayo, presenté excusas al lector por la adopción del término "tramparencia" para tratar el tema pues, como dice Alexis Márquez Rodríguez (*Con la lengua*. Disponible en: http://elinformador.com. ve/nueva/xxprint.php?ArtID=25986), es un disparate, un feo error de dicción, aún más feo en boca de un funcionario o persona supuestamente culta, y peor si presume de ello; pero al adoptarlo pretendí hacer un llamado de conciencia, un alerta, sobre esta maligna degeneración que corroe la transparencia judicial, de la cual depende la legitimidad del Estado.

[372] Frases de Umberto Eco. Disponible en: http://www.frasesypensamientos.com.ar/autor/umberto-eco_2.html

[373] Ana Irene Vidal. "El sistema de justicia y el Poder Judicial en Francia y Venezuela. Perspectivas de Derecho Comparado". En: *Boletín de la Academia de Ciencias Políticas y Sociales*, Enero-Diciembre 2003, Nº 141, Año LXVV, Caracas/Venezuela, p. 181.

para, a partir de 1999, entrar en una *sui generis* fase que simplemente refleja la marcada influencia del poder político, aceptada por la Sala Constitucional del Tribunal Supremo de Justicia al promover el célebre "colaboracionismo".

En la primera década del siglo XXI, la globalización o mundialización no es cierta y aisladamente un tema económico, sino que ese proceso abarca el conglomerado de los derechos humanos y de las instituciones democráticas, y entre ellas la transparencia judicial. Por ello, se observa que la CIDH[374], respecto del sistema judicial en Venezuela, en particular lo relativo al proceso de nombramiento de los jueces y fiscales, su estabilidad en el cargo y la falta de garantías del poder judicial contra presiones de otros poderes del Estado, hizo un llamado a Venezuela a adoptar todas las medidas necesarias para dar cumplimiento a su obligación de garantizar el derecho a la independencia judicial, en los términos del artículo 8.1 de la Convención Americana sobre Derechos Humanos, para lo cual ha recomendado:

---

[374] El informe de la CIDH (OEA/Ser.L/V/II.Doc. 54, 30 diciembre 2009, disponible en: http://www.cidh.org) fue rechazado por el Presidente Hugo Chávez en rueda de prensa frente a los medios de comunicación internacionales el 25 de febrero de 2010, calificando el informe como "inefable" e "ignominioso", además de amenazar con denunciar la Convención Americana Sobre los Derechos Humanos; y emitió palabras ofensivas contra la persona del Secretario Ejecutivo de la Comisión, refiriéndose a él, entre otras cosas, como "excremento". En línea con las declaraciones del Presidente Chávez, a quien constitucionalmente compete la dirección de la política exterior, el entonces embajador de Venezuela en USA, Bernardo Álvarez, acusó a la CIDH de mantener un "sesgo político" contra su país, en los últimos ocho años. Disponible en: http://www.eluniversal.com/2010/03/02/pol_ava_venezuela-acusa-de_02A3516771. shtml. El "Grupo de los 400+" (G-400+), una organización civil venezolana, dirigió una comunicación a la CIDH, a fin de manifestarle su inquietud en relación con las expresiones hechas por el Presidente Chávez y, en relación con la amenaza de excluir al Estado venezolano de la aplicación del sistema interamericano de protección de los derechos humanos, alertaron que, de concretarse dicha amenaza, pondría en evidencia, tal y como lo señala el informe, el "debilitamiento del estado de derecho y de la democracia" en Venezuela. Disponible en: http://g400mas.blogspot.com/

1. Adecuar el derecho interno a los parámetros de la Convención Americana sobre Derechos Humanos y adoptar todas las medidas necesarias para garantizar la autonomía e independencia de los distintos poderes estatales, y en particular para asegurar que todos los jueces cuenten con garantías de independencia e imparcialidad.

2. Respetar los mecanismos constitucionales establecidos como garantías de independencia e imparcialidad para el nombramiento de jueces y fiscales.

3. Asegurar que todas las designaciones de jueces y fiscales se realicen en virtud de concursos públicos, conforme a lo establecido en las Normas de Evaluación y Concurso de la Oposición para el Ingreso y Ascenso a la Carrera Judicial.

4. Dar estricto cumplimiento a las normas que regulan el ingreso y ascenso de los jueces y fiscales, y garantizar su estabilidad en el cargo con miras a asegurar su independencia frente a los cambios políticos o de gobierno.

5. Adecuar en un plazo razonable la legislación interna a la Convención Americana a través de la modificación de las normas y prácticas que consideran de libre remoción a los jueces provisorios y además adoptar medidas inmediatas para eliminar la situación de provisionalidad de la mayoría de los jueces y fiscales en Venezuela, otorgando a los funcionarios judiciales provisorios todas las garantías de estabilidad, hasta que cese la condición que originó su provisionalidad.

6. Implementar un sistema de carrera judicial y fiscal efectivo de forma tal que el ingreso y ascenso en dichas carreras se efectúe mediante concursos públicos de oposición y selección sobre la base de criterios exclusivamente técnicos.

7. Adoptar medidas inmediatas para que finalice el funcionamiento excepcional de la jurisdicción disciplinaria respecto a los jueces, asegurando que dicha jurisdicción sea conforme con la Convención Americana y permita garantizar la independencia e imparcialidad del poder judicial.

8. Adoptar las medidas necesarias para implementar evaluaciones y otros mecanismos legales de control interno y externo tanto de la gestión como de la idoneidad de las autoridades judiciales y del Ministerio Público.

9. Eliminar de las disposiciones del Código de Ética del Juez Venezolano y Jueza Venezolana las normas que contienen causales de destitución o suspensión demasiado amplias o que permiten un alto grado de subjetividad y adoptar, a la mayor brevedad, las medidas para que se constituyan los órganos disciplinarios a los que se refiere dicho Código.

10. Modificar las disposiciones de la Ley Orgánica del Tribunal Supremo de Justicia en las que se compromete la independencia e imparcialidad del poder judicial.

11. Modificar las disposiciones de la Ley Orgánica del Tribunal Supremo de Justicia en las que se establecen causales altamente subjetivas para la destitución y suspensión de magistrados.

12. Modificar la definición de "faltas graves" incluida en la Ley Orgánica del Poder Ciudadano para excluir de dicha definición las categorías demasiado genéricas o que permiten un alto grado de subjetividad.

13. Modificar el artículo 203 de la Constitución, en tanto permite la delegación de facultades legislativas al Presidente de la República sin establecer límites definidos ni determinados al contenido de la delegación.

14. Incrementar el presupuesto asignado al poder judicial con miras a atacar el retraso de las causas.

Es evidente, por tanto, que para que exista un auténtico estado de derecho es preciso rescatar y hacer realidad un verdadero sistema judicial en el cual prive el derecho a la transparencia. Ojalá que no hagan falta más lustros, décadas o centurias para "[…] *investir y preservar a los Poderes Judiciales de la dignidad, independencia y medios, para que puedan cumplir a plenitud con sus facultades de interpretar y aplicar el dere-*

cho en nuestras sociedades, dándoles así la seguridad jurídica necesaria"[375].

¿Se logrará el consenso social para que el sistema judicial venezolano refleje una transparencia que garantice la seguridad jurídica como piedra fundamental del Estado de Derecho, como recomienda la CIDH? ¿Perderemos las ilusiones y esperanzas como las perdieron Pedro Núñez de Cáceres en el siglo XIX y, en la centuria del XX, destacados juristas de la época? ¿Seguiremos pensando en que *"Esto se perdió: esto se lo llevó el Diablo"*?

Antes de reflexionar sobre estas incógnitas, hay que traer a colación las interrogantes que Laureano Márquez[376] se formula y que forman parte del mismo contexto:

¿Será que hay algo en nuestra constitución que nos impide apropiarnos de nuestro destino? ¿Será eso de que hablaba Cabrujas de que provenimos de la fusión de tres culturas de paso, ninguna de las cuales se siente a gusto? ¿Será que no nos hemos terminado de formar? ¿Será que en verdad Venezuela todavía no se ha fundado? Nunca, como ahora, tantos venezolanos han huido del país. Frente a las adversidades, frente al autoritarismo, para muchos la opción (con comprensible derecho) es el conocido "plan B". Una de nuestras desgracias es que somos un país de "plan B", que pocas o raras veces ha tenido "plan A", esto es, un modelo, una noción, un proyecto de país sustentado no en la idea de que somos una mina de extracción, una taquilla de cobros, sino una comunidad con destino, con proyectos colectivos que vayan más allá del exclusivo provecho personal.

Para intentar obtener respuestas, se debe reflexionar sobre ciertos aspectos relacionados con la experiencia autocrática, no sin antes olvidar las expresiones del Conde Duque de Olivares cuando decía a su Secretario, Antonio Carnero, que "[…] *nos pasamos la vida tratando de realizar milagros y de reducir el mundo a lo que no puede ser reducido, cuando lo único cierto que*

---

[375] Resolución 18 de la Sección de Administración de Justicia de la XXXV de la Federación Interamericana de Abogados. Conferencia celebrada en México D. F. en 1999. Cita de: Sarmiento Sosa. *La Justicia…*, p. 12.
[376] Márquez. *De la dictablanda a la dictadura*.

hay en el mundo es su inestabilidad e inconsistencia y la falta de gratitud", sobretodo cuando el absolutismo monárquico que personificaba Fernando VII aún permanece en los genes de quienes han detentado el poder y ejerciéndolo arbitrariamente, cual guerrero enfundado en una armadura en los años de la conquista de América.

No basta solamente que unos actores políticos, intrigantes en el arte de la manipulación y al amparo de la fuerza de las armas, se hagan del poder e impongan su voluntad y sus proyectos políticos a todo un país, cual si se tratara de marionetas o títeres de un teatro infantil. Es necesaria una simbiosis entre el gobernante autócrata que desea imponerse desde el Poder Ejecutivo a los demás poderes y a los integrantes del sistema judicial -y a todos los ciudadanos-, y no que éstos se constituyan en meros autómatas. Hannah Arendt[377] explica que Adolf Eichmann no era el *monstruo*, el *pozo de maldad* como era considerado por la mayor parte de de los medios. Los actos de Eichmann no eran disculpables, ni él inocente, pero estos actos no fueron realizados porque Eichmann estuviese dotado de una inmensa capacidad para la crueldad, sino por ser un burócrata, un operario dentro de un sistema basado en los actos de exterminio.

Sobre este análisis, Arendt acuñó la expresión *"banalidad del mal"* para sostener que algunos individuos actúan dentro de las reglas del sistema al que pertenecen sin reflexionar sobre sus actos. No se preocupan por las consecuencias de sus actos, sólo por el cumplimiento de las órdenes. La tortura, la ejecución de seres humanos o la práctica de actos "malvados" no son consideradas a partir de sus efectos o de su resultado final, con tal que las órdenes para ejecutarlos provengan de estamentos superiores.

El juicio de Arendt sobre su concepción de la *"banalidad del mal"* podría presentarse, en el caso del sistema judicial

---

[377] *Eichmann en Jerusalén*, Barcelona 1999, p. 368, traducción del inglés de Carlos Ribalta; original alemán: *Eichmann in Jerusalem. Ein Bericht von der Banalität des Bösen*. Múnich 1986, p. 371.

cuando magistrados y jueces abandonan su independencia y, gozosos, se incorporan al *guignol* que dirige cualquier autócrata imitador de Laurent Mourguet, aquel personaje que en 1795, para entretener a sus pacientes y hacerles olvidar el dolor, se inventó unas historias que se representaban en su gabinete de dentistería, con marionetas de guante que se movían detrás de un mostrador.

En la Alemania de los años 30 de la pasada centuria, surgió el nazismo, uno de los fenómenos históricos más complejos y oscuros del siglo XX, cuyas políticas se fundamentaban en la segregación racial especialmente contra los judíos y por políticas económicas y sociales que buscaban establecer el poderío ario de Alemania sobre Europa y el mundo. Emergió como consecuencia de la compleja situación que se vivía en Alemania luego de la Primera Guerra Mundial: El fracaso económico y político de la República de Weimar, así como también los altos costos impuestos a la nación por generar el primer conflicto bélico, hicieron que la región se encontrara sumamente caótica. El aislamiento social, económico y político que sufrieron los alemanes entre las dos guerras facilitó la llegada de un líder autoritario como Hitler quien prometió hacer resurgir a la nación aria de entre sus cenizas.

El control de la justicia era una prioridad para el nacionalsocialismo, por lo Alemania durante el nazismo dejó de ser una sociedad basada en la Ley. *"Hitler es la ley"*, proclamaban orgullosamente sus partidarios, entre ellos Hermann Goering[378], quien lo recalcaba así el 12 de julio de 1934 ante un grupo de fiscales prusianos:

La ley y la voluntad del Führer son una misma cosa.

Para ratificar esta situación basta con leer las palabras de Hans Frank[379], para entonces jefe jurídico del Reich y posteriormente Gobernador de la ocupada Polonia:

---

[378] *Cfr.* Humberto García Larralde. *El fascismo*...p. 453.
[379] Cita de García Larralde. *El fascismo*..., p. 451.

> *En cada decisión que adopten, díganse a sí mismos: ¿Cómo decidiría el Führer en mi lugar? En cada decisión, pregúntense: ¿Es compatible esta decisión con la conciencia nacionalsocialista del pueblo?.*

El funcionamiento de la justicia, pues, quedó totalmente supeditado a los designios del líder, quien había asumido para sí el papel de *"juez supremo del pueblo alemán"*[380].

Mientras esto sucedía en Alemania, en Italia imperaba el fascismo, una ideología política fundamentada en un proyecto de unidad monolítica denominado corporativismo, que exaltaba la idea de nación frente a la de individuo o clase; suprimía la discrepancia política en beneficio de un partido único y los localismos en beneficio del centralismo; y proponía como ideal la construcción de una utópica sociedad perfecta, denominada cuerpo social, formado por cuerpos intermedios y sus representantes unificados por el gobierno central, y que éste designaba para representar a la sociedad. Para ello el fascismo inculcaba la obediencia de las masas (idealizadas como protagonistas del régimen) para formar una sola entidad u órgano socio espiritual indivisible y se valía hábilmente de los medios de comunicación y el carisma de un líder dictatorial en el que se concentraba todo el poder con el propósito de conducir en unidad al denominado cuerpo social de la nación.

El sistema judicial no podía escapar, en el fascismo, como lo atestigua el jurista italiano Piero Calamandrei cuando hablaba de una patología mental conocida como agorafobia que, según su opinión, afectaba a aquellos magistrados que temían a su propia libertad como jueces y, por ello, optaban por doblegarse ante el amo del poder no sin antes satisfacer los deseos imaginarios de éste. Al respecto, sentenciaba el maestro florentino[381]:

---

[380] *Ibidem*, p. 453.
[381] Calamandrei. *El Elogio de los Jueces*...p. 277.

la peor desgracia que podría ocurrir a un magistrado sería la de enfermar de ese terrible morbo que se llama el conformismo. Es una enfermedad mental similar a la agorafobia: el terror de su propia independencia; una especie de obsesión, que no espera las recomendaciones externas, sino que se les anticipa; que no se doblega ante las presiones de los superiores, sino que se las imagina y les da satisfacción de antemano.

También, el profesor Giuseppe Chiovenda denunciaba, en el orden científico jurídico, que el proceso italiano para entonces era lento, complicado y costoso, a la par que el estado fascista surgido de la *"Rivoluzione delle Camicie nere"*, como todo régimen totalitario, hacía suyos principios que la más imparcial y fecunda doctrina procesal había declarado ya como fundamentos de una reforma orgánica y provechosa[382]. Al efecto, al igual que cualquier oclócrata, *Il Duce* públicamente movía los hilos de los que pendían algunos magistrados y jueces e, irónicamente, declaraba que la justicia[383]:

[…]debe ser cómoda y rápida, quien pida justicia, no ha de ser sofocado por procedimientos demasiado complicados y ella debe ser obtenida en el más breve tiempo posible; no basta que cada hombre sienta que encontrará la justicia que busca, es necesario que no espere un siglo para obtenerla, es preciso que sea solícita y profundamente humana. Es necesario no dar la impresión de que el individuo podrá tener razón sólo después de haber naufragado en un mar de papeles.

Con el triunfo de la revolución bolchevique en Rusia, en 1917, comienza el la implantación de un régimen de terror bajo el liderazgo de Vladimir Illich Ulianov, conocido como Lenin, y sus seguidores, quienes relevaron del poder a la familia real, confinándola a la lejana Siberia, y ordenando su posterior asesinato. Con este movimiento, fundamentado en el marxismo predicado por Karl Marx y Frederik Engels, se entronizó una tiranía conformada territorialmente por Unión de Repúblicas Socialistas Soviéticas (URSS) que perduró por más de setenta años, cuando el propio desgaste del sistema

---

[382] Arístides Rengel Romberg. "La Reforma Procesal Italiana de 1942". En *Estudios Jurídicos…*, p. 121.
[383] Cita de Rengel. "La Reforma…", p. 121.

revela que el socialismo, fundamentado en el control de los medios de producción y en la dirección de la economía por el Estado, representó un absoluto fracaso para esa Federación de Repúblicas.

En el socialismo, el tema del control de la justicia por el poder político es un tema de fundamental importancia porque le permite, a través del sistema judicial, sancionar a quienes considere opositores al régimen. En los años 30 y siguientes del siglo XX, en la feroz URSS que rigiera Josef Stalin, los jueces se utilizaban para reprimir a los adversarios. Respecto a la era staliniana, dice Humberto García Larralde[384]:

[…] superó con creces incluso a Hitler en el uso amañado del sistema judicial como instrumento represivo para adelantar sus fines. Simplemente en la URSS se confundió deliberadamente al sistema jurídico con los intereses supremos del Estado y éstos con los del Partido Comunista de la Unión Soviética (PCUS), introduciendo explícitamente el criterio político como el fundamental para dirimir juicios que involucraran a personas a quienes Stalin consideraba enemigos o indeseables.

En una primera fase la politización de la justicia se encubrió con la figura de 'juicios populares´, tan útiles para labores de limpieza inicial de parte de revoluciones triunfantes, como ocurrió en el caso de los enviados al 'paredón´ al comienzo de la cubana. Luego, en estrecha coordinación con la policía secreta…se instituyó un estado de terror en el que desaparecía totalmente la seguridad y la certeza para el ciudadano…

Como puede observarse, sólo el contubernio entre el autócrata mandón de turno, del signo político que sea -nazi, fascista, socialista-, y los magistrados y jueces sumisos, cumpliendo éstos las labores del galleguiano "mujiquita", es lo que facilita la anulación del sistema judicial, con lo cual se cae irremediablemente en la "tramparencia" judicial. Mario Bri-

---

[384] García Larralde. *El fascismo…*p. 455.

ceño Iragorri[385], conocedor a fondo de la idiosincrasia venezolana, expresaba pocos años antes de su deceso:

Los abogados se truecan con frecuencia en enemigos eficaces del Derecho. Han llegado algunos a convertirse en enemigos del pueblo y de la nación. Los abogados suelen olvidar la admirable enseñanza que nos legó Gentile al declarar la «identidad de Derecho y Moral en la vida concreta del espíritu».

Y los magistrados y jueces son abogados.

De acuerdo a este enfoque, se perturba la labor que corresponde al Poder Judicial cuando el poder político pretende imponer su voluntad a todo trance en aras de la concentración de poderes, o cuando, por causas imputables a los hombres que forman parte del sistema judicial se rinden ante aquél por falta de pundonor o coraje, o simplemente, por complacencia, o por lograr posiciones o lucros que de otra forma no alcanzarían, o por carecer de la suficiente formación intelectual y filosófica; pero, el que ciertos magistrados y jueces se doblequen ante el poder no impide que otros, que cuentan con sólidos principios sociales y democráticos, ejerzan sabiamente su ministerio y se conviertan en respetables administradores de justicia. Ya decía Piero Calamandrei[386]:

[...] en la Italia fascista hubo, en número superior al que se podía pensar, magistrados heroicos, dispuestos a perder el puesto y aun a afrontar el confinamiento, con tal de defender su independencia; y hubo una gran cantidad de magistrados adictos a las leyes y dispuestos, sin discutir el régimen de que emanaban, a aplicarlas con decorosa imparcialidad, pero asimismo hubo, desgraciadamente, algunos magistrados indignos, que por escalar las más elevadas posiciones, vendían sin escrúpulos su conciencia.

Axel Capriles[387], en una remembranza de la conocida fábula del escritor Antonio Arráiz[388], quien estaba convencido

---

[385] Mario Briceño-Iragorry. *Carta a Miguel Angel Burelli Rivas*. Madrid, 13 de abril de 1955. Disponible en: http://www.analitica.com/bitblio/mbi/burelli.asp

[386] Calamandrei. *Elogio de los jueces...*, pp. 225-226.

[387] Axel Capriles. *La picardía del venezolano o el triunfo de Tío Conejo*. Santillana, Taurus, 2008.

de que cuando Tío Conejo alcanzara el poder, se convertiría en Tío Tigre, explica de alguna manera esa abyecta conducta de magistrados y jueces de rendirse ante el poder arbitrario ejercido por un seudo héroe, para poner su ciencia y su conciencia al servicio de los más bajos instintos antidemocráticos violentando el sistema judicial. Si el héroe remite a códigos de honor y dignidad, a gestas valerosas e ideales excelsos, el pícaro nos lleva a lo más bajo, nos hunde en la miseria, en el engaño, en la mentira y la deshonra[389].

En efecto, en su ensayo, Capriles da una respuesta a esa pregunta que coloquialmente se oye en Venezuela cuando se comenta acerca de situaciones políticas o históricas: ¿Por qué somos así? Para ello, el autor se remonta a la conquista y a la guerra de Independencia para responder que la imagen y el arquetipo del héroe, así la del pícaro, han vivido con nosotros desde hace siglos y es por ello lo difícil y complejo que se hace deslastrarse del inconsciente colectivo venezolano, afianzada por esa tendencia que afirma que Venezuela se ha convertido en una nación de mendigos cuyo emblema se encuentra en esa frase común de *"tírame algo"*, que *"pareciera difícil de abandonar dado su profundo arraigo en la inconsciencia de las masas"* como escribe César Landaeta H.[390]

Esta figura del pícaro daría una explicación a la relación entre el ser arbitrario que en determinado momento ostente el poder y los magistrados y jueces doblegados a su servicio y no sin razón porque, como dice Capriles[391]:

[…] acostumbrada nuestra sociedad al uso abusivo de las leyes y del sistema de justicia para aumentar el poder del gobierno y perseguir a la disidencia, cercada por un inmenso Estado que no cumple suficientemente sus funciones, pero sí limita las libertades de los ciudadanos y regula excesivamente la economía y la vida individual, la sociedad

---

[388] Antonio Arráiz. *Cuentos de Tío Tigre y Tío Conejo.*
[389] Capriles. *La picardía…*, p. 47.
[390] Correspondencia privada del 23 de abril de 2010.
[391] Capriles. *La picardía…*, p. 19.

venezolana se acostumbró a evadir la burocracia y los controles oficiales para desempeñarse al margen de las normas.

El "pájarobravismo" en acción como medio de subsistencia en una sociedad oprimida por controles oficinescos y gobernada por la corrupción, y única forma de alcanzar una plaza en el sistema judicial cuando se carecen de méritos suficientes para afrontar un concurso de oposición dando vida, de hecho, a una cultura de la viveza, una extendida valoración positiva de la astucia por la que muchísimos individuos no sólo se reconocen claramente como pícaros, embaucadores y timadores, sino que se jactan y se enorgullecen de ello...[*al punto que*]...no hay peor estigma social que ser tomado por cándido e ingenuo, presa fácil del pájaro bravo[392].

Dentro del mismo orden de ideas de Capriles, María Ramírez Ribes[393] explora las inclinaciones temperamentales de lo hispánico a partir de lo que el historiador español Claudio Sánchez Albornoz denomina el hiper individualismo, que serían: "[...] *un vivo sentimiento de emulación...una altiva valoración de la igualdad...y una concepción muy firme de las obligaciones que engendra la amistad*", de donde dice Torres[394] que estas tres inclinaciones se proyectan en las sociedades hispanoamericanas, y de ellas derivan el culto a la personalidad, el caudillismo, y este fenómeno de la tribalidad, donde los código de la amistad y el compadrazgo con frecuencia se sobreponen a las leyes y a la institucionalidad, lo que coincide con las ideas preconizadas por Capriles.

Todos estos fenómenos se dan en la sociedad venezolana. Entonces, se impone una pregunta final: ¿Debe darse afirmativa a la pregunta sobre el triunfo del Diablo?

---

[392] Capriles. *La picardía*...p. 103.
[393] María Ramírez Ribes. *Un amor por el Inca Garcilaso de la Vega*. Monte Ávila Editores, Caracas, 1992. Cita de Torres, *La herencia*..., p. 180.
[394] Torres. *La herencia*..., p. 154.

Arturo Uslar Pietri[395], a pesar de la avanzada edad que tenía poco antes de su fallecimiento en 2001, se confesaba sobre el futuro venezolano en los siguientes términos:

> *Yo no soy optimista, soy muy pesimista, es que uno no ve que puede pasar en Venezuela. Desde el punto de vista del azar, pues puede pasar cualquier cosa, pero desde un punto de vista de un desarrollo más o menos lógico, no se ve, no hay propuestas para Venezuela. No hay partidos políticos, los aparentes dirigentes de hoy son gente de muy segundo orden, estamos muy corrompidos. Este es un momento muy malo, muy peligroso, hay mucho dinero, muchísimo dinero y no hay orientación. La educación es un desastre, la política espantosa, no hay debate, el país esta sin rumbo, sin destino, sin clase dirigente, hay aventureros, pícaros, gente que tira la parada. Ya le digo, yo estoy en un estado de ánimo muy malo, no tengo esperanzas, estoy como en el infierno de Dante. Aquí no hay de donde agarrarse, es lastimoso, un país sin clase dirigente, aluvional, improvisado, improvisante, improvisador.*

Desde esta patética visión del ilustre escritor y político, habría de concluirse en que, dentro de ese panorama, difícilmente podremos contar con un sistema judicial serio y confiable como corresponde a toda sociedad organizada en la cual priven instituciones transparentes, con un sistema educativo serio y con una política en la cual priven dirigentes responsables, que impidan que un cacique se provea de un uniforme y se "juega a *Rosalinda*"[396], mientras los integrantes de la tribu aplican para sobrevivir los mecanismos de la amistad y el compadrazgo -el pajarobravismo-, primando sobre la institucionalidad, el valor de las leyes y la justicia.

No obstante, pensemos positivamente, asumamos responsablemente que somos parte de la cultura occidental, y tomemos las palabras del abogado Luigi De Magistris[397], juez

---

[395] Entrevista con el escritor Rafael Arráiz Lucca.
[396] Ernesto Luis Rodríguez. *Rosalinda*.
[397] Es el momento de resistir y de luchar. En *Antimafia* duemila. Disponible en: http://www.delcieloalatierra.es/ANTIMAFIA/2009/ES%20EL%20MOMENTO%20DE%20RESISTIR%20Y%20DE%20LUCHAR%20-%20%20L.Magistris%2019_01_09.html

penal en Nápoles, cuando al exponer sus ideas acerca de cómo enfrentar a la mafia, ha expresado:

> *En definitiva, la historia la tenemos que escribir también nosotros, en nuestro pequeño mundo, aunque con la conciencia de que algunos de nosotros pagarán un precio injusto y quizás también muy duro, pero esto en un cierto sentido es ineludible cuando se ha decidido explotar una profesión que nos impone defender, en la práctica de la jurisdicción, los valores de igualdad, libertad, justicia, verdad, como efectivos garantes de los derechos de los cuales los ciudadanos, e in primis los más débiles, nos piden una tutela concreta.*

Es evidente que la cita anterior se circunscribe solamente a un aspecto de la sociedad, que es el sistema de justicia y, por tanto, hay que completar la idea con una invocación a todo el cuerpo social de la Venezuela actual, como lo expone Luis Ugalde[398]:

> *Afortunadamente Venezuela tiene futuro y esperanza; tiene con qué y con quiénes, pero necesita emocionarse con un proyecto de liberación compartido y en democracia, es decir, con todos y para todos. Hoy como nunca necesitamos vencer la tentación de la desesperanza, diseñar una propuesta de transformación que nos invita a la movilización hacia un país de progreso y dignidad para todos.*

Pero no basta que Venezuela tenga futuro y esperanza, y que tenga con qué y con quiénes si se desea contar con una institución seria e independiente, con un sistema judicial. Ulpiano, el gran jurisconsulto romano dice que Iustitia est *constans et perpetua voluntas ius suum cuique tribuendi* y es a ella a la que institucionalmente debe darse la solemnidad de su delicada función que se traduce en la administración de justicia. De entrada, hay que comenzar por admitir que en un estado democrático de Derecho las instituciones se rigen por la ley, en el cual constituyentes y legisladores dotados del "*velo de la ignorancia*" rawlsiano[399], dictan una Constitución en la que la

---

[398] *Navidad y esperanza*. Disponible en: http://lapatilla.com/site/2010/12/17/luis-ugalde-navidad-y-esperanza/
[399] J. Rawls. *Teoría de la Justicia*, Buenos Aires, F.C.E., 1993, p. 29. Rawls describe como sigue el velo de ignorancia: entre los rasgos esenciales de esta situación,

separación de poderes, con respeto a la colaboración de poderes y sin confundirla con el "colaboracionismo", contemple un Poder Judicial, o sistema judicial, según se le quiera denominar, como rama autónoma, libre de intervenciones de los otros Poderes, en la cual los magistrados y jueces ajusten sus decisiones solamente al ordenamiento jurídico y, sin intromisiones de ninguna especie, gocen de estabilidad, a la vez de una adecuada remuneración; y que, al final de sus funciones, una justa jubilación sea la retribución a sus servicios rendidos en la sagrada misión de administrar justicia. No se trata de una mera utopía, pues la Convención Americana sobre Derechos Humanos garantiza la independencia judicial y obliga a los estados miembros a acatarla y, siendo Venezuela un Estado adherente a esa Convención, debe adoptar todas las medidas necesarias para darle cumplimiento.

Ahora bien, para ello, hay que revertir la tendencia autocrática que, desde los tiempos coloniales, ha permanecido inmutable en el ser venezolano -y también iberoamericano- y que se ha manifestado, como se ha visto a lo largo de este estudio de 200 años de vida republicana, en la actuación del conquistador que procedía en nombre de la Corona y que luego, del proceso independentista, renació en el alma de los llamados próceres en el siglo XIX y en los autócratas de esa centuria en los del siglo XX, y de la cual no escaparon los demócratas, pues éstos también intentaron controlar de alguna manera el sistema de justicia, como lo ha hecho igualmente el llamado socialismo del siglo XXI. De lo contrario, la institucionalidad democrática será siempre frágil y expuesta a que cualquier autócrata se haga del poder político, hasta por medio de procesos electorales, y mantenga al sistema de justicia como un apéndice del poder político. Es lamentable comprobar el estado de la justicia en el siglo XIX y hasta parte del siglo XX, como sorprendente que durante los gobiernos de los generales Juan Vicente Gómez, Eleazar López Contre-

---

está el de que nadie sabe cuál es su lugar en la sociedad, su posición, clase o status social; nadie conoce tampoco cuál es su suerte con respecto a la distribución de ventajas y capacidades naturales, su inteligencia, fortaleza, etc.

ras, Isaías Medina Angarita, la Junta Revolucionaria de Gobierno, don Rómulo Gallegos y el general Marcos Pérez Jiménez hubo un desempeño del sistema judicial que, dentro de las peculiaridades sociales de su respectivo momento histórico, tuvo un comportamiento de altura solamente comparable con el decenio democrático de los períodos constitucionales del señor Rómulo Betancourt y del doctor Raúl Leoni pues, como se ha visto, la crisis del sistema de justicia se dejar ver a partir de 1969 con sus altibajos durante los períodos constitucionales que abarcan desde el primero hasta el último gobierno del doctor Rafael Caldera, para caer en el más profundo de los trances a raíz de la emergencia judicial que decretara la Asamblea Nacional en 1999.

Obviamente, personalidades aisladas dentro del Poder Judicial en los 200 años han existido y convertido en la excepción de la regla.

De igual manera, a la par de enaltecer las adecuadas gestiones como la incorporación de la tecnología gerencial, las Oficinas de Apoyo Directo a la Actividad Jurisdiccional, la automatización del expediente procesal y la jurisprudencia de los tribunales y el sitio web del TSJ, debe ser sustituida la perniciosa legislación que, so pretexto de doctrinas políticas o de subterfugios facilitan interpretar las normas jurídicas sociológicamente. La Ley Orgánica del Sistema de Justicia no puede permitir que un lego, o una comunidad, determinen el valor de justicia de una sentencia; el Código de Etica del Juez no puede determinar que un grupo "elite" sea juez de jueces; y una Ley Orgánica del Tribunal Supremo de Justicia no puede alterar los requisitos constitucionalmente exigidos para ser magistrado del Tribunal Supremo de Justicia. Al contrario, debe ajustarse estrictamente a los mandatos del constituyente.

Nada de esto será posible sin robustecer el sistema educativo y alimentar la formación de los valores cívicos y democráticos profundizando un cambio real para que la educación sea accedida por todos sin alardes populistas ni reformas casuísticas de impacto mediático y cortoplacistas, pues como sugiere Cordeiro[400] los venezolanos no tendremos una buena educación hasta que nuestros políticos dejen de preocuparse de la materia negra para ocuparse de la materia gris de los niños.

A la luz de lo expuesto, ¿Debe darse afirmativa a la pregunta sobre el triunfo del Diablo?

El lector tiene la respuesta.

---

[400] Cordeiro. *Materias gris, negra y marrón...*

ÍNDICE

PRÓLOGO POR ASDRÚBAL AGUIAR 9
AGRADECIMIENTOS 25
INTRODUCCIÓN 27

I. DESDE LA CONQUISTA Y COLONIZACIÓN DEL CONTINENTE AMERICANO POR EL IMPERIO ESPAÑOL HASTA 1810................................... 33

   1. Los principios fundamentales del proceso de la conquista por parte del imperio español 33
   2. El proceso de conquista y la negativa de migración a abogados y procuradores.................... 35
   3. El proceso de colonización y la necesidad de un orden legal.. 36
   4. La institucionalización de las Audiencias y Chancillerías Reales.. 38
   5. La Audiencia Real de Caracas 40
      A. Atribuciones de la Real Audiencia de Caracas 41
      B. El predominio español en la Real Audiencia de Caracas... 42
   6. La situación en la Metrópolis 43
      A. El rey Felipe IV y el conde duque de Olivares 44
      B. Carlos III y el conde de Aranda.................... 45
      C. El rey Fernando VII 48

II.	DESDE EL 19 DE ABRIL DE 1810 HASTA 1830......	50
	1. Los sucesos del 19 de abril de 1810	51
	2. La Suprema Junta de Caracas.............................	52
	3. El Reglamento de Elecciones de 1810	54
	4. La Constitución de 1811	55
	5. Las Ley Fundamental de Colombia de 1819 y la Constitución de Colombia de 1821	57
	6. Colombia y las naciones del sur	60
	7. La desintegración de Colombia en 1830	62
III.	LA INSTITUCIONALIDAD A PARTIR DE 1830	65
	1. El caudillismo	67
	A. El general José Antonio Páez	69
	B. El "Monagato"	70
	C. El "Guzmancismo"	71
	2. La economía y el petróleo	72
	3. El sistema judicial a partir de 1830	75
	A. El sistema judicial en Maracaibo	76
	B. La justicia en Maracaibo para 1828	77
	C. Un caso ejemplar de imparcialidad judicial en Caracas..	79
	D. La justicia en Caracas para 1852	80
	a) Falta de autonomía presupuestaria y corrupción	80
	b) Ausencia de independencia e intromisión política...................................	81
	c) Inmoralidad judicial y designación de jueces	81
	d) Las tribus judiciales	82
	e) Jueces honorables	82
IV.	EL ESCENARIO INSTITUCIONAL EN LA REVOLUCIÓN LIBERAL RESTAURADORA.........	86

    1.   *El gobierno del general Cipriano Castro 1900-1908* 87
            A.   *Cipriano Castro y su camarilla* 88
            B.   *Cipriano Castro y su debacle política* 88
    2.   *La economía y el petróleo* 90
    3.   *El sistema judicial entre 1900 y 1908* 91

V.   EL ESCENARIO INSTITUCIONAL BAJO EL LEMA DE "ORDEN, PAZ Y TRABAJO" 94
    1.   *El general Juan Vicente Gómez 1908-1935* 94
    2.   *La economía y el petróleo* 98
    3.   *El sistema judicial entre 1909 y 1936* 101
            A.   *El doctor Pedro Manuel Arcaya* 102
            B.   *El doctor Julio Horacio Rosales* 102
            C.   *El doctor Félix S. Angulo Ariza* 103
            D.   *El doctor Tulio Chiossone* 103
            E.   *El doctor Alejandro Urbaneja Achelpohl* 104
            F.   *Otros jueces de prestigio* 105

VI.   EL INICIO DE LA MODERNIZACIÓN DEL ESTADO Y LA APERTURA POLÍTICA 107
    1.   *El fin hegemonía andina* 107
            A.   *El general Eleazar López Contreras 1936-1941* 109
            B.   *El general Isaías Medina Angarita 1941-1945* 110
    2.   *La economía y el petróleo entre 1936 y 1945* 113
    3.   *El sistema judicial entre 1936 y 1945* 114

VII.   EL ESCENARIO INSTITUCIONAL ENTRE 1945 Y 1948 116
    1.   *La Junta Revolucionaria de Gobierno* 116
    2.   *El escritor Don Rómulo Gallegos* 118

3. La economía y el petróleo 120
4. El sistema judicial entre 1945 y 1948 121

VIII. EL ESCENARIO INSTITUCIONAL ENTRE 1948 Y 1958 123
1. La Junta Militar de Gobierno 123
2. El general Marcos Pérez Jiménez 125
   A. El plebiscito y la caída del régimen 126
   B. El ilusorio come back del senador Marcos Pérez Jiménez 127
3. La economía y el petróleo 127
4. El sistema judicial entre 1948 y 1958 128

IX. EL ESCENARIO INSTITUCIONAL ENTRE 1958 Y 1968. LOS PRIMEROS DIEZ AÑOS DE UNA DEMOCRACIA DE CONSENSO 132
1. La Junta de Gobierno 132
2. Presidencia de don Rómulo Betancourt 1959-1964 134
3. Presidencia del doctor Raúl Leoni 1964-1969 136
4. La economía y el petróleo entre 1959 y 1969 137
   A. La economía y el petróleo durante la presidencia de don Rómulo Betancourt 137
   B. La economía y el petróleo durante la presidencia del doctor Raúl Leoni 139
5. El poder judicial entre 1958 y 1968 140
   A. Las relaciones entre el Poder Ejecutivo y el Poder Judicial 141
      a) La extradición del general Marcos Pérez Jiménez 142
      b) La inhabilitación del Partido Comunista de Venezuela y el Movimiento de Izquierda Revolucionaria 142

	B.	*Estabilidad judicial*	143
	C.	*La elección de jueces para el período constitucional 1964-1969*	144
	D.	*La crítica judicial*	145
	E.	*La independencia judicial*	147
	F.	*La previsible decadencia judicial*	148

X. EL ESCENARIO INSTITUCIONAL 1969-1999. UNA DEMOCRACIA ADULTA 150

    1. *Presidencia del doctor Rafael Caldera 1969-1973* 150

    2. *Presidencia del señor Carlos Andrés Pérez 1974-1979* 151

    3. *Presidencia del doctor Luis Herrera Campíns 1979-1984* 152

    4. *Presidencia del doctor Jaime Lusinchi 1984-1989* 153

    5. *Segunda Presidencia del señor Carlos Andrés Pérez 1989-1993. La democracia se debilita* 154

        A. *El 27 de febrero de 1989* 155

        B. *El 4 de febrero de 1992 y el 27 de noviembre de 1992* 158

        C. *El enjuiciamiento del Presidente Pérez* 163

    6. *Presidencia del doctor Ramón J. Velázquez 1992-1993* 165

    7. *Segunda Presidencia doctor Rafael Caldera 1994-1999* 168

    8. *La economía y el petróleo 1969-1999* 168

        A. *La economía y el petróleo 1969-1974* 168

        B. *La economía y el petróleo 1974-1979* 169

        C. *La economía y el petróleo 1979-1984* 170

        D. *La economía y el petróleo 1984-1989* 170

        E. *La economía y el petróleo 1989-1994. El "gran viraje"* 172

		F.	*La economía y el petróleo 1994-1999. La "agenda Venezuela"* 173
	9.	*El poder judicial entre 1969 y 1999* 175
		A.	*La Ley Orgánica del Poder Judicial* 175
		B.	*La corrupción judicial* 181
		C.	*El resurgimiento de las "tribus" judiciales* 183
		D.	*La independencia judicial* 184

XI.	EL PANORAMA INSTITUCIONAL 1998-2000. EL PROCESO CONSTITUYENTE 189

	1.	*El proceso constituyente* 191
		A.	*El desempeño de la Sala Político Administrativa de la Corte Suprema de Justicia* 192
		B.	*El referéndum convocatorio de una Asamblea Nacional Constituyente* 195
	2.	*La Asamblea Nacional Constituyente* 197
		A.	*La emergencia judicial* 198
		B.	*El Decreto mediante el cual se declara la reorganización de todos los órganos del Poder Público* 199
		C.	*El Decreto de Medidas Cautelares Urgentes de Protección al Sistema Judicial* 199
		D.	*El Decreto sobre el Régimen de Transición del Poder Público* 200
		E.	*La Constitución y el sistema de justicia* 202
			a)	*El concepto de transparencia judicial* 204
			b)	*La independencia judicial* 205
			c)	*La independencia judicial a la luz de la interpretación de la Sala Constitucional del Tribunal Supremo de Justicia* 207

XII. EL GOBIERNO DEL TENIENTE CORONEL (R) HUGO RAFAEL CHÁVEZ FRÍAS 1999-2010 210
1. *Primer período presidencial (1999-2001)* 211
2. *Segundo período presidencial (2001-2007)* 212
3. *Tercer período presidencial (2007-2010)* 216
4. *La economía y el petróleo 1999-2010* 218
5. *El sistema judicial 1999-2010* 225
   A. *El acceso de los jueces a la carrera judicial y los concursos de oposición* 225
   B. *Programas de formación para los jueces* 225
   C. *La capacitación para regularización de la titularidad de los jueces* 228
   D. *Los jueces con competencia laboral* 228
   E. *La incorporación de la tecnología gerencial* 229
   F. *Las Oficinas de Apoyo Directo a la Actividad Jurisdiccional* 230
   G. *La automatización del expediente procesal y la jurisprudencia de los tribunales* 231
   H. *El sitio web del TSJ* 231
6. *La evolución del concepto de independencia judicial* 232
   A. *La independencia judicial del TSJ en cifras* 233
   B. *El informe de la CIDH sobre Democracia y Derechos Humanos en Venezuela, 2009* 236
   C. *La Ley Orgánica del Tribunal Supremo de Justicia* 237
      a) *La Ley Orgánica del Tribunal Supremo de Justicia, de 2004* 238
      b) *La Ley Orgánica del Tribunal Supremo de Justicia, 2010* 240

	D.	*La colaboración de poderes y un nuevo concepto: El "colaboracionismo"*	245
		a) *El "colaboracionismo" y la magistrada Luisa Estella Morales Lamuño*	248
		b) *El "colaboracionismo" y el magistrado Francisco Antonio Carrasquero López*	250
	E.	*La remoción de magistrados y jueces*	251
		a) *La destitución del magistrado Franklin Arrieche Gutiérrez*	252
		b) *Auge y caída de un magistrado*	254
		c) *La destitución de los magistrados de la Corte Primera de lo Contencioso Administrativo*	256
		d) *La destitución de la jueza María Cristina Reverón Trujillo*	261
		e) *La destitución de la jueza Mercedes Chocrón Chocrón*	261
		f) *La destitución de los jueces Miguel Luna, Petra Jiménez y María Trastoy*	262
		g) *La destitución de un Juez Superior en el Estado Carabobo*	262
		h) *El affaire de la jueza María Lourdes Afiuni Mora*	263
7.	*Informe Secreto de TSJ revela conexiones entre jueces y narcotraficantes*		265
8.	*La Ley Orgánica del sistema de justicia*		269
9.	*El control legal de la ética judicial*		275
	A.	*Un anteproyecto de Código de Ética del Juez*	275
	B.	*El Código de Ética del Juez*	277
10.	*Otra vez las tribus judiciales*		278

XIII. CONCLUSIONES... 280

www.ingramcontent.com/pod-product-compliance
Lightning Source LLC
Chambersburg PA
CBHW021136230426
43667CB00005B/140